20 世纪 30 年代的中共话语权建构研究

——以左翼文化运动为例

RESEARCH ON THE CONSTRUCTION OF THE CCP' S DISCOURSE POWER IN THE 1930S

TAKING THE LEFT-WING CULTURAL MOVEMENT AS AN EXAMPLE

张 朋 著

人 民 出 版 社

目　录

导　论

一、本书研究的缘起

现当代,随着中西话语的碰撞和西方话语霸权的显现,中国的话语权问题越来越成为学界关注的焦点。话语权建构既要吸收、借鉴国外成功的做法,更要总结我们党历史上的成功经验,而中国共产党在 20 世纪 30 年代通过左翼文化运动传播革命话语、建构话语权的过程就很值得总结和弘扬。当时,中国共产党不仅在相对弱势的情况下摸索出了话语权建构的基本路径,探索出了一些行之有效的建构策略,更在众声喧哗的社会语境中脱颖而出,很大程度上形成了对中国社会革命话语的引领和型塑。从一定角度讲,左翼文化运动本身就堪称一场发生在中国近现代文化中的"话语事件",它以话语的形式重构了中国社会革命话语的言说格局,突出了中国共产党作为话语主体的地位和分量。因此,从建构话语权的角度去探究左翼文化运动的历史启示,就成为一份有价值的工作。

同时,对于革命文化的研究和发掘也是中国共产党赓续精神谱系、坚定文化自信的内在要求。左翼文化运动无疑是中国共产党夺取文化领导权历史进程中浓墨重彩的一笔。1940 年,毛泽东同志曾经说过:"革命文化,对于人民大众,是革命的有力武器。革命文化,在革命前,是革命的思想准备,在革命中,是革命总战线中的一条必要和重要的战线。"[①]左翼文化运动在革命的低

① 《毛泽东选集》第二卷,人民出版社 1991 年版,第 708 页。

潮中发挥了思想准备和斗争战线的作用,为中国共产党传播主张、引领舆论、动员群众进而迎接新革命高潮的到来发挥了重要作用。当然,左翼文化运动是一个含义丰富的所指,有些学者从相当广义的角度来理解它,认为从中国共产党诞生起,凡是与中国共产党革命活动有关的文化生产都可以归之为左翼文化运动。这种主张不无道理,但内涵过于宽泛,也淡化了左翼文化运动作为一场具体历史环境下话语事件的起止界限。本书采用相对狭义的界定,认为左翼文化运动是指从 1927 年年底至 1935 年年底由中国共产党领导和发动的一场革命文化运动,它以上海为发祥地,先后波及北京、广州、南京、武汉、青岛等国民党统治下的广大区域,持续近十年之久,又有“左翼十年”的说法。

具体而言,1927 年年底出现的革命文学论争是左翼文化运动的先声,蒋光慈、郑伯奇、郭沫若等中共党员先后提出了革命文学、无产阶级文学等战斗色彩极为强烈的口号,大张旗鼓地树起了革命文学的旗帜,成为搅动中国文化界沉寂水塘的一声惊雷。1930 年,左翼作家联盟(简称“左联”)的成立则标志着左翼文化运动真正进入了勃兴期,此后“左联”又同左翼社会科学家联盟(简称“社联”)、左翼戏剧家联盟(简称“剧联”)、左翼美术家联盟(简称“美联”)等左翼团体一起,组成中国左翼文化总同盟,共同接受中国共产党的领导,开始了一段以文化为载体和用武器进行革命斗争的光辉历程。1935 年,由于抗日救亡的需要和中国共产党抗日民族统一战线的主张,左联解散,这标志着左翼文化运动作为一个整体性事件趋于结束。但是左翼文化运动的精神并未消失,它以另一种形式发展和存续,这表现在许多左翼作家投身文化界抗日救国运动中,使得左翼的革命和斗争精神继续传承。而此后的延安文艺更是左翼文化运动的历史回响。从这个意义上讲,左翼文化运动的历史意义实为深远,它既是中国共产党领导文化运动的早期尝试,又是中国共产党革命文化的一次如火如荼的勃兴,更为中国共产党积累了夺取文化领导权和话语权的宝贵经验。左翼文化运动犹如一块历史富矿,值得反复研究和挖掘。

笔者将话语权建构的现实需要和左翼文化运动的深厚内涵这两者进行了有机结合:从话语权建构的角度而言,左翼文化运动为其提供了丰富的历史经验;从左翼文化运动的角度而言,话语分析则为其提供了新的研究视角。这正是本书的研究缘起。

二、相关研究现状

1. 国外研究现状

国外开展的与本书相关的研究,以话语理论居多,而对左翼文化运动的关注相对较少。就话语理论而言,国外学者的研究不乏经典之作,为后续研究提供了基本的理论视野:19 世纪末 20 世纪初,现代语言学派开创者瑞士人索绪尔首次将语言和言语进行了区分,指出语言是一种被广泛认可和接受的符号系统,是排除了个人因素的社会性、整体性存在;言语是对语言的具体运用,是人们具体说出的话。索绪尔强调语言在科学研究中的重要性要先于言语,因为语言是集体的,而言语只传达个体暂时的意思。此后,美国语言学家沃尔夫根据其老师萨丕尔的观点,提出了著名的"萨丕尔—沃尔夫假说",认为语言的结构具有重要意义,它不仅是保障知识相通的基础,也决定着人的思维方式。如果说这些研究更多是从语言学层面进行的语言符号与结构意义分析的话,那么法国哲学家福柯则在 20 世纪中叶以后为语言研究开启了更宽阔的话语分析视野。福柯在《知识考古学》(1969 年)、《话语的秩序》(1970 年)、《规训与惩罚》(1975 年)等著述中明确提出"话语即权力"的理念,将话语与社会、政治更加紧密地联系起来,提醒人们,话语是规训社会成员的力量,是权力的表现形式。法国社会学家布尔迪厄在福柯的基础上更进一步指出话语中潜藏着规则,规则的制定总是由特定社会群体的利益所制约。与此同时,西方马克思主义者也对话语权问题极为关注。葛兰西提出,无产阶级要靠争取文化上的认同来获取领导权,其实质是强调建立自身的话语权。阿尔都塞、拉克劳、墨菲等将话语以及意识形态联系起来。这些研究为国内学界的话语权研究提供了理论参考。

国外对于中国共产党领导的左翼文化运动的研究,就笔者目前掌握的资料而言,剑桥大学出版社出版的《剑桥中华民国史》提供了一个简要的概述,在“文学趋势:通向革命之路”一章中,作者对20世纪30年代的中国文坛进行了整体分析,对左翼时期的代表性作家和作品进行了点评。1961年,耶鲁大学出版的夏志清的《中国现代小说史》也对左翼时期的文化现象展开了分析,他专门论述了“30年代的左派作家”和“共产主义小说”,对中国共产党领导下的作家作品进行了阐释,虽然不乏贬低之处,也能从中窥见当时左翼文化运动的一些样貌。在美华人学者夏济安的《Gate of Darkness》(《黑暗的闸门》)也是评论左翼作家的研究专著,他对鲁迅、蒋光慈、瞿秋白、左联五烈士等的文艺创作进行了审美和政治的分析,剖析了左翼文学运动的历史境地。虽然带有意识形态的偏见,但是这些研究依然为本书全面梳理左翼文化运动提供了颇有价值的参考借鉴。

2. 国内研究现状

国内学界对话语权问题和左翼文化运动均有专门研究,成果也比较丰富,大致可以分为以下几个方面。

(1)对话语权尤其是中国国际话语权建构路径的研究

国内学界对话语权的关注多从新世纪开始,2003年,阮建平的《话语权与国际秩序的建构》堪称较早对话语权进行研究的文章,表达了对话语权问题的关切。此后,国内学界对话语权的研究不断升温,在新世纪第一个10年前后进入了研究旺盛期。具体说来,国内对话语权的研究是沿着以下三个向度进行的:

第一个向度是从语言学的角度进行学理分析,如冯广义的文章《论话语权》系统分析了作为一种语言交流权力的话语权的实施条件、分布类型和价值导向,指出话语权呈现倒金字塔型、伞字型、口字型和逆向对等型的不同存在方式。胡春阳的博士论文《传播的话语分析理论》则是梳理了学术史上关于话语分析的理论演变轨迹,总结、提炼了话语分析的理论构成要素和内涵、特点与类型。陈汝东的《论国家话语能力》也从修辞学层面分析了国家话语能力的性质、构成要素、内涵等理论问题。

第二个向度是从意识形态层面研究话语权的实质及建构要素。张国祚的

《关于“话语权”的几点思考》认为话语权的实质是解释权、申诉权、抗议权、阐发权、揭露权、批判权等，指出要通过实力、队伍和议题等因素获得话语权。侯惠勤的《意识形态的变革与话语权——再论马克思主义在当代的话语权》《意识形态话语权初探》等则明确将意识形态与话语权结合起来甚至交混使用，强调必须树立马克思主义话语在当今中国的核心地位，而这种地位的确定依赖于理论的彻底性和实践性。韩庆祥的《全球化背景下“中国话语体系”建设与“中国话语权”》中提出中国话语权的确立需要坚实的话语基础、科学的话语体系、坚定的话语自信、有效的话语方式等。

第三个向度是从传媒角度进行的对中国国际话语权提升路径的研究。如梁凯音的文章《论国际话语权与中国拓展国际话语权的新思路》就提出中国要注重在外国媒体的发声发言及对外传播的话语选择问题，尤其要注重对海外华人群体的舆论引导和支持。吴贤军的著作《中国国际话语权构建理论、现状和路径》则分析了中国国际话语权建构的五大领域、要素结构，指出了在话语权建构中存在的形象认知单一、议题设置不足等问题，提出了针对性解决办法。张志洲的文章《话语质量:提升国际话语权的关键》指出要把我国的优势理念转化成国家通行的主流话语语符，摆脱被动言说的地位。

(2)对党在革命斗争中夺取文化领导权的历史研究

漆调兰的博士论文《延安时期中国共产党马克思主义话语权建构研究》在梳理马克思主义经典作家话语权理论的基础上，从历史背景、历史进程、基本要素、主要途径等方面梳理了1945—1948年中国共产党争取马克思主义话语权的基本经验。刘红的博士论文《新民主主义革命时期中国共产党文化领导权思想与实践研究》则总结了整个新民主主义革命时期文化领导权的发展脉络，专门研究了学术领域、政治领域、知识分子中的文化领导权争夺情况，指出对文化领导权的高度重视是中国共产党的优良传统，也是实现和巩固无产阶级政权的保障。葛传根的博士论文《中共早期宣传工作研究(1921—1927)》爬梳了建党初期和大革命时期中国共产党的宣传思想文化工作，总结了取得成效的经验，认为因势利导、顺应潮流、贴近群众是做好思想文化工作的根本方法。赵淑梅的文章《中共党内话语权的博弈：1927—1937——以"左"、右倾含义变化为中心的考察》则对土地革命时期的党内话语权变化情况进行了回顾，认为这十年间，中共的话语权从共产国际转移到中共自己手中，话语权的动力来源也从书本转移到实践中。陈金龙在《十月革命与中国共产党早期革命话语的建构》中指出，中共借助十月革命论证了中国革命的正当性，建构起了对革命道路、革命前景的言说和诠释。蒋积伟的文章《抗战时期新民主主义话语的建构》则具体考察了国共两党之间关于三民主义的话语权之争，分析了新民主主义话语体系的科学性，以及中共话语权建构的内在逻辑。这些研究为分析和总结中国共产党在不同历史时期的话语传播、话语建构提供了思路和方法。

（3）对党领导的左翼文化运动的研究

饶良伦的著作《土地革命战争时期的左翼文化运动》梳理了左翼文化运动兴起的历史背景，勾勒了左翼文化运动的发展历程。郑师渠主编的著作《中国共产党文化思想史研究》，分析了左翼文化运动之所以能在国民党的文化围剿中取得光辉胜利的原因在于党的指导思想、政治路线、文化主张顺应了中国社会的发展需求。陶柏康、谭力的著作《中国共产党与左翼文化运动》则具体分析了党领导左翼文化运动的策略，大体包括建设文化组织体系、创办报刊学校、组建文化团体、发挥旗手作用、领袖亲自参与等，通过这些策略，党有效地引领着左翼知识分子的思想，决定着左翼文化运动的面貌。张太原的文章《从"反对一切"到"联合一切"：20 世纪 30 年代左翼知识分子文化态度的变化》论述了左翼文化人对世界文化政治策略的迁移与转变。杨胜刚的著作《中国共产党的政治实践与左翼文学》分析了马克思主义对左翼文化的价值牵引及其为人民大众书写的精神诉求。

还有些研究着重于总结左翼文化运动的历史影响，如崔凤梅、毛自鹏的著作《左翼文化运动与马克思主义中国化研究》，张太原的文章《二十世纪三十年代的马克思主义思潮》，刘永明的著作《左翼文艺运动与中国马克思主义文艺理论的早期建设》等皆认为左翼文化运动促进了马克思主义中国化。他们指出，左翼文化运动大量翻译出版马克思主义经典著作、大量创办左翼文艺刊物，推行社会科学大众化，促使马克思主义取代西欧文明，成为中国最新鲜动人的思潮，为中国共产党的最终胜利奠定了思想文化基础。还有研究者指出，左翼文化运动促进了革命运动的发展，如谢荫明、刘亚军在文章《左翼文化运动的深入和一二九运动的爆发》中指出，左翼文化运动产生于大革命失败后中国革命的低潮时期，发展于日本帝国主义加紧对中国侵略、中国的政治形势急剧变化的年代，它唤起了知识青年的觉醒，促进了青年思想上倾向革命和政治上的成熟，为“一二·九”运动的爆发做了铺垫和准备。

如果说上述研究多是以中共视角观照左翼文化运动的话，那么还有相当多的成果侧重于从左翼文化运动本身来回溯历史。例如，曹清华的《中国左翼文学史稿(1921—1936)》围绕左翼身份、左翼叙事进行了阐释。艾晓明的《中国左翼文学思潮探源》梳理了苏联、日本文艺思潮对中国的影响以及中国左翼作家对文艺理论的选择与运用。王锡荣的著作《“左联”与左翼文学运动》、孔海珠的著作《“文总”与左翼文化运动》对左翼文化运动的领导机构、组织机制、核心成员、发展分期等进行了梳理。上述这些研究深入挖掘了左翼文化运动的发展脉络，分析了文化之于政治的深刻影响，阐明了左翼的价值追求与道义担当。

(4)对左翼文化运动中重要团体、阵地与代表性人物的研究

除了上述宏观性研究，还有许多学者进行了具体的个案分析，丰富了后人对左翼文化运动的认知和了解，如朱寿桐的文章《论作为文学社团的中国左翼作家联盟》指出，左联是一个非常典型的文学社团，其突出的和共同的创作倾向都是社团号召的结果。陈平原的著作《触摸历史与进入五四》、钱理群的著作《与鲁迅相遇》等对左翼文艺旗手鲁迅的思想与作品进行了深度剖析。杨成敏的文章《瞿秋白与上海左翼文化运动》、周淑芳的著作《瞿秋白在马克思主义中国化中的理论贡献》等对瞿秋白与左翼文化运动的关系进行了梳理。吴海勇的《“电影小组”与左翼电影运动》研究了30年代左翼电影发生与发展的过程，对左翼电影的剧本创作和电影人进行了研究。曹树钧的《“剧

联”与左翼戏剧运动》探究了左翼戏剧的重要剧目及田汉等著名左翼戏剧家的思想与创作。乔丽华的《“美联”与左翼美术运动》则聚焦于左翼美术家的创作与革命实践。这些研究剖析了左翼思想如何对知识分子产生影响，以及知识分子又如何扩大左翼思想资源的历史过程和思想逻辑，还原了左翼文化运动中的微观个体在时代大潮中的进退留转，分析了左翼作品的强烈战斗意识。

综上所述，现有研究成果对话语权的内涵、特点、要素、功能、建构方法以及中国共产党领导的左翼文化运动的过程和影响进行了比较深入的研究，对中共领导这场运动的策略路径也进行了观照，较为全面地还原了历史面貌。但是，这些研究虽然鸿富，却存在一个明显的问题，即对于话语权的观照多现实角度而缺乏历史视角，缺乏对中国共产党自身建构话语权的历史经验的总结；对左翼文化运动的观照则多从思想文化或者意识形态方面着手，或者从文学艺术分析及作家个体研究的角度切入，较少甚至还未有从话语分析、话语传播、话语建构、话语权提升的视角进行的透视。因此本书着力从这一点出发，通过话语权分析视角重新透视左翼文化运动，展现它们两者之间千丝万缕的联系，总结中国共产党在 20 世纪 30 年代话语权提升中取得的经验。

三、本书的研究方法

本书运用的分析方法是现代传播学对话语权生产机制的逐个分析法，从话语权生产的各个要素即话语主体、话语内容、话语介体、话语效果等环节出发，搭建研究框架，分析左翼文化运动中的具体话语实践及话语效果，以探寻规律、总结经验。

本书主要采用文献梳理的方法，通过对翔实的历史资料的掌握和回溯，研究中国共产党在左翼文化运动中争取革命话语权的思路和策略。同时，采用个案分析的方法，通过对典型话语事件、典型话语语符、典型话语样貌、代表性言说者的分析等论证主要观点。

第一章　话语权何以成为焦点:左翼文化运动的历史大背景

随着20世纪以来世界范围内语言学转向的发生,话语分析越来越成为社会分析的理论工具,或者说,人们越来越清晰地认识到话语活动在文化发展及社会变革中的重要作用。在这里,话语不仅是信息交流和传播的载体,更是反映和改变社会结构、社会秩序的重要变量。在20世纪的中国,话语的更新与变迁是社会发展潮流中先导性的推动力量,是观察、描述、解构和建构中国社会的犀利武器。而发生于20世纪早期的左翼文化运动,无疑是近代中国话语衍变中颇为重要的一次话语事件。在这场中国共产党领导的文化运动中,话语被置于历史与政治的前台,而关于话语的权力争夺与建构则成为运动最中心的漩涡。

第一节　话语与话语权

一、何谓话语

要理解"话语"(discourse)这一概念,就需要厘清与之相关联的"语言"和"言语"两个词。根据"现代语言学之父"索绪尔(Saussure)对"语言"(langue)和"言语"(parole)的区分,"语言"是社会普遍性的语法系统,"言语"是对语言的实际使用，是至少发生在两个人之间的实际语言行为。① 从这个意义上讲，话语与“言语”有重合交叉的地方，话语是“言语”的具体实现，是“在横组合关系中呈现的……言说链”，②具有线性连接的特点。

同时，话语还具有对话性和交互性的特点。正如巴赫金在《文本对话与人文》中强调的，“一切话语都具有的内在对话性和外在的对话形式。”③因为任何个体与他人在世界中共处，“世界需要我的异己性以使世界获得意义，我也需要根据他人来界定或创生我的自我”，④因此人的存在本质就是对话式的交往。

正是在这种对话式的交往中，话语体现出极其重要的社会功能，诺曼·费尔克拉夫在其著名的《话语与社会变迁》中指出，话语可以构建世界，“话语不仅是表现世界的实践，而且是在意义方面说明世界、组成世界、构建世界”。这就是说，话语一方面是表现形式，是“对主题或目标的谈论方式，包括口语、文字以及其他的表述方式；另一方面是行为形式，它“根源于人们的生活方式和文化习惯，但同时也影响着人们的生活方式和文化习惯。”⑤这意味着，话语被社会结构建构而成，同时又建构着社会结构。

对社会结构的深度介入，使得话语成为社会生活中无处不在的影响要素。费尔拉克夫强调，话语具有身份功能，它是社会身份和主体地位得以确立的方式；话语具有关系功能，它使得话语参与者之间的社会关系得以彰显和确定；话语具有观念功能，它促进了知识和信仰体系的建设，因此，它成为影响社会资源、社会力量分配和排列的重要方面。这也就意味着，话语与权有了密不可分的联系，话语权成为社会发展进程中必然出现的理念。

---

① ［瑞士］费尔迪南·德·索绪尔：《普通语言学教程》，高名凯译，商务印书馆 1980 年版，第 35—37 页。

② 屠友祥：《索绪尔话语理论诠解》，《文学评论》，2014 年第 4 期。

③ ［俄］巴赫金：《文本对话与人文》，白春仁译，河北教育出版社 1998 年版，第 208 页。

④ ［美］克拉、霍奎斯特：《米哈伊尔.巴赫金》，语冰译，中国人民大学出版社 1992 年版，第 85 页。

⑤ ［英］诺曼·费尔克拉夫：《话语与社会变迁》，殷晓蓉译，华夏出版社 2003 年版，第 1 页。

二、何谓话语权

从"权"的基本内涵来看,有"权利"和"权力"两个逻辑序列,包括应该享有的利益、能够掌握的力量或势力两方面。

就"权利"而言,它在西方世界的语言中被写成"right",而它的词源则是拉丁语中的"jus"。这是西方法学、政治学中的核心概念,大致可以界定为"道德、法律或习俗所认定为正当的利益、主张、资格、力量或自由。"①也就是说,"权利"涵盖了五个要素:一是利益(ineterst),这是权利成立的前提,"利"在其中;二是主张(claim),利益主体要通过表达意思或其他行为来主张权利;三是资格(entitlement),即利益主张的条件,有道德资格和法律资格两种形式;四是力量,包括权威(power)和能力(capacity)两种要素,权威是指在法律认可前的权利,能力是指权利主体具备的实现其利益的可能性;五是自由,通常指权利主体可以不受干预的,按意志去行使或放弃权利。正如霍布斯提出的:"权利在于自由,就是外界障碍不存在的状态。"②

而"权力"在西方世界中被书写为"power",拉丁语中写为"potentia",意指一物影响他物的能力。同样作为法学、政治学中的核心概念,权力的内涵包括能力、力量等方面。在对权力的理解中,福柯为我们提供了极富洞见力的阐释,他从微观层面对权力进行剖析,指出权力具有以下特点:第一,权力是无处不在的,就像一张网和人体的毛细血管,每个人都处在权力编织的网络中;第二,权力是无中心的,并非只在政治团体中产生,在学校、精神病院、工厂等部门和类域中同样充满权力的运作;第三,权力是一种关系,它能够通过主体的行为影响或改变主体之间的关系;第四,权力关系并非是静止、一成不变的,而是动态的、可逆的、不稳定的,"主体的位置是由它相对于对象的各种不同范

① 夏勇:《权利哲学的基本问题》,《法学研究》,2004 年第 3 期。
② [英]托马斯·霍布斯:《利维坦》,黎思复、黎廷弼译,商务印书馆 1985 年版,第 97 页。

围或群体有可能占据的处境所确定”,①每个人既可能是权力的实施者,也可能是权力的被实施者。权力关系并非来自某个职位或法典,而是在斗争中形成和存在的;第五,在权力的运作机制中,话语和知识建构起到了相当重要的作用,如果没有话语、知识的介入,没有话语、知识作为工具,仅通过规训等手段,权力的运作便不能成功。

因此说,从“权”的角度分析,“话语权”应该有权利和权力两个指向:一者为话语权利,是指道德、法律或习俗对演说主体所认定为正当的有关话语的利益、主张、资格、力量或自由;另一者为话语权力,是话语主体支配和掌握话语实践过程中所具有的力量和能力。这两者交互在话语主体的社会实践中,犹如一枚硬币的两个面。但在现实社会语境中,话语权力往往成为话语权利的基础和前提,比话语权利具有更广泛、更复杂的社会影响。福柯所提出的话语权问题,基本也是在话语权力方面进行的探究和开掘。

按照福柯的解释,话语实践按其规则构成了知识,“不具有确定的话语实践的知识是不存在的”;②知识在被生产的过程中发展了权力;权力和话语的关系即为“权力的话语性”③和“话语的权力性”,即话语建构权力,权力的实现大部分通过话语实践来完成;权力又能通过话语实践生产知识,“权力制造知识,权力和知识是直接相互连带的,不相应地建构一种知识领域,就不可能有权力关系,不同时预设和建构权力关系,就不会有任何知识。”④通过对话语和权力关系的辨析,可以看出,话语可以影响甚至改变权力结构,权力结构的变迁与维护需要借助话语实践来完成。

---

① [法]米歇尔·福柯:《知识考古学》,谢强、马月译,生活·读书·新知三联书店1998年版,第56页。

② [英]诺曼·费尔克拉夫:《话语与社会变迁》,殷晓蓉译,华夏出版社2003年版,第203页。

③ [英]诺曼·费尔克拉夫:《话语与社会变迁》,殷晓蓉译,华夏出版社2003年版,第203页。

④ [法]米歇尔·福柯:《规训与惩罚》,刘北成、杨远婴译,生活·读书·新知三联书店1999年版,第29页。

由此可见，话语权对任何社会主体而言都具有非同小可的意义，是该社会主体获取和体现社会影响力的重要途径。尤其当这个话语主体是一个组织、一个政党且面临激烈竞争的时候，话语权的轻重有无就更是体现该组织、该政党社会影响力的关键因素，因为“一切事物都可以归结为两样东西：权力和话语（知识）”，“权力关系造就了一种知识体系，而知识则扩大和强化了这种权力的效应”。① 对于政党而言，话语权是其政治权力的突出表现形式，是其社会影响力的“扩大和强化”。对创立早期的中国共产党而言，话语权的意义不止于扩大和强化社会影响力，它还因其独特的性能而成为中国共产党最有可能实现自身政治领导力的领域。话语权建基于经济基础之上，从根本上受到经济基础的制约，但又有相对独立性，并不必然随着经济基础的强弱而同步强弱。也就是说，经济和军事实力强大的政治团体并不自发地拥有话语权，而需要通过主体的主动建构行为才能获得。力量弱小却掌握着一整套先进话语体系的中国共产党在这方面具有优势，极具潜力，在话语权的争取中率先取得成效。

第二节　中共早期的话语体系

一、中共话语的型塑基础

掌握真理的中共话语及其体系并非凭空产生，而是在历史赓续中基于对科学语符资源的运用、创化发展。可以说，中共话语有两个至关重要的语源：一是中国社会自晚清以来日趋高涨的革命思潮及革命话语；二是国外传入的马克思主义理论资源。

从第一个方面来讲，近代以来，中国社会日趋高涨的革命思潮为中共话语

① ［法］米歇尔·福柯：《规训与惩罚》，刘北成、杨远婴译，三联书店1999年版，第29—30页。

的形成提供了最初的思想和语符资源。实际上,回顾中国更悠远的历史会发现,中国古典文化中早已蕴含着“革命”的说法。《易经》有云“天地革而四时成;汤武革命,顺乎天而应乎人。”①尽管这里的革命还不是现代意义上的社会革命,但却充分表明中国文化对变动不居的社会发展规律和“有道”代替“无道”的政治运行走势的肯定与赞许。这似乎可看作后来中国人接受革命思想的文化基因和最初萌芽。

清末以来,封建中国的大门被列强的坚船利炮轰开,四亿神州沦陷于深重灾难之中。帝国主义的侵略又加重了国内政治的黑暗与腐朽,中国人民的生活日趋困苦屈辱。为了改变民族命运,无数仁人志士寻找救国图强的道路,形成了近代以来先是倡导改良继而呼吁革命的社会文化潮流,为中共话语的型塑提供了思想土壤和语境氛围。十九世纪末,康有为、梁启超、谭嗣同等发起的维新变法大力主张“取法泰西、实行改革”,拉开了近代中国政治变革的序幕。维新变法后,梁启超等不遗余力地呼吁诗界革命、文界革命、小说界革命等“三界革命”,提出革命的迫切性。尽管资产阶级维新派眼中的革命并不带有暴力色彩,而仅是一种和缓的改良演进,与后来中国共产党主张的革命有着本质区别,但是他们对革命话语的反复渲染却在中国民众心中种下了能够生长革命的思想种子。诚如钱基博所言“启超避地日本,既作《清议报》,丑诋慈禧太后;复作《新民丛报》,痛诋专制,导扬革命。邹容《革命军》先后出书,海内风动,人人有革命思想矣!”②

为革命开出新局面的是孙中山。“自乙酉中法战后,(孙中山)始有志于革命”③,发起成立中国同盟会,以“革命党”自居,号召进行“民族革命”“政治革命”,从而为革命话语带来了新的内涵和热度。同盟会的成立让有识之士看到了救国希望,“于是乃敢定立‘中华民国’之名称而公布于党员,使之各回

---

① 黄寿祺、张善文撰:《周易译注》,上海古籍出版社2004年版,第377页。

② 钱基博:《现代中国文学史》,龙门书店1965年版,第336页。

③ 孙中山:《中国革命史》,台北“中华民国”开国五十年文献编撰委员会编:《“中华民国”开国五十年文献》第一编第9册,1963年版,第191页。

本省，鼓吹革命主义。”在同盟会的号召下，中国“革命风潮一日千丈”。[①] 1911年孙中山领导的辛亥革命推翻了中国两千多年的封建帝制，建立了中华民国，掀开了中国历史新的一页。革命一词在孙中山等人的政治实践中增添了更丰富的内容和意蕴，具有了更加进步的褒义的情感色彩。虽然辛亥革命的果实最终被袁世凯窃取，但是抵制政治专制的观念已经深入人心，革命与共和成为社会主流话语。

1915年，中国的知识精英拉开了文化启蒙的大幕。以《新青年》为阵地，一批先进知识分子汇聚在新文化运动的大旗下，批判旧思想、旧文化，批判封建礼教和专制制度，高举民主与科学的大旗，倡导独立与自由。他们通过话语的更新来实现思想的启蒙，他们对语言、文字和符号进行了前所未有的批判、颠覆与再造。经过这场轰轰烈烈的新文化运动，越来越多的中国人认识到了传统文化的守旧与保守，拓宽了学习西方先进思想的视野与胸怀；也是这场文化运动，使中国官方话语实现了由文言到白话的转变，实现了由传统向现代的转变。这一切都为中国共产党的诞生和其话语型塑做好了必要的思想准备、文化准备和语言准备。或者说，自鸦片战争以来，中国先进分子为挽救民族危亡而进行的一次次探索和实践，所创造和传播的有关抗争与革命，民主与科学的思想、学说、语言、符号，为中共的诞生及其话语体系的构建奠定了坚实的本土语源基础。

从第二个方面来讲，国外传入的马克思主义理论为中共话语的型塑提供了最直接的话语逻辑和话语资源。中国先进知识分子为寻求民族独立自强方法，曾尝试过以各种思想作为唤醒民众改造社会的话语武器，但都失败了。毛泽东曾经说过“中国人没有什么思想武器可以抵抗帝国主义。旧的顽固的封建主义的思想武器打了败仗了、抵不住、宣告破产了。不得已，中国人被迫从帝国主义的老家即西方资产阶级革命时代的武器库中学来了进化论、天赋人权论和资产阶级共和国等项思想武器和政治方案，组织过政党，举行过革命，

① 《孙中山全集》第6卷，中华书局1981年版，第237页。

以为可以外御列强、内建民国。但是这些东西也和封建主义的思想武器一样，软弱得很，又是抵不住，败下阵来、宣告破产了。”①十月革命一声炮响，给中国送来了马克思主义，使知识分子把学习的目光从欧美转向俄国。经过慎重比较与鉴别，他们发现马克思主义提供的世界观和方法论能够有效地解释社会发展中出现的问题，能够指引中国走出一条光明的新路，因此他们坚定地选择了马克思主义并将其作为改造中国的思想武器，并由此建立了中国共产党。马克思主义是中国共产党成立的思想先导和理论基础，也是中国共产党政治话语型塑的最直接、最重要来源。

马克思主义的思想伟力浩瀚磅礴，李泽厚在《中国现代思想史论》中就指出，“没有哪一种哲学学术理论，能在现代世界史上留下如此深重的影响有如马克思主义。”②马克思主义作为一个完整的理论体系，包含内容十分丰富：从横向来看，可分成哲学、政治经济学、科学社会主义三大领域；从纵向来看，则可分为基本原理（核心层）、具体结论（中间层）和经典作家个别论断（外围层）三个圈层。马克思主义作为中共的指导思想和话语源泉，主要是指马克思主义所蕴含的基本原理和由此衍生的具体结论。马克思主义的基本原理即辩证唯物主义和历史唯物主义的世界观和方法论，“作为世界观，马克思主义是无产阶级追求自身解放的信仰源泉；作为方法论，马克思主义是指导无产阶级破坏旧世界、建设新世界的思想武器。”③由基本原理衍生的基本结论则条目较多，如哲学方面的社会存在决定社会意识的结论，生产力与生产关系、经济基础与上层建筑的矛盾运动是推动社会发展的根本动力的结论等；经济方面的剩余价值论述；科学社会主义方面的两个必然和两个决不会论断，即资本主义必然灭亡、共产主义必然胜利，资本主义在它的生产力全部发挥出来以前绝不会灭亡，而新的、更高的生产关系在它的物质存在条件在旧社会的胎胞里成熟以前绝不会出现，等等。列宁在俄国革命实践中也丰富、发展了一些马克

① 《毛泽东选集》第四卷，人民出版社 1991 年版，第 1514 页。
② 李泽厚：《中国现代思想史论》，生活 · 读书 · 新知三联书店 2008 年版，第 150 页。
③ 王刚：《马克思主义中国化的起源语境研究》，人民出版社 2011 年版，第 32 页。

思主义基本原理和重要论断,如各国走向社会主义的道路会有其特殊性,无产阶级革命可能在一国或数国首先取得胜利;无产阶级革命和无产阶级专政既包括暴力革命,也包括经济、文化、政治等方面的非流血斗争;无产阶级政党的建设需要有正确的纲领,需要民主集中制,需要严明的纪律和密切联系群众等。总的来讲,马克思主义经典作家所构建的基本原理、所形成的重要论断是指导中共革命实践的思想武器,更是中共话语型塑的理论武库,为中共提供了最基本的话语分析框架、最常用的话语表述方式、最核心的术语范畴、最具代表性的语言符号,更从根本上形成了中共建构话语的逻辑思路。外来的马克思主义话语因素与中国本土语言相结合,在中国社会生活的实践与磨洗中,共同铸造了中共的话语体系。

二、中共早期话语的重要范畴

时至今日,历经百年之久的中国共产党已拥有丰富的话语语符和宏大的话语体系,它的核心语汇也随同社会环境的变化体现出鲜明的时代性。也就是说,中共话语体系在不同历史时期具有不同的关键词和言说内容。由于本书的研究时段主要在20世纪30年代,因此,本书集中梳理了这一时段中共话语体系的重要范畴,大致可以分为以下四组:

第一组范畴:资本主义、帝国主义、社会主义与共产主义。马克思在《资本论》中所指的资本主义,是指生产资料归个人所有的社会经济制度。1918年,李大钊在《庶民的胜利》中使用了这个概念。建党前后,中共党人用这个概念进行了对有关中国社会情况的分析和阐释,如1921年中国劳动组合书记部宣言开篇就指出,资本主义在中国的发展,把劳动者变成机器的附属,制造了剥削和贫困。可以说,对“资本主义”进行理论批判和实践斗争是中共的政治任务、思想任务,由此,资本主义这一概念也成为中共话语中的关键词之一。

帝国主义这一概念在西方世界产生已久,常用来指称那些对外侵略的国家,不论其是封建国家还是资本主义国家。但作为中共话语中的帝国主义,其特定内涵由列宁在《帝国主义论》中所确定,是指资本主义的一个特殊阶段,即进入垄断阶段的资本主义。由于资本和生产资料的高度集中，垄断组织在社会生活中起到决定性作用，同时为了资本的增值，侵略和扩张成为帝国主义的标配。20 世纪 20 年代中国处于德、日、英、法、美等帝国主义国家的严重侵袭之下，尤其是华盛顿会议通过的《九国公约》，肯定了美国提出的“各国在华机会均等”原则，加剧了帝国主义列强对中国的瓜分和控制。正是这样的民族危难，让中国共产党人认识到不仅要抵制资本主义，更要反抗帝国主义及其扶持下的封建军阀。中国共产党人拿起列宁的思想武器，开展了对帝国主义的抵抗、抵制。例如，中共二大通过的决议案题目即为《国际帝国主义与中国和中国共产党》。自此帝国主义、封建军阀作为革命的对象，频繁出现在中共的文件、纲领、议决案和宣传文献中，成为中共早期话语中的高频词汇。帝国主义的说法，被当时的不少中国人看作是“苏俄世界革命的战略口号”①，梁启超曾明确指出“党中口号皆有第三国际指定，什么‘打倒帝国主义’‘打倒资本主义’等等，哪一句不是由莫斯科的吹筒吹出来的。”②梁启超的这一说法，也从某个侧面证明了帝国主义是中共特别使用的话语范畴。

社会主义这一范畴在十九世纪就为中国人所使用，但是译法有所不同，有时译作“养民学”，有时译作“均贫富学”，还有时译作“人群之说”，等等。进入 20 世纪，梁启超首先将社会主义与马克思主义联系在一起，十月革命后，社会主义被中国知识分子频繁提及，如李大钊就曾指出“二十世纪初期的革命，是立于社会主义上之革命。”③社会主义几乎被作为马克思主义的同义语，被中共作为未来社会的蓝图。在这个蓝图里，生产资料为全民所有，人与人之间消灭了剥削，平等互助。20 年代，中国共产党人围绕社会主义开展了大量的理论建设，对什么是社会主义，怎样在中国建设社会主义进行了系统梳理和理论争鸣。

---

① 王奇生：《革命与反革命——社会文化视野下的民国政治》，社会科学文献出版社 2010 年版，第 82 页。

② 《梁启超论文集》，燕山出版社 1997 年版，第 735 页。

③ 《李大钊全集》第 2 卷，人民出版社 2013 年版，第 330 页。

共产主义更是中共的核心范畴之一,正如中共在党的文件中不断申述的“中国共产党是中国无产阶级政党。他的目的是要……渐次到达一个共产主义的社会。”①实现共产主义的理想信念成为中共的坚强革命动力。

第二组范畴:资产者、资产阶级、无产者、无产阶级。按照马克思的分析,资产者与无产者、资产阶级与无产阶级是人类社会进入资本主义时代的两大对立群体,一方作为资本、财富和生产资料的占有者、支配者;另一方则沦落为不占有生产资料、遭受剥削和压迫的贫苦劳动者,共同构成了资本主义社会的绝大多数。中共成立后,使用了马克思的这些范畴来分析中国社会的阶级情况,并在中国化的马克思主义文献中固定下来。中共作为“无产阶级的先锋军,为无产阶级奋斗,和为无产阶级革命的党”②在第一次代表大会上,就将“以无产阶级革命军队推翻资产阶级”作为了自己的政治纲领。无产阶级、资产阶级这样的范畴,也被中共植入中国社会语境中,长期成为汉语中的重要语汇。

第三组范畴:阶级斗争、革命。马克思主义作为认识社会、改造社会的思想武器,一个鲜明的理论主张就在于提倡阶级斗争和暴力革命。正如马克思、恩格斯在《共产党宣言》中所说,社会发展的历史就是一部阶级斗争的历史,阶级斗争是实现人的自由解放的必要环节。无产者联合起来,就可以把地方性斗争汇聚成全国性斗争,从而汇聚成阶级斗争,推翻资产阶级统治,实现无产阶级统治。中共将阶级斗争放在了突出的话语地位上,在中共诞生后的第一个纲领中,就明确指出“承认无产阶级专政,直到阶级斗争结束,即直到消灭社会的阶级区分。”③自此,阶级斗争几乎成为中共政治话语的鲜明标识,始终贯穿于土地革命战争全过程。

中共建立之前,中国社会舆论已经有了对革命的充分酝酿和肯定,革命一词几乎成了挽救民族危亡的同义语。而中共诞生后更是将革命视作自己的历

① 《中共中央文件选集》第1册,中央党校出版社1989年版,第115页。

② 《中共中央文件选集》第1册,中央党校出版社1989年版,第44页。

③ 《建党以来重要文献选编》第1册,中央文献出版社2011年版,第1页。

史使命。马克思、恩格斯一再强调，共产党人不屑于隐瞒自己的观点，他们公开宣布“他们的目的只有用暴力推翻全部现存的社会制度才能达到。让统治阶级在共产主义革命面前发抖吧。”①以马克思主义为指导思想的中共党人也将革命作为自己的关键语汇，据不完全统计，仅1923年到1926年，在被改版为中共中央机关理论刊物的《新青年》上，“共发表各类文章128篇，平均每篇出现革命一词多达25次以上。”②在二三十年代，中共对革命的具体提法也有所变化，建党之初称为“民主革命”，党的三大之后按照陈独秀的提议称为“国民革命”，大革命失败后则多用“工农革命”。虽然革命的定语不同，但是中共对革命的主张和话语建构却是一以贯之的，其对革命必须采取的暴力形式也越加重视，诚如毛泽东所言“革命不是请客吃饭……革命是暴动，是一个阶级推翻一个阶级的暴烈的行动。”③

第四组范畴：人民群众。中国传统文化中素有对“民”的重视，如孟子所言“民为贵，社稷次之，君为轻。”④中国传统的重民思想虽然是农耕社会的产物，却与马克思主义有着一致的价值取向。马克思主义指明，人民群众是历史的创造者，蕴含着惊人的力量。当然，马克思主义对人民的内涵进行了明确的界定，正如列宁在《社会民主党在民主革命中的两种策略》中指出“马克思在使用‘人民’一语时，并没有用它来抹杀各个阶级之间的差别，而是用它来概括那些能够把革命进行到底的一定的成分。”⑤中共充分认识到人民群众的作用，结合中国的革命实际，将工人、农民等劳苦大众纳入人民群众的范畴，贯彻落实发动群众、依靠群众的革命路线，为革命提供了不竭的源泉。正因为此，中共自始至终在话语体系中为人民群众保留着重要位置，尽管在不同历史时

① 《马克思恩格斯文集》第2卷，人民出版社2009年版，第66页。

② 王奇生：《革命与反革命——社会文化视野下的民国政治》，社会科学文献出版社2010年版，第73页。

③ 《毛泽东选集》第一卷，人民出版社1991年版，第17页。

④ 《孟子·尽心下》，王国轩、张燕婴、蓝旭、万丽华译：《四书》，中华书局2007年版，第286页。

⑤ 《列宁全集》第11卷，人民出版社2017年版，第116页。

期人民的具体所指有所变化,尽管有时使用劳工、大众等同义词。

因此说,社会主义、共产主义、资本主义、帝国主义、无产者、无产阶级、资产者、资产阶级、阶级斗争、革命、人民群众等是中共在大革命时期和土地革命战争时期最典型、最有代表性的语汇符号,勾连出中共话语网络中的关键扭结。中共的话语言说基本上是围绕这些语汇进行的阐释和申发,中共对自身的宣传也往往以这些词汇作为最醒目、最集中的话语焦点。某种意义上可以认为,在国内运用这些词汇进行表述,不论其政治立场如何,大多是在使用中共制造的话语符号,是在"说中共的话"。

三、中共早期话语的价值指向

运用上述关键词汇和范畴,中共展开了对国情的分析和对革命道路的探索,阐释了政治主张,申明了奋斗方向,建构起了即将影响和改变社会舆论风向的中国共产党话语体系。该话语体系从价值指向和语题上看,主要阐释了以下内容。

1. 对中国社会性质和革命性质进行界说

中国共产党的历史使命在于为中国寻求出路,因此中共话语首先对中国社会性质和革命性质进行判断。正如毛泽东所言"认清中国社会的性质,就是说,认清中国的国情,乃是认清一切革命问题的基本的依据。"①中共成立之前,列宁已经使用"半封建"的说法形容近代中国社会的状况,意为资本主义因素还未占有主导地位,前资本主义即宗法式的关系还在中国社会占有相当大的比重。中共成立后也采用了这一说法判定中国社会性质,如蔡和森在文章中将中国社会形容为"半资产阶级和半封建社会。"列宁也用"半殖民地"的说法来判定中国的国际地位,意为中国在主权形式上是独立的,"实际上却被金融和外交方面的依附关系的罗网缠绕着",②主权并不完整,处于独立自主国家与完全殖民地之间的过渡形式。中共在对中国社会状况的分析中认同了

① 《毛泽东选集》第二卷,人民出版社 1991 年版,第 633 页。

② 《列宁选集》第 2 卷,人民出版社 1995 年版,第 648 页。

列宁的判断，在 1922 年中共二大议决案中指出，帝国主义划分了中国大片的土地作为他们的势力范围，关税、贸易、铁路、邮电等都受到帝国主义的干涉，他们还掌控了领事裁判权，中国虽然名义上独立，但“已是事实上变成他们共同的殖民地了。”①陈独秀在 1923 年的文章《中国国民革命与社会各阶级》中使用了“半殖民地的中国”的说法。1929 年，中共中央在二十八号通告中首次正式使用了“中国半殖民地半封建社会经济关系”的表述，由此，中共对中国社会性质的判断明确定为半殖民地半封建性质。

基于对社会性质的判断，中共阐释了中国革命的性质。中共二大指出，中国人民的最大痛苦来源于帝国主义和封建军阀的压迫，因此反对这两种势力的民主主义的革命是必须的。尽管民主主义革命并不是社会主义革命，并不能使无产阶级获得真正解放，但是只有无产阶级和民主主义势力的合作，“才能使真正民主主义革命格外迅速成功。”②因此，就目前的中国情况来说，中国革命的性质首先必须是民主主义的。这是中共创立早期对革命性质的基本判断和话语界说。

2. 对中国革命道路进行阐释

中国共产党话语体系中第二个基本内容是对于革命道路的解释与论证，这包括阐明哪些人属于革命对象，哪些人属于革命动力，采取何种方式完成革命任务等。对于这些问题的回答，中共是在实践斗争中不断探索从而最终找到正确答案的。在 20 世纪 20 年代，中共强调，帝国主义和封建军阀是革命对象，鉴于他们在中国实行反动的武装统治，中国革命的道路不能采取温和改良的办法，只能采取阶级抗争的暴力方式。

关于革命动力，中共强调工人阶级的先锋队作用，指出工人阶级具有伟大的力量，是“劳苦群众中最进步和最能战斗的部分。”③另外，中共强调农民尤其是贫农对革命的推动作用。由于农民人数众多，中共指出，“工人阶级，若

① 《建党以来重要文献选编》第 1 册，中央文献出版社 2011 年版，第 122 页。
② 《建党以来重要文献选编》第 1 册，中央文献出版社 2011 年版，第 132 页。
③ 《建党以来重要文献选编》第 1 册，中央文献出版社 2011 年版，第 150 页。

是至少得不到乡村劳动者(农业的雇工和极贫的农人)一部分赞助或至少不能使一部分落后乡村在政治上守中立,他是不能胜利的。”①因此,工农联盟是推动革命胜利的强劲动力。

3. 对中国革命前途进行展望

在阐释清楚革命性质和革命道路的基础上,中共话语的第三方面价值指向即是对无产阶级革命成功后中国社会前景的展望。中共指出,中国革命之第一步,是协助资产阶级完成民主革命,第二步是继民主革命胜利后实现无产阶级专政。在民主革命阶段的目标和任务是“消除内乱,打倒军阀建设国内和平;推翻国际帝国主义的压迫,实现中华民族完全独立”建设“真正民主共和国。”②在实现民族解放的基础上,“加入世界革命,解放全世界的被压迫民族和被压迫的阶级。”③革命的前途是逐渐次走向社会主义、共产主义的。那时,将消灭社会成员之间的阶级区分,消灭私有制,最终实现所有人的自由与解放。可以说,中共用社会主义和共产主义,为中国社会勾勒了一幅进步而美好的蓝图。

第三节　中国共产党人对话语权的认识及初步实践

一、早期中共党员对话语权的认识

尽管中国共产党创始人并没有从理论层面明确地提出话语权的概念,也没有围绕话语问题展开过具体论述,但是他们坚信中国共产党话语体系的真理性、科学性,他们在实践中已经充分认识到了将这些话语广为传播并引领起

① 《建党以来重要文献选编》第1册,中央文献出版社2011年版,第142页。
② 《建党以来重要文献选编》第1册,中央文献出版社2011年版,第133页。
③ 《建党以来重要文献选编》第1册,中央文献出版社2011年版,第277页。

舆论风向的重要性，体悟到了提高话语影响力和阐释力之于动员群众争取胜利的重要意义。陈独秀、李大钊、毛泽东、李达等这些在中国共产党创建和早期发展中发挥了关键作用的人物，几乎都爱办报或者写文章，对话语的熟练运用和创造能力超群绝伦，对话语运用的自觉意识更是比一般人深刻。

如陈独秀的人生轨迹几乎就是紧密围绕着话语建设延展的。他在青年时期便热衷办报并善于办报，深谙话语中蕴含的能量。从早期的《安徽俗话报》《民国日日报》《甲寅》再到后来的《新青年》《每周评论》，陈独秀与其说是在办报，不如说是将巨大精力用在了对话语的建设、渲染与宣传上，用在了对话语内容、说话分量、话语地位的建构上。为了增强他创办的报刊在下层民众中的影响力，陈独秀在文章中大量运用白话、俗词俚语等为民众惯用的语言词汇，开话语建设一代新风，颇受民众欢迎，他主办的报刊也大多成为名报名刊。而他创办的《新青年》杂志更是成为我国近代历史文化中的一座地标，成为中国先进知识分子的精神旗帜、话语阵地。在为《新青年》写的《宣言》当中，陈独秀明确地说："我们因为要实验我们的主张，森严我们的壁垒，宁欢迎有意识有信仰的反对，不欢迎无意识无信仰的随声附和。但反对的方面没有充分理由说服我们以前，我们理当大胆宣传我们的主张，出于决断的态度。"①以"决断的态度""大胆宣传"自己的主张，这正是陈独秀对建构话语权的公开宣言。在《新文化运动是什么》一文中，陈独秀间接指出了话语建构的深远意义，那就是这些话语"影响到军事上，最好能令战争止住"，"影响到产业上，应该令劳动者觉悟他们自己的地位，令资本家要把劳动者当做同类的'人'看待，不要当做机器牛马、奴隶看待。""影响到政治上，是要创造新的政治理想，不要受现实政治底羁绊。"②在陈独秀的心目中，话语能够引起如此深刻的社会变革，那么话语权力作为话语自由与话语地位的前提保障，自然也就是必须争取与掌握的对象。此时，还是布衣青年的毛泽东也把大量时间精力花费在报刊创办上，他曾一人承担起《湘江评论》的编辑、撰稿工作，日夜不停地写稿

① 《陈独秀文章选编》上，生活·读书·新知三联书店1984年版，第428页。
② 《陈独秀文章选编》上，生活·读书·新知三联书店1984年版，第516页。

撰文,努力在众声喧哗中发出自己的声音。

中国共产党成立后,有了组织依托的共产党人更加认识到话语宣传和话语权建构的重要意义。陈独秀指出"社会底进步或救出社会底危险,都需要有大胆反抗舆论的人……此时中国底社会里正缺乏有公然大胆反抗舆论的勇气之人。"①在陈独秀看来,封建军阀制造的愚民思想舆论是国家落后的罪魁祸首之一,要拯救社会必须打破这种舆论霸权,破除现有话语体系对人民思想的禁锢,而刚刚成立的中国共产党必将在完成民族解放的过程中首先承担起反抗既有话语体系并引领话语潮流的任务。陈独秀强调"公理战胜强权",他指出"世界各国的人都应该明白,无论对内对外,强权是靠不住的,公理是万万不能不讲的了。"②讲公理,也就是按道理讲话,把人们共同认可的道理以话语的方式表达给民众并获得民众支持,是战胜强权的一条通途。李大钊则指出,话语、言论对于一个国家、社会和政党而言,"如人身之有血脉也。人身之血脉有所停滞,则其人之精神必呈麻木不仁之象。"如果一个政党的话语和言论不畅通,则其政治力量也必然"呈消沉不进之观"。③ 中国共产党人认识到,话语的通畅是争取民众的首要条件,是"努力唤醒国民的自觉,打破因袭、奴性、偷懒和依赖的习惯而代之以反抗的创造的精神,使将来各种事业,都受着这种精神的支配而改变。我们的政治,以后就不至于这样黑暗,我们达到理想的社会的道路,也就容易得多了"④。正因为如此,中国共产党后来与国民党第一次合作进行国民革命时,一再指出国民党只知集中全力于军事行动,不重视革命话语的建设,不懂得把自身的话语和思想传递给广大民众,长此以往"中国国民党不但要失去政治上领袖的地位,而且一个国民革命党不得全国民众的同情,是永远不能单靠军事行动可以成功的。"⑤历史已经证明了中国共产党的判断,国民党不仅失掉了国民革命的话语权,而且最终失掉了在中国

① 《陈独秀文章选编》中,生活·读书·新知三联书店 1984 年版,第 126 页。
② 《陈独秀文章选编》上,生活·读书·新知三联书店 1984 年版,第 304 页。
③ 《李大钊文集》,人民出版社 1984 年版,第 315 页。
④ 《先驱》创刊号,1922 年 1 月 15 日。
⑤ 《中国共产党宣传工作文献选编》,学习出版社 1996 年版,第 514 页。

大陆的领导权。

正是意识到了话语权与领导权之间的密切联系，中国共产党成立之初就对话语建设格外关注。在《中国共产党第一个决议》里，除阐明“工人组织”“工会组织”“党与第三国际的联系”“对现有政党的态度”等必须厘清的事项外，还明确规定了“书籍、日报、标语和传单的出版工作”，并规定“每个地方组织均有权出版地方通报、日报、周刊、传单和通告。”①这是中国共产党对传播自身话语的首次谋划。而在中国共产党第二次代表大会做出的《宣言》中，中共则直接以“喊叫”的方式实践了对话语的建设：“中国共产党是国际共产党的一个支部——现在他向中国工人和贫农高声叫道：快聚集在共产党旗帜之下奋斗呀！同时，向中国全体被压迫的民众高声喊叫道：一起来和集在中国共产党旗帜之下的工人和贫农共同奋斗啊！并又高声喊叫道：一起来和全世界的革命伙伴们并肩前进呀！”②面对尚不了解共产党的中国大众，这一连串的“喊叫”就成了传播自身话语的最便捷途径。③ 向着工人“喊叫”，向着农民“喊叫”，向着青年学生、知识分子和城市平民“喊叫”，早期的中共党员们以澎湃的激情言说中共话语，努力唤醒民众的阶级意识、政治意识和革命主动性，为争取革命胜利积淀了群众力量。

中共建构自身话语权的社会语境变幻多端，尤其是随着革命形势的变化，各种反动势力在恐惧“赤化”的心理中，开始了对中共话语的集体进攻。在斗争中，中共更加意识到话语权的获取绝不是靠敲锣打鼓得来的，而是要靠斗争和建构。诚如毛泽东所言，“彼辈怨愤之余，凡所以诅咒污蔑中伤我们者，无所不用其极。京津沪汉各地反革命派宣传机关，惶然起哄，肆其恶嘴毒舌，凡所以咒诅污蔑中伤我们者，亦无所不用其极。全国国民尤其是北方及长江各地各界人民，所在被其迷惑……乃至同志之间，亦不免发生疑虑。即无疑虑分子亦无由根据事实以为切实的辨正。‘内哄’、‘共产’等等名词到处流传，好

① 《中国共产党宣传工作文献选编》，学习出版社 1996 年版，第 326 页。
② 《中国共产党宣传工作文献选编》，学习出版社 1996 年版，第 411 页。
③ 《中国共产党宣传工作文献选编》，学习出版社 1996 年版，第 562 页。

象广东真变成了地狱。我们现在不能再放任了。我们要开始向他们反攻。'向反革命宣传反攻，以打破反革命宣传。'"①中共中央在1925年郑重向全党发出通告，"我们现在对于国家主义派及国民党右派之思想上的斗争，非常重要，必须在此中争斗上得到胜利。"②恽代英则指出"我们亦预备着，纵然国民革命有了相当的成功，若是被中国资产阶级得着了领导权，反赤这个口号，还是可以称为屠杀无产阶级战士的理由的。"③这些，都说明了中国共产党人对话语权建构的高度自觉。

二、早期中共话语权建构实践

1. 健全机构统筹话语建设

1921年，中国共产党成立后形成的第一个决议即对话语建设格外留意，强调与话语传播的有关工作要接受中央执行委员会的严格监督，以确保传播内容的统一性，增强话语传播效果。同时，中共一大后设立的由三人组成的中央局中，专设宣传主任一职负责话语传播工作。1923年，中国共产党设立中央教育宣传委员会统筹领导全党的话语建设，并颁布一部详细的组织法明确其在话语权建设中的职责定位："研究并实行团体以内之政治上的主义上的教育工作以及团体以外之宣传鼓动。"④该组织法还明确了教育委员会的下辖机构：编辑部、函授部、通讯部、印行部和图书馆，规定编辑部承担《新青年》《向导》等八种出版品，函授部负责开设经济学及社会进化史等几门功课并撰写讲义，通讯部则负责编译一切与运动及主义相关之文件与材料。该组织法不仅对中央宣传机构作出了规定，还要求各地方委员会中要选定一人专门负责教育宣传工作，并在平时的地方会议中讨论事关话语宣传的相关问题。可以说，该组织法将组织建设的触角从中央延伸到地方，力求建构起一张政令畅

① 《毛泽东文集》第一卷，人民出版社1993年版，第22页。
② 《中国共产党宣传工作文献选编》，学习出版社1996年版，第664页。
③ 《恽代英文集》下，人民出版社1984年版，第982页。
④ 《中国共产党宣传工作文献选编》，学习出版社1996年版，第555页。

通、运转高效的话语传输大网络。

1924 年 5 月，中共三届一次执委扩大会议决议正式成立中央宣传部，强调对宣传部要给予“特别注意”，并且指出对党的话语宣传“急于有全国的进行规划。”①同时，地方的话语宣传机构也加强建设，“地方委员会由三人组织之：委员长兼宣传部，秘书兼组织部，组织部之下另有‘统计分配’及‘交通’的职务——‘交通’的职务便是发送秘密宣传品。”②话语宣传的负责人同时是地方党组织的负责人，这种安排既充分说明了中国共产党对话语宣传的高度重视，同时使得话语宣传便于在党的全盘工作中筹划调度。

为了充分发挥宣传部门的组织效能，中国共产党对其工作进行严格的监督和审核，党的四大就曾对宣传部门工作中的不足提出严厉批评，指出其在群众中的影响还“不能深入”，要求“重新整顿”，形成“真能负责做事”的局面，从而实现让话语宣传工作“做得完美而有系统”的目标③。

在这种严格的督促之下，中国共产党的话语宣传机构极大地提高了办事效率和能力，对革命话语的布局安排也卓有成效：从组织印行简单的传单和小册子，到策划推动系统专业的理论阐释；从发动全党开展宣传，强调“共产党员人人都应是一个宣传者，平常口语之中须时时留意宣传”④，到领导部署一次次针对性的话语宣传攻势；从教育指导各地方的话语宣传工作，到汇总报告各地方的成功经验；从组织话语建设队伍，到培养高水平的思想理论人才，中国共产党的各级宣传部门统一调度、统筹部署，有力地推进了中国共产党话语的传播。

2. 中共早期领导人演讲彰显话语魅力

话语言说者的个人气质和魅力是打动受众的重要因素。创立初期的中国共产党党员虽然不多，但却是精英荟萃、巨星璀璨，如陈独秀、李大钊等，他们

---

① 《中国共产党宣传工作文献选编》，学习出版社 1996 年版，第 574 页。

② 《中国共产党宣传工作文献选编》，学习出版社 1996 年版，第 574 页。

③ 《中国共产党宣传工作文献选编》，学习出版社 1996 年版，第 619—620 页。

④ 《中国共产党宣传工作文献选编》，学习出版社 1996 年版，第 574 页。

无一不是新文化运动的干将,堪称中国思想文化界的旗手,共同掀起了文化革新的狂飙,他们身边有众多的追随者、仰慕者,是当之无愧的“社会名流”。建党之初,他们利用自身影响力频繁登台演讲,以个人魅力赋予中国共产党话语体系以鲜明的时代气息、浓郁的开新意味,很大程度上增强了中国共产党话语的知名度。

在中国共产党成立的最初 6 年中,陈独秀一直担任党的主要领导职务,此前和此间,他利用各种机会和场合发表演讲,宣传马克思主义,是当时最有影响的革命话语大师。据有关学者统计,从 1920 年到 1927 年,陈独秀“在武汉演讲过 6 次,上海 19 次,广州 16 次”①。1920 年,陈独秀分别在上海船务栈房工界联合会和电工联合会发表演讲,向劳苦大众宣传“只有做工的人最有用最贵重”②,启发工人阶级觉悟,将马克思主义的革命主张用最通俗的语言传达给底层人民。1921 年,陈独秀在广州公立法政学校发表题为《社会主义批评》的演讲,在广东女界联合会发表题为《妇女问题与社会主义》的演讲,具体入微地阐释社会主义的基本原理。1922 年 1 月至 4 月,陈独秀在上海连续做了 6 场演讲,其中在吴淞中国公学所作的《马克思学说》的演讲引起了巨大反响。吴淞中国公学是当时上海著名的大学,在全国学界颇有影响。在这里,陈独秀通过一番激情洋溢的演讲,让中国公学的青年学生知晓了马克思主义的核心命题,明晰了“社会制度”“剩余价值”“阶级争斗”等共产党的话语词汇。1923 年 5 月,陈独秀在广东高师进行了多场演讲,每场都是座无虚席。群情振奋的场面说明陈独秀的演讲取得了极大的成功。在广东高师的演讲是以社会主义为主题,在演讲中,陈独秀分别讲述了“我们为什么相信社会主义”“相信何种社会主义”以及“社会主义如何在中国开始进行”等民众关心的问题,宣传了党的政纲和主张。

正值陈独秀在中国的南方振臂高呼之际,中国共产党的另一位重要创始人李大钊也在北方频频发表演讲。李大钊对演讲同样具有高度的行动自觉,

① 张雷:《卓识谠论　倾动人群——陈独秀的重要演讲》,《党史纵览》,2004 年第 2 期。

② 《陈独秀文集》第 2 卷,人民出版社 2013 年版,第 10 页。

他曾撰有《政坛演说会之必要》和《讲演会之必要》等文章，强调演讲对宣传政党思想、提高话语权所具有的积极作用。李大钊指出："盖于稠人广众之中，公布其主张，以求舆论之同情，乃政治家之天经地义，虽刀锯在前，鼎镬在后，有所不顾，区区反对之声浪，乌能摧卷其政帜者。"①建党前夕，李大钊在北京中山公园做了题为《庶民的胜利》的演讲，向北京市民热情宣介俄国十月革命。同年 12 月，他在北京中国大学又做了题为《由平民政治到工人政治》的演讲。1922 年 2 月，李大钊发表《在北大新闻记者同志会成立会上的演说》，不久又做了题为《马克思的经济学说》的演讲。5 月，李大钊出席高师工学会、北大马克思学说研究会、北京学生联合会举行的"五一"纪念大会并发表演讲。9 月，应邀在上海社会主义青年团发表演讲。11 月，李大钊出席北京各团体发起的十月革命会并发表演讲，继而在北京学生读书会上发表演讲。1923 年 2 月至 4 月间，李大钊先后在湖北女权运动同盟会、上海职工俱乐部、上海大学、复旦大学发表演讲。据不完全统计，仅 1922 年至 1923 年的两年中，李大钊在北京、上海、武汉、天津等地共发表演讲 20 余次。

中国共产党早期的领导人——陈独秀、李大钊等都是口才出众、富有感染力的演讲家。他们的演讲抑扬顿挫、深入浅出，将党的话语明白晓畅地传达到了受众心中。当时武汉有家名叫《国民新报》的报纸曾载文称，共产党领导人的演讲不啻是"卓识谠论，倾动人群"。他们的演讲形成联动效应，带动各地的党员深入工厂、学校、农村开展集会，宣传革命主张，从而对建构中共话语权起到了积极的推动作用。

3. 创办报刊拓展话语阵地

话语的传播需要媒介和途径，在 20 世纪 20 年代的中国，纸质媒介无疑是最重要的传播载体。中国共产党人对此有着深刻的认识，建党之后仅仅两个月，在李达的主持下，党就在上海创办了秘密出版机构——人民出版社，翻译出版马克思主义经典著作，介绍宣传中国共产党的思想主张。同年 11 月，陈

① 《李大钊全集》第 1 卷，人民出版社 2013 年版，第 347 页。

独秀作为中国共产党的负责人签发了建党后的第一个通告，明确要求“中央局宣传部在明年七月以前，必须出书（关于纯粹的共产主义者）二十种以上”①。在一年的时间里，人民出版社相继出版了《共产党宣言》《国家与革命》《第三国际议案及宣言》等多种“纯粹的”共产主义理论著作。人民出版社在运营近两年后停办。

1923 年 11 月，瞿秋白领导的上海书店接替人民出版社开展工作。上海书店出版的书籍在知识界引起很大反响，如《马克思主义浅说》一书先后重印 8 次，《哥达纲领批判》首印两千册旋即销售一空。马克思主义出版物的热销引起了国民党的恐慌，他们以“宣传共产鼓吹阶级斗争”为罪名通令各省查扣，这也从反面印证了中国共产党话语的流行程度。

同时，中国共产党主办的一系列报刊也陆续面世。陈独秀主办的《新青年》是中国文化界的一块“金字招牌”，建党后改版为中共中央机关刊物，重在进行“学理的马克思主义的研究宣传”②。1922 年 9 月，中共中央政治机关报《向导》周报诞生。同年，社会主义青年团创办了机关刊物《先驱》。1923 年，团中央又在上海创办《中国青年》。此外，中国共产党还创办了一系列面向不同读者群的专门刊物，如面向妇女的《妇女声》《女星》《妇女日报》，面向工人的《中国工人》，面向士兵的《中国军人》，面向农民的《中国农民》，等等。同时，各地方党组织也创办了一些刊物，如《武汉星期评论》《山东劳动周刊》《珠江评论》《楚光日报》《湖南民报》，等等。

上述报刊组成舆论的方阵，促进了中国共产党话语的传播。为了加强话语影响力，党的许多核心成员亲自为刊物撰写文章，如陈独秀、张国焘、李大钊、蔡和森、彭述之、瞿秋白、高君宇、张太雷、向警予、罗章龙、赵世炎等都经常为《向导》撰写文章，其中，陈独秀供稿尤多。统计资料显示，《向导》第 56 期载文 9 篇，其中陈独秀一人便供稿 8 篇；第 64 期《向导》载文 8 篇，其中“有 6

---

① 《“一大”前后——中国共产党第一次代表大会前后资料选编》，人民出版社 1980 年版，第 24 页。

② 《中国共产党宣传工作文献选编》，学习出版社 1996 年版，第 556 页。

篇出于陈独秀之手"①。张国焘作为当时的中共中央执行局委员，先后为《向导》撰文10多篇。蔡和森为《向导》独自撰稿130多篇，与向警予联名发表36篇。彭述之、瞿秋白分别为《向导》撰稿70多篇和60多篇。共产国际的代表马林以"孙拓"的笔名为《向导》撰稿7篇，维经斯基则用笔名"魏琴"撰稿17篇。党的高层领导人亲自撰稿，使得刊物的影响力大增，不仅行销全国，还远销海外。这些刊物宣传党的主张、引导社会舆论，在风雨如晦的20世纪20年代形成强劲的动员话语，为党对话语权的争取提供了坚实的基础。

4. 理论争鸣提升话语热度

马克思指出："理论只要说服人，就能掌握群众；而理论只要彻底，就能说服人。所谓彻底，就是抓住事物的根本。"②作为中国共产党的指导思想，马克思主义具有理论上无与伦比的彻底性，而马克思主义的这种理论品质经过中国共产党人的几次理论争鸣愈加彰显，从而极大地提升了马克思主义作为"话题"的社会关注度，进而也使之更多地"掌握"了群众。

第一重争鸣是与资产阶级知识分子的交锋。当胡适、梁启超、张东荪等抛出"不谈主义"以及"基尔特社会主义"等论调后，因其裹着学术的外衣，一时间迷惑了不少人。为了捍卫马克思主义的真理性，李大钊先后发表了《再论问题与主义》《物质变动与道德变动》《由经济上解释中国近代思想变动的原因》《中国的社会主义与世界的资本主义》等文章，陈独秀相继推出了《主义与努力》《致张东荪的信——关于社会主义的讨论》《社会主义批评》《答张东荪》等文章，李达也撰写和刊发了《社会革命底商榷》《讨论社会主义并质梁任公》等文章，对马克思主义哲学、政治经济学的基本范畴和基本论断进行阐释。毛泽东则明确指出："问题之研究，须以学理为根据。因此在各种问题研究之先，须为各种主义之研究。"③中国共产党人通过这种针锋相对的辩论，用逻辑讲道理、用学术讲政治，在与资产阶级知识分子的话语对战中取得了

---

① 张宝明主编：《中共早期期刊历史系谱》，人民出版社2018年版，第91页。

② 《马克思恩格斯文集》第1卷，人民出版社2009年版，第11页。

③ 《毛泽东早期文稿》，湖南人民出版社2008年版，第366页。

胜利。

第二重争鸣是与无政府主义者的交锋。无政府主义因其对个人自由的绝对主张而一度获得大批拥趸。无政府主义者坚决反对马克思主义，反对建立无产阶级专政，故而成为传播马克思主义话语的一大障碍。中国共产党人在《新青年》《先驱》等刊物上刊发了大量文章批判无政府主义，阐明马克思主义的科学性，如陈独秀撰写了《中国式的无政府主义》《下品的无政府党》《和区声白讨论无政府主义》，李达撰写了《无政府主义之解剖》，施存统撰写了《我们要怎么样干社会革命》等。这些论战文章揭示了绝对个人自由的危害性，辨析了绝对平均主义的空想性，诚如陈独秀所言："我们唯一的使命只有改革社会制度，否则什么个人的道德，新村运动，都必然是无效果的；因此我们应该觉悟，非个人逃出社会以外，决没有绝对的自由，决不能实现无政府主义。"①中国共产党人的文章鞭辟入里、有理有据，充分揭露了无政府主义的理论错误和逻辑混乱，消除了它对马克思主义传播所造成的思想障碍。

第三重争鸣是与国民党右派和国家主义派的交锋。这也是几重争鸣中火力最为猛烈的一场交锋。国民党右派以戴季陶为思想代表，1925 年他抛出了《孙文主义之哲学基础》《国民革命与中国国民党》等小册子，试图从理论层面批判马克思主义，进而重建三民主义的独尊地位。国家主义派更是不乏所谓的"理论专家"，曾琦、李璜等以《醒狮》周报、《铲共半月刊》和《独立青年》等为话语阵地，否认阶级斗争，污蔑中共将"赤俄"引狼入室。对于这些攻击，中国共产党一方面发动党员个人撰文批判；另一方面组织集体力量共同反击。这期间，陈独秀、李大钊、毛泽东、周恩来、恽代英等皆有大量论战文章问世，揭露戴季陶主义的虚伪，一针见血地指出"醒狮派已经是过去时代的骸骨"②；同时，中国共产党要求各级宣传部门共同"指摘国家主义者卖国家骗民众的具体事实"③，中共中央宣传部还专门编印了《反国家主义宣传大纲》作为批判

① 《陈独秀文章选编》中，三联书店 1984 年版，第 139 页。

② 《恽代英文集》下，人民出版社 1984 年版，第 985 页。

③ 《中国共产党宣传工作文献选编》，学习出版社 1996 年版，第 665 页。

的指导文献。在持续系统地理论辩驳中，戴季陶主义很快便没有了生气，而国家主义派则从理论争鸣走向辱骂恫吓，并最终在中国共产党话语的强劲攻势下败下阵来。

毛泽东曾经指出："正确的东西总是在同错误的东西作斗争的过程中发展起来的。真的、善的、美的东西总是在同假的、恶的、丑的东西相比较而存在，相斗争而发展的。"①中国共产党在最初实践马克思主义时面临着怀疑和责难，对此，中国共产党人积极回应挑战，主动参加理论争鸣，从而推动实现了马克思主义话语向着更深层次和更广泛层面的传播。

5. 开班办校扩大话语受众

工农大众占旧中国人口的绝对多数，是中国共产党最深厚的力量源泉。马克思主义话语只有为工农大众理解、接受和认同才能真正夯实中国共产党的话语权基础，也才能真正将话语和理论转化为行动和实践。中国共产党成立之初就认识到了对工农大众说话、为工农大众说话的重要性。20 世纪 20 年代，中国工农大众文化水平不高，还要终日为生计忙碌，因此开办业余的、专门性的补习学校就成为向他们说话的有效途径。中国共产党成立后的第一个决议就明确指出，要开办工人学校，"在一切产业部门均应成立这种学校"②。1923 年的《教育宣传问题议决案》又进一步提出，"有可能的地方当设贫民学校"③。响应这一号召，面向工人、农民、城市贫民等的补习学校迅速发展，办学方式也逐渐多样化，有夜校、讲习所、俱乐部、识字班等多种形式。例如，在上海，党在小沙渡、沪东等建立了工人俱乐部；在京汉铁路北段，创办了长辛店工人补习学校；在武汉地区，创办了粤汉铁路徐家棚工人补习学校及工人子弟学校；在安源煤矿，创办了工人补习学校、识字班；在唐山，创办了工余补习社、工人图书馆、工人俱乐部；等等。同时，在广东、湖南、湖北等地，也相继建立起农民夜校、农民讲习所。

---

① 毛泽东：《关于正确处理人民内部矛盾的问题》，人民出版社 1964 年版，第 27 页。
② 《中国共产党宣传工作文献选编》，学习出版社 1996 年版，第 325 页。
③ 《中国共产党宣传工作文献选编》，学习出版社 1996 年版，第 560 页。

依托这些学校,中国共产党向工农大众传授文化知识、宣传革命思想,揭露资产阶级和封建地主阶级的罪恶,启发他们的阶级觉悟和抗争精神。补习学校的教员中多有中国共产党的骨干精英,如彭湃、毛泽东、周恩来、刘少奇、恽代英、邓中夏、谭平山等皆曾担任过补习班的教员。他们根据受众特点编制教材,准备讲习内容,能够紧紧抓住听众的心。据邓中夏所言,对工人补习学校的讲习多用这样的话语开篇:“为什么我们工人终日辛苦劳作,而不得温饱,那班不做工的官僚政客资本家等却高楼大厦,衣锦肉食。他们的钱哪里来的,他们的衣食住哪里得的,都是由我们工人的血汗造成的。”①设身处地地言说短短几句就打动了受众,赢得了他们的信任和支持。中国共产党的话语受众由此而迅速扩大。

在向劳动群众传播中共话语的过程中,中共十分注意话语运用策略。首先是强调话语的通俗性,1925 年 10 月《宣传问题决议案》指出“要使极落后的工人苦力能懂得,才能有力。所以应当用极通俗的言语文字。可是不但言语文字要接近群众,鼓动的内容也要接近群众,第一是要具体,根据于工农群众眼前的事实。因此共产主义者便应当不但指导和训练群众,而且要能考察群众的言论,知道他们的需要,在口头上文字上的宣传表现他们的心理。”②

其次,善于利用简明易记的标语和口号来形成舆论阵势。从建党之初喊出的“继续民主革命”“打倒帝国主义”“打倒军阀”,到国民革命统一战线中的“国民革命”“打倒奉系军阀”“建立统一的国民革命政府”“遵守中山先生遗言”,再到 1927 年大革命失败后的“建立工农兵苏维埃政权”,中共适时提出一系列政治口号,鲜明而强烈地概括了党在彼时的政治主张,极富感染力和带动性。中共对口号的利用非常灵活,能够根据对象的不同提出不同的口号。对于工人,中共强调口号要能“阐明阶级斗争与民族革命的相互关系及职工运动的阶级性……说明工人阶级须有自己阶级的政党——共产党。”③对于农

① 《邓中夏文集》,人民出版社 1983 年版,第 5 页。
② 《中国共产党宣传工作文献选编》,学习出版社 1996 年版,第 656 页。
③ 《中国共产党宣传工作文献选编》,学习出版社 1996 年版,第 608 页。

民,中共指出"提出口号须合于当时当地农民所可行的需要,并须于行动之前,应有充分的宣传与预备。"①在提出口号的同时,中共十分注意对口号内涵的政治主张的阐释,一再向各级宣传部门强调,不能简单抛出口号,更要向人民群众解释口号,不仅一些小的口号如此,"就是全国政治运动的总口号,也应当利用当地的日常生活中种种问题,不断的向群众宣传,很详细的解释这些口号,使群众能把他们切身的日常生活的要求和这些总的政治要求切实的联结起来。"②最重要的是,中共注意口号的变更,强调"党的鼓动口号应当随群众斗争的发展而逐渐提高,党需要善于转变口号,使斗争可以继续更激剧的发展。"③

中国共产党早期的话语实践颇富成效,中国共产党使用的不少政治词汇成为社会通用的流行术语。例如,由陈独秀最早提出的"国民革命"一词很快就被国民党采纳,成为对大革命的指称。"打倒帝国主义""打倒军阀"的口号也广为流传。1924 年的《中央局报告》指出:"我们政治的宣传,自一九二三年起,即是打倒国际帝国主义及国内军阀两个口号。在一九二二与一九二三年间,'反对军阀'已成了全国普遍的呼声。"④对此,陈独秀有过一番更为详细的描述,他说:"'打倒国际帝国主义''打倒军阀'这两个口号,是我们分析并归纳中国一切乱源而定出的,始终是我们一切政策之骨干;然而最初喊出这两个口号的时候,我们的声势非常之孤,研究系的报上,笑我们扛出'打倒帝国主义''打倒军阀'两块招牌,尤其'打倒帝国主义'这一个口号,民众多不了解,甚至有人说是海外奇谈;但后来革命的工人和学生首先采用了,国民党中一部分革命派也采用了,到现在,一部分进步的教授和商人也采用了,甚至于国民党中的反动派和一班工贼,他们向民众攻击共产党,有时不得不自称他们也反对帝国主义,因为他们恐怕若不如此说,民众会马上看出他们是帝国主义

① 《中国共产党宣传工作文献选编》,学习出版社 1996 年版,第 613 页。
② 《中国共产党宣传工作文献选编》,学习出版社 1996 年版,720 页。
③ 《中国共产党宣传工作文献选编》,学习出版社 1996 年版,第 887 页。
④ 《中国共产党宣传工作文献选编》,学习出版社 1996 年版,第 506 页。

者的走狗;因此,我们可以看出本报所号召的'打倒帝国主义'这一口号已经深入民众了。"①毛泽东则对共产党的话语魅力有着另一番描述,他在《湖南农民运动考察报告》中说:"打倒帝国主义,打倒军阀,打倒贪官污吏,打倒土豪劣绅,这几个政治口号,真是不翼而飞,飞到无数乡村的青年壮年老头子小孩子妇女们的面前,一直钻进他们的脑子里去,又从他们的脑子里流到了他们的嘴上。比如有一群小孩子在那里玩吧,如果你看见一个小孩子对着另一个小孩子鼓眼蹬脚扬手动气时,你就立刻可以听到一种尖锐的声音,那便是:'打倒帝国主义!'"②中国共产党的词汇深入民众的还不止这些,蒋介石说:"年来共产党分化我党政策,无所不用其极,造作'左派''右派''西山会议派''新右派'等等名词,任意加于本党同志之上。受之者如被符魇,立即瘫痪而退。"③胡汉民也说:"社会上耳熟口顺恬不为怪者……多半为共产党所制造。"④不论朋友还是敌人都说我们说过的话,这生动体现了中国共产党话语的优势地位。这也恰恰说明了中国共产党的话语导向得以引领社会舆论。1925 年召开的党的四大,在总结工作时就惊喜地发现:"我们党的机关报《向导》竟得立在舆论的指导地位。"⑤这个判断是客观的。当时民众发现,孙中山逝世后,《广州民国日报》对此的言论和前一天的《向导》"竟出一样口气"。⑥一位国民党青年曾说:"我们这几年来所看见的刊物是些什么?我们谁都不能否认是《向导》《中国青年》《人民周刊》《少年先锋》,……然而这些刊物只是为共产主义而宣传。"⑦引领起社会舆论的走向,可见中国共产党话语的分量。可以说,从建党到国民革命,中国共产党在话语权的建构上颇有成效。

① 《陈独秀文章选编》下,三联书店 1984 年版,第 80 页。

② 《毛泽东选集》第一卷,人民出版社 1991 年版,第 34 页。

③ 黄埔中央军事特别党部、黄埔政治学校特别党部编:《蒋胡最近言论集》,黄埔中央军事特别党部、黄埔政治学校特别党部,1927 年出版,第 165 页。

④ 蒋永敬:《胡汉民先生年谱》,台北:国民党中央党史会,1978 年版,第 395 页。

⑤ 《中国共产党宣传工作文献选编》,学习出版社 1996 年版,第 618 页。

⑥ 《广东青年运动历史资料》第 1 辑,广东省档案馆 1986 年版,第 412 页。

⑦ 格孚:《一封信》,《现代青年》1927 年 4 月 4 日,第 69 期。

第二章　中国共产党与左翼文化运动的兴起

1927年，轰轰烈烈的大革命失败了，国民党蒋介石对中国共产党进行了血腥镇压和屠杀，中国共产党党员从五万多人锐减至一万余人。这是中国共产党发展史上的重大挫折，中国共产党领导的人民革命斗争进入最艰苦的岁月。中国共产党在国统区的工作不得不转变为地下状态，争取群众、发动群众面临前所未有的困境，思想宣传和话语传播也因反动派舆论操控而遭遇前所未有的挑战。可以说，中国共产党话语权建构的大好局面殆遭破坏，情况急转直下，一度面临有话无处说、无法说、无人说的失声困境。然而历史总是遵循着辩证逻辑前进，困难中孕育着创新转化的契机。百折不挠、勇于探索的中国共产党人在大革命失败后，在国民党的严厉打压和细密编织的文网之下，在思想文化战线却另辟蹊径领导了一场如火如荼的左翼文化运动，成功打破了反动势力的文化围剿，再一次建构起中国共产党在社会舆论中的中坚地位。

第一节　左翼文化运动前夕中共的话语场域

话语场域是指一定社会环境中由不同思想、主张构成的舆论环境。大革命失败后，曾经多元化的话语场域一度向着国民党领衔主导的态势发展，中国共产党不仅丧失了自由发声的权利，还一度面临被政治话语围攻的态势。

一、党的宣传工作不足与右倾错误对中共话语权的削弱

1927年以前，中共虽然在话语传播和话语权建构上极富成效，但在具体工作中，也并非没有短板可言。对此，中共自己有着明确而深刻的剖析。在中共四大产生的系列议决案中，《对于宣传工作之议决案》即开门见山地指出党在思想和话语宣传上有三点需要批评，一是对党内的政治教育不够，突出表现就是党报对党的政策的通俗性阐释不够，使中共党员常常误解甚至在国民党的报纸上发表批评本党的奇怪言论。这种自毁家门的做法无疑是帮助别人建构话语权。二是对工人的阶级教育和话语灌输不够，"无产阶级的文化在群众中的实施"远没有深入，经不起其他思想言论的蛊惑，反动势力的压迫一来，中共的话语基础即遭遇动摇。三是对于普通群众的话语宣传不能深入，"尤其在知识分子中"，"很少注意于共产主义理论的宣传和引导"，以至于顶多获取他们的同情，而"在他们中间尚很少发生影响。"①

同时，中共也注意到话语建构中一些形式主义的做法，如将话语传播等同于发宣言、散传单，没有结合群众实际生活进行解释，"不知在日常实际争斗中引导群众去认识本党政策和提高其政治意识"，成了"凭空做政治宣传"；没有将政治性的宣传口号与临时性的鼓动口号区分开来，"不了解具体情状和群众情绪的转变而转变鼓动的口号"；常常用强迫、命令去替代话语的阐释和宣传，"不知只有说服群众才能领导群众"②；忽视了敌党的话语宣传，反击太慢，等等。而对这些问题，中共深刻剖析了原因，那就是"党的根本缺点在理论的和政治的水平线太低，太幼稚。"③

除去这些话语建构中的不足，党内的右倾机会主义错误更是对中共话语权的建构产生了相当消极的影响。为了加速实现中国社会大变革，1923年中共三大决定与国民党合作建立革命统一战线。以孙中山为领袖的国民党，基

① 《建党以来重要文献选编》第1册，中央文献出版社2011年版，第619页。
② 《建党以来重要文献选编》第1册，中央文献出版社2011年版，第839页。
③ 《建党以来重要文献选编》第1册，中央文献出版社2011年版，第839页。

本上是代表民族资产阶级和小资产阶级的政党，按照中共的评判，属于比较真的民主革命派。中共与国民党的合作，对于推进中国革命的发展是有利的。但是当时的中国共产党人没有提出革命领导权问题，没有指出工人阶级应当争取民主革命的领导权，而是强调"中国国民党应该是国民革命之中心势力，更应该在国民革命之领袖地位。"①尤其是作为中共最高领导人的陈独秀，在国民革命联合战线内部斗争愈演愈烈之际没有及时适应复杂多变的态势，在右倾的道路上越走越远。中共三大召开后不久，陈独秀在《中国国民革命与社会各阶级》一文中强调了工人、农民相较于资产阶级的弱势地位，他指出，"产业幼稚的中国，工人阶级不但在数量上是很幼稚，而且在质量上也很幼稚"，"中国农民运动必须国民革命完全成功……然后农村间才有真的共产的社会革命之需要与可能"，"资产阶级的力量究竟比农民集中，比工人雄厚。"②基于这样的认识，陈独秀在国民革命中越来越强调以国民党为中心，对国民党妥协退让。受此观念影响，中共中央以在野党自居，严厉批评和禁止中共党员在国民政府中担任官职，强调"此后我们的人力务全用在民众方面，万勿参加政府工作。"1926年，陈独秀在《我们现在为什么争斗？》中指出，国民革命的胜利将"归诸国民政府、国民军"，而"至于国民革命成功，共产党便要与国民左派争政权，这也是不会有的事。共产党取得政权，乃是无产阶级革命时代的事。"③对国民党的过分信任和依赖，使得当时的中央领导人不重视建立武装力量，甚至对于在国民革命军中工作的中共党员，也一再要求"只是注意政治宣传的事，而不可干涉到军事行政上。"④在国民党新右派已经准备反共之际，中央领导人依然强调要压制蓬勃发展的工农运动，制止农民运动中的所谓"过火"行为来谋求同国民党右派的妥协。蒋介石公开叛变革命后，党内尚有一部分人对以汪精卫为首的所谓国民党左派抱有幻想，把革命势头压制在

---

① 《建党以来重要文献选编》第1册，中央文献出版社2011年版，第277页。

② 《建党以来重要文献选编》第1册，中央文献出版社2011年版，第361页。

③ 《陈独秀文章选编》下，生活·读书·新知三联书店1984年版，第263页。

④ 《中共中央文件选集》第2册，中央党校出版社1989年版，第455页。

汪氏政府许可的范围之内，不搞土地革命，不开展武装建设，使中共失去了危急关头扭转局势的时机。

党内右倾错误对革命事业造成重大损失，也对中共话语权建设产生了极为消极的影响。中共在一方面查摆问题进行革命话语传播的同时；另一方面却放松了对话语领导权的争取。在《同志们在国民党工作及态度决议案》中，中共特别指出“国民党此次议定之宣言书，为国民党精神之所寄托。我们的同志，应站在国民党立脚点上，根据此宣言书，努力向国民党党内党外宣传。”“本党以后一切宣传、出版、人民组织及其他实际运动，凡关于国民革命的，均应用国民党命令，归为国民党的工作。”①此后，中共中央、共青团中央又一再通告强调，中共的宣传人员“用国民党名义，令各区分布组织讲演队，每星期出外讲演，宣传国民革命”，“刊物及演说，均劝人加入国民党。”②中共对国民革命的辛苦宣传和话语传播，忽视了对无产阶级领导地位的申明，忽视了对中共在革命中砥柱作用的强调，把领导权、指挥权、阐释权等拱手让给国民党，替国民党做了形象维护和思想宣传。这些都是右倾思想在话语权建构中的反映，对中共话语权的争取和建构产生了消极影响。

二、国民党的宣传垄断与中共话语阵营的破坏

1927 年“四·一二”反革命政变后，蒋介石在南京建立了国民政府。7 月 15 日，武汉的汪精卫国民政府撕下面具召开“分共”会议，彻底倒向蒋介石一边，并于 8 月将武汉国民政府迁往南京，实现了“宁汉合流”。接着，蒋介石集团通过军事行动扫平了湘系的唐生智集团和粤系张发奎集团，在长江流域以南地区取得了统治地位。1928 年 2 月，国民党二届四中全会召开，蒋介石被推举为国民党中央政治会议主席和军事委员会主席，成为统揽国民党军政大权的首要人物。1928 年 4 月，蒋介石命令部队继续北伐，先后占领了天津和北京，推翻了北洋军阀的统治。1928 年 12 月，东北的张学良宣布改旗易帜，

① 《中国共产党宣传工作文献选编》，学习出版社 1996 年版，第 566 页。

② 《中国共产党宣传工作文献选编》，学习出版社 1996 年版，第 638 页。

服从国民政府，至此，南京国民政府在形式上完成了对全国的统一。

随着政权机构的建立，国民党开始利用行政力量和社会资源加紧对思想文化、新闻宣传、图书出版等的控制，力图树立起在社会舆论中的话语垄断地位。一方面，国民党制定了一系列法规钳制和管控民众思想。1929 年 2 月，国民党公布了《宣传品审查条例》，实施党治的思想文化，排斥异己声音。1928 年 2 月，国民党二届四中全会通过了专门针对中国共产党的《制止共党阴谋案》，宣称“凡近审查确为属于共党之力量方法机关运动者，均应积极铲除，或预加防范。”同年 3 月 9 日，国民党颁布了《暂行反革命治罪法》，将反对国民党、国民政府乃至三民主义而起暴动者判处死刑等极为严厉的刑罚。1930 年国民党又颁布了《出版法》及实施细则，进一步加强对思想宣传领域的管控力度，力图用三民主义一统全国民众思想。

另一方面，国民党全面开动宣传机器，建立起集报刊、电台、广播为一体的话语传播网络，大力宣扬三民主义和国民党的党治文化。1928 年国民党党报《中央日报》诞生，以其为核心的国民党在各级党部设置党报，逐步建立起能够广泛覆盖辖区的党报体系，并通过《指导党报条例》《补助党报条例》等规章规定“必须以本党主义政纲政策及中央决议案、法令等为立言取材之标准”，“纠正一切反动的谬误的主义及其政策”。① 同时，国民党还大力笼络民营报纸。20 年代末，民营报纸在报界和舆论界占有相当分量，据统计，1927 年全国有案可查的报纸总数为 628 家，其中民营报纸占据绝大多数。像天津的《大公报》、上海的《申报》等皆是影响力广泛的民营报纸，对社会舆论影响较大。南京国民政府建立后，对这些报纸采取了联络、联合、大加礼遇的策略，使其为国民党服务，为国民党宣传美化、发声发言。

此外，国民党还加强了对通讯社的管理利用。1924 年，国民党虽已在广州建立了中央通讯社，作为发布国民党中央消息的通讯机构，但实际上作用发挥不大。1927 年南京国民政府建立后，重新设建了中央通讯社，扩大了人员

① 中国第二历史档案馆，全宗号 722，卷号 400。

规模，增加了运行经费，使其真正成为国民党党政军重要消息的收集发布机构。在各部门的支持下，中央通讯社迅速将新闻传播的触角伸展到全国各地，成为国民党话语宣传的一大利器。国民党的广播系统也同步发展，1928 年 8 月，国民党中央广播电台正式成立并开始播音，此后又在其他省市设立电台，用电波为国民党传播消息、传输思想。

传播通道的尽数打开似乎已经能让国民党话语有效传播并占尽优势，但他们却对自身的话语体系缺乏信心，因此对异己的话语传播尤其是中国共产党的话语阵地悉数封杀。在国民党的镇压破坏下，中国共产党的话语阵营遭到了毁灭性破坏。

一是报刊阵地被摧毁。中共中央机关刊物《向导》是中共报刊中的核心，这份创刊于 1922 年的刊物在上海、北京、广州、武汉等地均大量发行，在香港、法国、德国等国家和地区也设有发行点，最大发行量达 10 万余份，是中共话语传播的最重要喉舌之一，对中共思想宣传意义重大。“四 · 一二”反革命政变后，国民党的盘查导致刊物无法正常出版，《向导》迁往武汉。然而仅两个月后，武汉国民政府公然反共，《向导》被迫于 1927 年 7 月停刊。团中央的重要刊物《中国青年》也面临着相似遭遇。《中国青年》1923 年创刊于上海，是专门面向进步青年的读物，因文风生动、思想先进而在青年中广有影响。刊物创刊过程中，为了躲避上海租界的审查曾屡次迁移出版地，始终不曾中断。“四 · 一二”反革命政变后，《中国青年》迁往武汉；汪精卫“七 · 一五”政变后又迁回上海，由公开发行转为秘密刊物，并改名为《无产青年》。但最终在国民党的查禁下，《无产青年》发行 5 期后被迫停刊。

在国民党的查禁下，不仅中共主办或影响的报刊纷纷停办，一些支持中共的国民党左派刊物也遭到打击。如中华全国总工会的机关刊物《中国工人》于 1927 年停刊；湖北省妇女协会主办的《湖北妇女》于 1927 年 7 月停刊；毛泽东主编的国民党中央执行委员会农民部机关刊物《中国农民》于 1927 年 6 月停刊；董必武、沈雁冰等主编的国民党湖北省党部机关报《汉口民国日报》于 1927 年 9 月停刊。在此前一周，中共党员沈雁冰在《汉口民国日报》上发表了最后一篇评论文章《讨蒋与团结革命势力》。

表 1　大革命失败后中共刊物因国民党破坏或查禁而停办情况

刊物名称	刊物性质	主要编辑、撰稿人员	创刊时间	停刊时间	停刊原因
《向导》	中共中央机关刊物	陈独秀、蔡和森、彭述之、瞿秋白	1922 年 9 月创刊，共出版 201 期	1927 年 7 月 18 日	国民党迫害
《中国青年》	团中央机关刊物	恽代英、萧楚女、邓中夏	1923 年 10 月创刊，共出版 167 期	1927 年 10 月 10 日	国民党迫害
《中国工人》	中华全国总工会机关刊物	罗章龙、邓中夏等	1924 年 10 月创刊	1927 年 7 月	国民党迫害
《湖北妇女》	湖北省妇女协会机关刊物		1925 年 6 月创刊，共出版 20 期	1927 年 7 月	国民党迫害
《楚光日报》	国民党汉口特别市党部机关报，武汉地区最早的革命报刊之一	董必武创办	1925 年 3 月创刊，共出版约 400 期	1927 年 7 月 15 日	国民党迫害
《中国农民》	国民党中央执行委员会农民部机关刊物	毛泽东主编，李大钊、廖仲恺等为主要撰稿人	1926 年 1 月创刊，共出版 13 期	1927 年 6 月停刊	国民党迫害
《战士》	中共湖南区委机关刊物		1925 年 12 月创刊，共出 42 期	1927 年 4 月停刊	国民党迫害
《犁头》	广东省农民协会会刊	罗琦园任主编，主要撰稿人有澎湃、阮啸仙等	1926 年 1 月创刊，共出 23 期	1927 年 1 月停刊	国民党迫害
《人民周刊》	中共两广区委机关刊物	张太雷主编，撰稿人有张国焘、邓中夏等	1926 年 2 月创刊，共出 50 期	1927 年 4 月停刊	国民党迫害
《湖南民报》	国民党湖南省党部机关报	谢觉哉主编	1926 年 7 月创刊	1927 年 5 月停刊	国民党查封

续表

刊物名称	刊物性质	主要编辑、撰稿人员	创刊时间	停刊时间	停刊原因
《工人导报》	湖北全省总工会机关报	林育南主编，主要撰稿人为李立三、刘少奇、项英等	1926 年 11 月创刊，现见 27 期	1927 年 7 月 17 日停刊	国民党查封
《平民日报》	上海市总工会机关报	主要编辑有高语罕等	1927 年 2 月创刊，现见 78 期	1927 年 9 月停刊	国民党查封
《汉口民国日报》	国民党湖北省党部机关报	沈雁冰任主笔	1926 年 11 月创刊	1927 年 9 月停刊	国民党查封

二是书店、出版社遭到查封。李达领导创办的中共第一家出版社——人民出版社在运行一年后即被查封；1926 年中共创办的上海书店被封建军阀孙传芳查封；1927 年中共领导的长江书店，“出版斯大林著的《列宁主义概论》中译本一万册，因 4 月 12 日蒋介石在上海发动反革命政变，该书不能在上海发行，在交英商轮船运往汉口途中，被歹徒告密，抛沉在长江洪流中。长江书店及其后继的无产阶级书店先后被查封。”①《新青年》编辑部被租界反动当局查封。此外，泰东图书局、亚东图书馆等因经售《向导》《新青年》等进步刊物，其经理人遭到拘捕。可以说，中共自创立以来苦心经营的话语传输平台被大肆破坏，中共曾经活跃的话语阵地出现集体失陷的危局，中共面临着言说难的困境。

比话语阵地失陷更为糟糕的，是中共话语主体的欠缺与损失。实际上，中共一直存在话语人才不足的问题。自建党以来，中共虽不乏理论大家，但从总体来看党员数量较少且文化水平普遍不高，中共始终面临着话语言说主体欠缺的问题。人才不足常常使中共的宣传计划不能如期进行。1924 年 5 月 14 日，中央局报告中颇有几分无奈地指出“宣传因人力不足，《新青年》季刊应出三期，只出二期；《前锋》月刊应出十期，只出三期；《社会科学讲义》应出五期，只出三期。《向导》尚能按期出版。铁委之《工人周刊》亦未能按期出版。”

① 朱联保编：《近现代上海出版业印象记》，学林出版社 1993 年版，第 16 页。

"关于工人农民兵士宣传的小册,因同志担任起草者均未送来,故至今未能印出。"①1925年,中共指出"在我们党的力量上说,现时尚不能发行许多定期刊物"②,只好集中力量办《新青年》。1926年又强调,"党内理论力量既少,必把他们暂时集中于《新青年》。"③

中央尚且人才短缺,地方的境况尤甚。在地方,各级党组织常常因为话语人才的短缺而不得不将工作搁置。湖北党组织"因人力及宣传方法之欠缺,不能有计划地进行,出版物的编辑无专人负责,不能按期发行,且未能尽合群众的需要,故尚未能深入群众而尽充分的领导之责任。"④在广州,中共领导下的刊物《新学生》"因没有确定的负责者,编辑出版均大受影响。区代表会本来讨论要罗绮园同志担任编辑,可惜他未曾上任又就了兵工厂的事,故仍无负责人。"⑤中共在工人农民中开设了为数不多的补习学校,也出现过因补习班教员难得适合于工人、农民心理之人才,缺少能够深入浅出、因材施教之宣讲人员,而未达到理想的宣讲效果。

大革命失败后,中共话语人才欠缺问题更加严重了。在国民党反动派的屠刀下,向警予、萧楚女、张太雷、恽代英等相继牺牲。他们理论素养深厚,长期奋斗在思想宣传领域,创办报刊、发表评论,写下了大量论战文章,是中共早期话语权建构的杰出实践者和领导者。他们的牺牲,使中共失去了优秀而活跃的"发言人"。与此同时,封建军阀张作霖在北京大肆捕杀共产党人。中共主要创始人和领导人之一的李大钊于1927年4月被逮捕杀害。作为最早在中国传播马克思主义的革命先驱,李大钊是中共话语权建构的一面旗帜,他的牺牲使中共失去了一份有力的理论支援。还有一些工作在宣传领域、话语传播领域的中共党员牺牲,使中共话语权的建构面临着更加缺兵少将的局面。

---

① 《中国共产党宣传工作文献选编》,学习出版社1996年版,第580页。
② 《中国共产党宣传工作文献选编》,学习出版社1996年版,第620页。
③ 《中国共产党宣传工作文献选编》,学习出版社1996年版,第732页。
④ 葛传根:《中共早期宣传工作研究》,中共中央党校博士学位论文,2012年,第20页。
⑤ 葛传根:《中共早期宣传工作研究》,中共中央党校博士学位论文,2012年,第20页。

同时,革命形势的恶化,使得有些理想信念不坚定的党员发生思想动摇,一些与党的主张相悖的言论散播开来,造成了党内党外思想认识的混乱,加剧了对中共话语的消解。

三、大革命失败后中共面临的话语围攻

大革命失败后,反动势力在封禁中共话语的同时还发起了对中共话语的围攻,他们通过发表演说、文章、出版刊物等方式任意指责中共、曲解中共,妄图将中共塑造成国家和民族的罪人,排挤打压中共在社会上的影响力。

1. 对中共的污名化

"四·一二"反革命政变后,蒋介石攫取了国民党最高统治权,此后他以领袖身份频繁发表演讲对中共进行污名化。1927 年 5 月,蒋介石在南昌北伐军高级将领中发表《认识我们唯一的敌人》的演说,污蔑中共"破坏国民革命,阻碍三民主义实行"。他说,国民革命之所以才进行到南京而没有按计划向北推进,是由于中共的捣乱和破坏,他污蔑中共"想出种种方法,来搅扰我们,扣留子弹,断我们的接济,勾通敌人,使敌人用全副力量来攻击我们",以此达到"共产主义就可以横行中国"的目的。他说,共产党不仅"残暴"而且"阴险","压迫两湖同胞"且残害"我们的将士",为此,蒋介石宣称"立在主义上说,共产党实在是我们唯一的敌人",为此他义愤填膺地要求部下"打倒共产党""消灭共产党"。① 7 月 7 日,蒋介石又在上海总商会发表演讲,用共产党要取消私有财产的言论蛊惑上海工商界人士,煽动他们对共产党的不满情绪。蒋介石还说"(共产党)要在我们国民革命快要成功的期间,拿阶级斗争的手段,来捣乱我们的后方,籍国民革命的招牌,来实行共产主义。"他恐吓说,如果上海同汉口一样,必将导致经济、外交、政治的"扰乱不堪",就连普通老百姓也必将"受其压迫威胁。"②1928 年,蒋介石在南京发表《革命警察的职责》

① 蒋介石:《认识我们唯一的敌人》,蔡尚思主编:《中国现代思想史资料简编》第 2 卷,浙江人民出版社 1982 年版,第 741 页。

② 张其昀主编:《先总统蒋公全集》第 1 卷,中国文化大学出版部,1984 年版,第 538 页。

演说，特别强调，"现在最会捣乱治安的是共产党，共产党什么鬼计都可行使。"①同年 3 月，蒋介石在纪念孙中山逝世大会上说，中共用种种挑拨离间的方法破坏国民党的组织和党员，使三民主义的理想不能实现。1929 年，蒋介石在推行国民党的工农政策时，又污蔑中共用怠工、罢工的形式"危害工农国家利益"。4 月，蒋介石在长沙面对民众做了题为《本党国民革命和俄国共产革命的区别》的演讲，指出共产革命和国民革命有着本质的区别，共产党"奸淫掳掠，杀人放火，使得社会混乱，民不聊生""为中国革命之死敌"。② 在国民党话语的反复渲染中，中共背上了各种罪名和黑锅，进而被肆意抹黑成祸患，被歪曲成"叛逆""寇""匪"。

早就与中共开始争论的中国青年党此时也异常活跃，他们在《醒狮》周报、《铲共半月刊》等刊物上频频发声，指责中共"大肆烧杀"导致"繁荣商场，顿成灰烬；无辜良民，惨遭屠戮；损失亿兆之货财，毁灭稀世之文物"，还声称令"国人目怵心惊""社会口诛笔伐"的都是"共祸"。③

反动势力还污蔑中共"招致外患"，是帮助赤俄侵略中国的工具。中国青年党宣称"共产党是承袭苏俄的故智，只知有党不知有国，想将中国送到第三国际旗帜之下去！共产党这种叛国卖国的行为，凡是中华民国的国民，都绝对不能容忍的！"④他们在攻击中共时，甚至采用低级的谩骂方式，称中共为"败家子"，"勾引俄国人来扰乱中国"。⑤ 1929 年，利用中东路事件，国民党再一次集中火力攻击中共并指控其为苏俄侵略中国的帮凶。蒋介石在中央军校的演讲中指出，俄国一直用"政治力量与主义方法侵略中国"⑥，而中东路事件则是政治与主义的失败转而采用的武力侵略。

---

① 张其昀主编：《先总统蒋公全集》第 1 卷，中国文化大学出版部，1984 年版，第 547 页。
② 张其昀主编：《先总统蒋公全集》第 1 卷，中国文化大学出版部，1984 年版，第 584 页。
③ 方庆秋主编、中国第二历史档案馆编：《中国青年党》，档案出版社 1988 年版，第 163 页。
④ 方庆秋主编、中国第二历史档案馆编：《中国青年党》，档案出版社 1988 年版，第 157 页。
⑤ 方庆秋主编、中国第二历史档案馆编：《中国青年党》，档案出版社 1988 年版，第 159 页。
⑥ 张其昀主编：《先总统蒋公全集》第 1 卷，中国文化大学出版部，1984 年版，第 603 页。

2. 对马克思主义的否定

马克思主义是中共的指导思想，为中共提供了科学的世界观和方法论。大革命失败后，反动势力对马克思主义展开了否定与攻击，从而间接形成对中共的话语围剿。

1927 年 4 月，胡汉民在国民党中央半月刊发表《三民主义之认识》，声称马克思主义是“流行一时的旧古董”，“其最大弱点有二，第一是不新，第二是不够，不新不够，所以就没有成绩。”①之所以不新，胡汉民的理由在于，马克思主义是欧洲七十年以前的结论；之所以不够，胡汉民指出，马克思的研究方法受了时间和空间的限制，只拿阶级斗争分析历史，“马克思充其量不过是世界革命的学者之一，他的主义那能比得上包罗全部历史事实和应合世界进化规律的三民主义？”②胡汉民声称，只有三民主义“为世界革命唯一最高、最博大、最适合的原则。”③

1927 年，时任《大公报》社长的吴鼎昌撰写《中国新经济政策》指出，马克思所提倡的社会主义、共产主义，在经济上的主张是“集富于国家，均富与个人”，而“集富于国家之结果，支配苏俄全国经济者，仅少数政府中人而已。”吴鼎昌漠视社会主义中私有制的取消和人民主体地位的获得，认为全国的经济命脉仅掌握在少数政府人手中，由此，吴鼎昌推论，“实一至危险之事矣。”④

3. 对中共革命主张的否定

这种否定从本源上讲，与党内错误思想的滋长有很大关系。大革命失败后，陈独秀在各种主客观因素的驱使下，将托洛茨基理论引为同调，并以此为旨归组建起托陈取消派。他们主张取消暴力革命、取消武装斗争。他们认为，

---

① 蔡尚思主编：《中国现代思想史资料简编》第 2 卷，浙江人民出版社 1982 年版，第 725 页。

② 蔡尚思主编：《中国现代思想史资料简编》第 2 卷，浙江人民出版社 1982 年版，第 724 页。

③ 蔡尚思主编：《中国现代思想史资料简编》第 2 卷，浙江人民出版社 1982 年版，第 722 页。

④ 蔡尚思主编：《中国现代思想史资料简编》第 2 卷，浙江人民出版社 1982 年版，第 735 页。

中国的社会性质不是半殖民地半封建社会，其革命性质也不再是资产阶级民主革命，因为蒋介石、汪精卫已经建立了资产阶级的国家政权，资产阶级民主革命已经成功。中国的封建势力已经遭到了破坏和摧残，资本主义已经成为社会发展的主导性因素。由于无产阶级的力量不够壮大，他们认为现在不能继续开展社会主义革命，只能进行国民会议，通过和平、合法的形式进行斗争。托陈取消派创办了《动力》等刊物发表言论，一时间形成了一股影响不小的思潮，引起了思想认识的混乱。

在这种局势下，各种反动势力也加紧了对中共革命主张的攻击与围剿。蒋介石在《本党国民革命和俄国共产革命的区别》一文中指出，从革命动机讲，共产革命的动机起源于阶级斗争，实质是恨。这种革命动机有悖于中国讲究仁爱的民族传统。从革命性质讲，共产革命的性质是阶级革命，只代表无产阶级的利益，践踏了其他人民的利益，“在产业十分发达，阶级对立十分明显的帝国主义国家，或者可以实行，但是无论如何，决不能实行于中国。”①

汪精卫、陈公博等所谓的国民党改组派则指出，无论从政治方面看，还是从经济方面看，中国都没有封建阶级存在的制度基础。首先，中国并没有农奴，不存在人身依附；其次，中国也没有太多的大地主，占农民多数的是小农户，拥有十余亩土地。因此，他们认为不需要进行土地革命，更没有反封建的必要。以胡适等为代表的知识分子也发表文章声援“中国没有封建阶级”的言论，妄图瓦解中共对中国社会性质的判断，进而将中共的革命主张判定为错误。

恶言恶语相继而来，中共处于话语的打压包围之中，而且被“包围得异常严密”。② 正如中共党员李一氓所说“在城市中，党的宣传阵地更为孤立，遭到由右到“左”的来自各方面的攻击。如国民党改组派的汪精卫、陈公博等有《革命评论》，周佛海、陶希圣等有《新生命》，胡适之等有《现代评论》，最反动的国家主义派曾琦等有《醒狮》《孤军》，托洛茨基派有《动力》。中国共产党

① 张其昀主编:《先总统蒋公全集》第1卷，中国文化大学出版部，1984年版，第584页。
② 《建党以来重要文献选编》第6册，中央文献出版社2011年版，第291页。

成为这些不同派别的共同攻击目标。”①这种恶劣的话语场域使得部分群众对中共产生了误解与隔阂，中共的群众基础面临被动摇的危险。危重的形势逼迫中共采取话语反攻，去打破文化的围剿以扩大和巩固群众基础。在一方面走向农村开展武装斗争的同时；另一方面，留在国统区的中国共产党人开始了新路径的探索。

第二节　左翼文化运动的酝酿与发端

一、左翼文化运动的酝酿

残酷的斗争和高压的敌对话语态势使中国共产党人深切意识到了重新夺取话语权的重要性。在当时的形势下，话语权不仅仅是发言权，某种程度上更成为中共的生存权、发展权，甚至直接关系到中共革命目标的实现与否。中共认为，不肃清各种反动话语在群众中的影响而突出正确的革命主张，就“绝不能实现彻底驱逐帝国主义、肃清封建势力的任务”。② 1929 年 1 月 2 日，中共中央发出通告，指出当前党的任务是“加紧争取群众”，而“目前争取群众的策略第一就是打破资产阶级改良宣传”。通告承认，资产阶级的改良宣传在“江浙各省”“北方群众中”，甚至在资产阶级基础比较薄弱而共产主义理论比较深入的“广东”“东江一带”，都产生了很大影响。中共认识到，如果不揭穿反动派的言论欺骗性，群众便不能认识到资产阶级的反革命性，“那么广大群众必然很困难团聚到革命影响之下来”，进而“斗争很困难发动”。因此，党中央明确指出，加强党的政治话语的宣传，是“每个党部每个同志目前最主要的任务。”③中国共产党要高高举起自己的政治旗帜、理论旗帜、话语旗帜，“无限制

① 徐素华编著：《中国社会科学家联盟史》，中国卓越出版公司 1990 年版，第 1 页。
② 《建党以来重要文献选编》第 6 册，中央文献出版社 2011 年版，第 279 页。
③ 《中国共产党宣传工作文献选编》，学习出版社 1996 年版，第 857 页。

的加紧与扩大自己的政治宣传。”①

残酷的舆论封锁也迫使中国共产党人开始悉心研究新的斗争形势下话语宣传的战略战术。李立三在《目前政治形势的分析与我们的中心任务》中指出，反动派的话语宣传“极无耻的蒙了一层‘革命’的面皮”，很容易麻痹群众。如何在这场话语的战争中打开突破口？中共提出，首先，要坚决反击，要与反动话语进行“系统的理论的斗争，迅速答复一切敌人的反宣传”，尤其要注意反对“反动领袖的理论”，揭穿其在群众中的欺骗性。其次，要正面宣传，让中共话语全面广泛地深入群众。为了达成这个目的，中国共产党人决不能坐在门外唱高调，一派阳春白雪曲高和寡，必须探索并运用群众喜闻乐见的方式，要先“引起群众同情”，继而“使群众合唱起来”。② 尤其在国统区，不能笼统地提出打倒国民党的口号，而应根据视具体情况提出细微而具体的口号。例如，对于工人与苦力，应强调“提高工资”；对于学徒店员，应强调“改良食物，减少学徒期”；对于兵士，应强调“反对长官侵吞月饷”等。刘少奇写下《论口号的转变》，以教育引导革命口号的使用。最后，也是尤为重要的一点，是尽快在秘密条件下拓展传播媒介以替代原有的话语渠道和话语阵地，“不管他是黄色工会，反动的工会或者农民协会……不管他是国民党领导，西山会议派组织的，或者是豪绅地主领导的，我们都要到里面去做工作，发动斗争，扩大宣传，树立我们的基础，然后才能使这些群众离开这些反革命的影响，团结到革命口号的周围。”③

然而，彼时中共党内的力量毕竟还很薄弱，致使话语建构的各项工作虽然“非常重要”然而却“异常欠缺”④。如何将依靠群众、发动群众的政治斗争策略运用到话语权的建构中来，中共开始探索话语宣传阵线扩大的问题。在工农商学兵等广大民众中，知识分子无疑是掌握理论最丰富的，因而是话语建

---

① 《中国共产党宣传工作文献选编》，学习出版社 1996 年版，第 837 页。

② 《中国共产党宣传工作文献选编》，学习出版社 1996 年版，第 867 页。

③ 《中国共产党宣传工作文献选编》，学习出版社 1996 年版，第 867 页。

④ 《建党以来重要文献选编》第 6 册，中央文献出版社 2011 年版，第 279 页。

设、话语传播最给力的群体。大革命时期，中共的话语传播对象更偏重于工人、农民、青年学生和士兵，甚至对妇女群体也有专门的关注与研究，而对于广大知识分子的话语传播力度则明显不足。党内始终有种观点认为，知识分子的情况很复杂，虽然有些知识分子能够接受无产阶级影响，但是更有些知识分子因为出身于封建阶级或资产阶级家庭而在思想上与无产阶级相矛盾。因此，正如中共自己分析的“尤其在知识分子中，我们党员常以只能得其同情的错误观念，很少注意于共产主义理论的宣传和引导”。① 不过随着革命形势的发展，中共也注意到了知识分子的重要性，在《对于宣传工作之决议案》中指出“殖民地运动中的知识分子是很值得我们注意的是可造就之革命战士。”“在智识界中以马克思列宁主义的见地传布无产阶级的文化是很重要的一件工作。”②因此，中共开始“根据他（指知识分子）的客观条件”来“发展知识分子同志”。③ 但是受到各种主客观因素的影响，大革命时期的中共还没有足够的精力，也没有很好的契机去真正发动和联合知识分子。

大革命失败后，中共党内的知识分子和受中共影响的先进知识分子逐渐向上海汇聚。正如周扬多年以后的回忆“正是在这个革命大转折的时期，‘四·一二’以后，一大批革命的宣传文化工作者，从北伐前线，从武装起义的战场，从‘革命策源地’，从海外，带着满身尘烟，陆陆续续聚集到上海。”④这些汇聚到上海的知识分子大致有几种情况：第一种是从革命前线撤退而来的党员知识分子，如郭沫若、李一氓、阳翰笙、杜国庠（又名林伯修）、戴平万、洪灵菲、蒋光慈、钱杏邨（笔名阿英）、孟超等。其中，郭沫若、李一氓、阳翰笙等参加了南昌起义，队伍被冲散后，他们经潮汕、香港来到上海。杜国庠、戴平万、洪灵菲等参加了广东的海陆丰起义，起义失利后他们辗转来到上海。蒋光慈、钱杏邨、孟超等原在武汉，陈独秀组成托陈取消派后，他们经过安徽到达上

① 《中国共产党宣传工作文献选编》，学习出版社 1996 年版，第 621 页。

② 《中国共产党宣传工作文献选编》，学习出版社 1996 年版，第 621 页。

③ 《建党以来重要文献选编》第 6 册，中央文献出版社 2011 年版，第 235 页。

④ 中国社会科学研究院文学研究所《左联回忆录》编辑组编：《左联回忆录》上，中国社会科学出版社 1982 年版，第 10 页。

海。第二种是国内思想文化界认同马克思主义的知识分子，如李达、许德珩、邓初民、王亚南、陈望道、鲁迅、柔石、胡也频、丁玲、叶紫等。李达、许德珩和邓初民皆是大革命失败后从武汉辗转来到上海，王亚南从武昌东入上海，鲁迅从广州来到上海，柔石、胡也频、丁玲、叶紫等文学青年从北平南下上海，陈望道则一直在上海活动。第三种是国外留学归来的知识分子，如李初梨、冯乃超、朱镜我、彭康、王学文、吴黎平（又名吴亮平）、钱亦石、张如心、孙冶方、张仲实、沈志远、张闻天、陈伯达、潘东周等。其中，吴黎平、钱亦石、张如心、孙冶方、张仲实、沈志远、张闻天、陈伯达、潘东周是被中共选送到苏联后留学归来的，李初梨、冯乃超、朱镜我、彭康、王学文等则是从日本留学归来。大批先进文化工作者在上海的汇聚为中共开展革命文化工作提供了思想组织基础，

同时，上海是当时中国思想文化的重镇，民众普遍具有易于接受新事物新思想的心理基础。而且上海具有发达的出版业、传媒业、娱乐业，具有开展文化运动的有利条件。此外，上海是中国经济产业最发达的城市，被国内各派政治力量和帝国主义列强所觊觎，是中国政治斗争相对集中的场域之一，上海的潮流风向会在全国产生辐射带动作用。正是因为上述种种原因，中共对于上海的革命工作分外重视，指出“江苏工作尤其是上海工作居全国领导地位”，“工作做得好可以影响全国。”①“上海每一区的工作都可以赶上一个次要的产业城市。”②因此，中共中央决定上海的工作由中央直接领导。

1928 年 6 月中共中央指出，在上海等大城市，要创办一些面向广大知识分子和市民群众的灰色刊物，这些刊物不以中共的名义举办，不直接言说中共的政治主张，而是用社会人的名义举办，“要求民权自由，批评反动政治”，③为中共的话语传播预热舆论氛围。同时，中共首次提出要通过党内知识分子开展针对左倾文学团体的工作，“应设法影响他们，使他们联合发表政治的宣

① 《中国共产党宣传工作文献选编》，学习出版社 1996 年版，第 862 页。

② 《建党以来重要文献选编》第 6 册，中央文献出版社 2011 年版，第 252 页。

③ 《中国共产党宣传工作文献选编》，学习出版社 1996 年版，第 814 页。

言，如反帝要求言论集会自由等。”①在此前后，中共派中宣部秘书郑超麟赴文学社团创造社指导工作，使一些新入社的成员相继加入了共产党。1928 年年初文学社团太阳社组建后，蒋光慈、钱杏邨、孟超、杨邨人等在社中建立了党的小组。

1928 年 7 月 10 日，中共印发《宣传工作的目前任务》，对党在变化了的革命形势下的宣传工作进行系统安排。这份安排一方面强调了党员政治理论水平需大力提高，以适应话语宣传的工作需要；另一方面则强调了对各种进步文化团体的重视，明确指出话语宣传的一条有效途径便是“我党同志参加各种科学文学及新剧团体。参加这些团体会议与提出马克思主义的报告，建议以及报告苏联状况等等。②”就在同月，中共将原先的太阳社党小组、创造社党小组等成员组织起来，建立了中共上海文化工作者支部。该支部共有党员 21 人，支部书记潘汉年，支部委员孟超、李一氓，成员有李民治、富(傅)克兴、欧阳继修、潘梓年、杜国庠、章进、洪灵菲、戴平万、秦梦青、李春锋、蒋光慈、楼建南、杨邨人、严启文、侯鲁史、范香谷、钱杏邨、陈莫归、徐承杰(迅雷)。文化工作者支部的建立使中共对进步知识分子的引导有了可靠组织依托。1928 年 10 月，中共进一步指出“在各大城市发展各种政治的文艺的小刊物，驱逐民族资产各派(蒋派、汪陈派、第三党等)在城市小资产阶级(学生小商人等)中的影响”。③

不过此时，中国共产党影响下的文化工作者还远未实现思想上的统一，突出表现即郭沫若、蒋光慈等年轻党员作家与鲁迅之间产生了激烈的话语冲突。鲁迅是新文化运动干将、反封建民主斗士，不仅与中共在政治主张上毫无冲突，而且自始至终同黑暗势力进行斗争。鲁迅作为文坛前辈，对来到上海的诸多党员文艺工作者也颇有关切。但是郭沫若、蒋光慈等人由于缺乏政治经验而错误地认为鲁迅是封建余孽和反革命分子，从而向鲁迅展开猛烈的批判。

---

① 《中国共产党宣传工作文献选编》，学习出版社 1996 年版，第 814 页。
② 《中国共产党宣传工作文献选编》，学习出版社 1996 年版，第 826 页。
③ 《中国共产党宣传工作文献选编》，学习出版社 1996 年版，第 841 页。

遭到无由攻击的鲁迅被迫还击自卫，对“无产阶级文学家”们的一些行为进行了嘲讽。中共中央敏锐地察觉了这场本不应发生的话语之争，认为必须加以制止。在一份通告中，中共中央提出“用种种方法发展社会主义的影响，有一普通的文化机关以指导和批判全国的思想和文艺”。① 建立专门文化领导机构来指引思想文化运动的想法初步产生了。

此外，苏联和日本等国的拉普文学也对中共把注意力转向文化运动产生了促进作用。1922年，俄苏的一些无产阶级作家组成了文学团体“十月”，在此基础上，1925年1月成立了俄罗斯无产阶级作家联合会，简称拉普。作为一个文化团体，拉普的成员实际上包含了作家、理论家、政治家等各种身份的人，苏联党的一些高级干部也参与其中。拉普的基本主张是将马克思主义基本原理尤其是辩证唯物主义贯彻到文学创作中，通过文学创作反映共产党的路线，反映苏联的社会主义建设。可以说，拉普文学是苏联话语的重要组成部分，是宣传、认识苏联社会政治经济发展情况的重要媒介。苏联拉普成立后，影响迅速向全世界扩展，日本等其他国家也纷纷建立了拉普组织，使得拉普文学成为20世纪初期左翼文化运动的一支重要潮流，成为言说无产阶级主张和社会主义话语的重要力量。

可以说，在苏联拉普文学的影响下，在上海天时地利的文化环境里，在中共自身对话语权建构的探索中，建立文化统一战线领导左翼文化运动的萌芽即将破土而出。

二、左翼文化运动的发起

1929年10月，在时任中宣部部长李立三的指导下，中央文化工作委员会正式成立。这一委员会作为中宣部的下属机构，负责领导中共在全国的思想文化工作。中央文化工作委员会，简称文委，书记由潘汉年担任，委员有吴黎平、杜国庠、李一氓、彭康、朱镜我、杨贤江、王学文、彭芮生、冯乃超、孟波。11

① 《中国共产党宣传工作文献选编》，学习出版社1996年版，第841页。

月，李立三向文委传达了党中央的三点意见："一是文化工作者需要团结一致，共同对敌，自己内部不应该争吵不休；二是我们有的同志攻击鲁迅是不对的，要尊重鲁迅，团结在鲁迅的旗帜下；三是要团结左翼文艺界、文化界的同志，准备成立革命的群众组织。"①这一指示非常重要，对于加强党内外知识分子的团结和联合，结合话语的统一战线起到了催化作用。

在这一精神的指导下，中共首先在党内统一思想，号召大家尊重鲁迅，停止在创造社、太阳社等刊物上对鲁迅的攻击；接着派冯雪峰、吴黎平、冯乃超等中共党员先后与鲁迅进行接触和交谈，听取鲁迅对成立左翼文化组织的看法。一片赤诚之心的中共党员得到了鲁迅的谅解和欢迎，鲁迅表示，成立文化组织是必要的，左翼这个词好，可以使用。1930 年 2 月，左翼作家联盟开始进行筹备，3 月 2 日正式召开成立大会。大会推举鲁迅、沈端先、钱杏邨 3 人为主席团成员，推选鲁迅、沈端先、钱杏邨、冯乃超、田汉、郑伯奇、洪灵等 7 人为执行委员，周全平、蒋光慈 2 人为候补执行委员。大会由潘汉年代表中共做了重要讲话，并通过了左联的理论纲领。

左联的纲领鲜明地体现了中共联合知识分子、文艺家进行无产阶级革命话语建构的主张："社会变革期中的艺术，不是极端凝结为保守的要素，变成拥护顽固的统治之工具，便向进步的方向勇敢迈进，作为解放斗争的武器。""我们知道帝国主义的资本主义制度已经变成人类进化的桎梏，而其掘墓人的无产阶级负起其历史的使命，在这'必然的王国'中作人类最后的同胞战争——阶级斗争，以求人类彻底的解放。"纲领不仅以中共话语体系中的核心要素"资本主义""无产阶级""帝国主义""人类解放"等为理论基础，而且对中共反复强调的"阶级斗争"做了艺术领域的具体阐释："我们的艺术不能不以无产阶级在这黑暗的阶级社会之'中世纪'里面所感觉的感情为内容。""因此，我们的艺术是反封建阶级的，反资产阶级的，有反对稳固社会地位的小资

① 中国社会科学研究院文学研究所《左联回忆录》编辑组编：《左联回忆录》上，中国社会科学出版社 1982 年版，第 75 页。

产阶级的倾向。”①

鲁迅在大会上发表了《对于左翼作家联盟的意见》的演说，肯定和呼应了知识分子对中共革命主张和话语建构的积极认同。鲁迅指出，“左”与“右”的区分既明确又容易混淆，“倘不明白革命的实际情形，也容易变成‘右翼’。”②为此，他号召广大作家和知识分子做好严酷斗争的思想准备，做好为广大劳动人民做公仆的思想准备。

左联成立以后，带领广大文艺工作者创办了多种进步刊物，开展了丰富的艺术创作实践，并在北平、广州、天津、南京、日本东京等地设立分盟，有力地推动了中共话语主张的传播。同时，在左联的带动下，一批左翼文化团体纷纷建立。

1930 年 5 月 20 日，中国社会科学家联盟成立，加入联盟者 40 余人。成立大会上通过了社联的纲领，强调以马克思主义作为理论指导，同各种假马克思主义学说进行斗争，对资产阶级改良主义、托洛茨基主义及资产阶级自由派进行“严厉批驳”，“扩大正确的马克思主义的宣传”并“努力参加中国无产阶级解放运动的实际斗争。”③

1931 年年初，中国左翼戏剧家联盟成立，联盟主张“深入都市无产阶级的群众当中，取本联盟独立表演、辅助工友表演或本联盟与工友联合表演三方式以领导无产阶级的演剧运动。”④

1930 年下半年，中国左翼美术家联盟成立，到会者四十余人。会议通过美联的十大决议，包括“组织参加一切革命的实际行动”“领导各学校团体”“开大规模的普罗美术展览会”，并决议通过在国民党反动派的文化高压之下，美联成员应“积极加紧‘政治的漫画’工作”。⑤

---

① 《中国左翼作家联盟的成立》，《拓荒者》，1930 年 3 月 10 日第 1 卷第 3 期。

② 陈瘦竹主编：《左翼文艺运动史料》，南京大学学报编辑部，1980 年版，第 12 页。

③ 史先民编：《中国社会科学家联盟资料选编》，中国展望出版社 1986 年版，第 22 页。

④ 文化部党史资料征集工作委员会编：《中国左翼戏剧家联盟史料集》，中国戏剧出版社 1991 年版，第 17 页。

⑤ 乔丽华：《“美联”与左翼美术运动》，上海人民出版社 2016 年版，第 37 页。

1931 年 12 月，中国左翼世界语者联盟成立，致力于用世界语向全世界翻译介绍中国文艺作品尤其是左翼作家的进步文艺作品。此后，中国左翼新闻记者联盟、中国新闻学研究会、中国著作者协会、中国左翼电影小组、中国左翼教育工作者联盟相继成立。

一场波及文学、电影、音乐、社会科学等文化领域的浩大文化运动大幕开启了。在中国共产党的统一领导下，革命的话语体系将乘着左翼文化运动的劲风，迅速向民众散播。

第三章　左翼文化运动与中共话语主体、话语介体的建构

话语传播作为人类社会生活中至关重要的交往活动有着自身的独特规律。传播学奠基人之一的美国学者哈罗德·拉斯韦尔就在《社会传播的结构与功能》中提出了话语传播的五个关键环节，即谁在说、说了什么、通过什么渠道言说、对谁说、取得了什么效果。拉斯韦尔的分析模式为人们把握话语传播提供了具体抓手。具体到本书中，左翼文化运动对于中国共产党的话语传播和话语权建构也离不开这几个抓手，左翼文化运动正是从话语主体、话语介体、话语客体（话语内容）等方面一齐发生作用并产生显著效果的。本章先从话语主体和话语介体谈起。

第一节　左翼文化团体与中共话语主体的壮大

如前所述，国民党的剿杀使本就人才缺乏的中共话语宣传工作队伍遭到严重折损，中共话语主体进一步萎缩。但是左翼文化运动扭转了这一局面，不仅极大扩充了话语主体使中共的人才队伍蔚为壮观，还使得话语言说者迸发出更高更强的话语能量。

一、左翼文化团体的党团组织

党团组织是中共为加强对非党组织的领导而设立的机关，1927 年，中共

在修正章程决议案里专门用一章的篇幅对党团从功能、目的、运行程序等各方面进行了规定，指出“在所有一切非党群众会议及执行的机关（国民党、国民政府、工会、农民协会等等）中，有党员三人以上，均须组织党团。党团的目的，是在各方面加紧党的影响，而实行党的政策于非党的群众中”。① 左翼文化团体建立后，中共在其中设立了党团组织，以加强党的领导。

以左联为例，左联成立的同时，即建立了左联党团组织，从思想上对左联进行指导。先后担任过左联党团书记的有：冯乃超（1930 年 3 月至 1931 年 2 月）、冯雪峰（1931 年）、丁玲（1932 年）、耶林（1932 年）、阳翰笙（1932 年至 1933 年上半年）、周扬（1933 年下半年至 1935 年）。担任左联第二届党团书记的冯雪峰回忆说“左联党团的职权是：党的方针、政策和决定，经过文委下达到左联，党团讨论执行”。② 可以说，正是通过党团组织的设置，中共加强了对左联的领导。不过，作为中共领导下的群众文化组织，左联在党团领导的同时，还负责日常工作的行政系统，这一系统的组织架构如下：由左联全体大会选出执行委员会，再由执行委员会选常务委员会，下设秘书处，具体负责左联的日常事务运转。

同时，根据工作职责的不同，左联分设几大机构，分别是马克思主义文艺理论研究会、国际联络委员会、大众文艺研究会。其中，马克思主义文艺理论研究会负责对马克思主义基本原理及文艺理论的梳理、翻译、研究，为左翼作家提供理论支持和思想武器；大众文艺研究会负责“研究大众文艺的一切实际问题，组织、指导盟员作家创作大众文艺作品，批评反动的大众文艺，开展工农兵通讯活动”。③ 国际联络委员会负责“向国外宣传中国左翼文艺运动，推荐中国革命文学作品，指导翻译各国普罗文学，介绍国际信息”。④ 此后，左联根据工作需要，又增设了几个委员会，分别是：创作批评委员会，负责“领导盟

① 《建党以来重要文献选编》（1921—1949）第四册，中共中央文献研究室、中央档案馆编，中央文献出版社 2011 年版，第 276 页。

② 冯夏熊整理：《冯雪峰谈左联》，《新文学史料》，1980 年第 1 期，第 6 页。

③ 姚辛编著：《左联词典》，光明日报出版社 1994 年版，第 8 页。

④ 姚辛编著：《左联词典》，光明日报出版社 1994 年版，第 8 页。

员开展创作,好的推荐发表,差的就提出修改意见";小说研究会,负责"开展创作活动,举行作品座谈会,促进左翼文学的发展";诗歌研究会,"主要任务是指导左联外围团体中国诗歌会开展现实主义和大众化的诗歌创作。"①同时,左联也比较注意对盟员的基层管理和引导,它根据盟员的住址"把上海的盟员划分为区,大体上划分为沪东、沪西、沪南三个分区,下又分为若干个小组","每一个小组设有组长,各小组的人数并不相同,一般是 4 至 6 人"②,通过小组开展活动。这些内部机构的架设也从组织体系上保证了左联引导和组织左翼作家开展无产阶级文学和革命话语建设的顺畅进行。

1930 年 5 月,中国社会科学家联盟成立后也迅速建立了党团组织,以加强对左翼社会科学工作者的领导。社联第一任党团书记为朱镜我,成员有杜国庠、王学文、潘梓年、彭康。李一氓和吴黎平分别代表中共中央和中央宣传部参加社联工作。社联的行政组织构架如下:大会——执行委员会——秘书处(秘书长、总务部长、组织部部长、宣传部部长)、各种委员会(基金筹募委员会、编辑出版委员会、书报审查委员会、国家政治经济委员会、中国政治经济委员会、其他)。这些内部机构承担着不同的工作职责,如基金筹募委员会负责"筹募联盟基金,使联盟不至因经济之拮据而难于进行工作。"③书报审查委员会,负责"批评一切社会科学的译著,使广大的读者,得以安心购读正确而平易的译著"。此外,这些机构还有着共同的职责,那就是"参加一切革命斗争工作""举行公开讨论及演讲""经常的作口头上及文字上的宣传。"④可见,社联也从组织体系上保证了对中共政治话语的传输通道。

1930 年 8 月,上海一些进步的艺术剧团"南国社""辛酉社""复旦剧社"等结成中国左翼剧团联盟。后因白色恐怖严重,有些剧社退出联盟,遂改以剧团为单位的联合为以个人为单位的自愿加入,联盟的名称定为中国左翼戏剧

① 姚辛编著:《左联词典》,光明日报出版社 1994 年版,第 9 页。
② 陶柏康、谭力:《中国共产党与左翼文化运动》,上海人民出版社 2011 年版,第 53 页。
③ 史先民编:《中国社会科学家联盟资料选编》,中国展望出版社 1986 年版,第 38 页。
④ 史先民编:《中国社会科学家联盟资料选编》,中国展望出版社 1986 年版,第 55 页。

家联盟（简称“剧盟”）。联盟成立后，建立了中共的党团组织，第一任党团书记为杨邨人，党团成员有赵铭彝、侯鲁史、沈叶沉、谢兆华、曹正。此后，刘保罗、赵铭彝、于伶等先后担任过剧联的党团书记。党团组织是剧联的核心，保证了剧联沿着中共的路线开展工作，保障了中共革命话语的有效传播。剧联在内部行政机构设置上也如同左联和社联：代表大会——监察委员会、执行委员会（指导部、组织部、总务部、宣传部、研究部），各部门的共同职责是发展无产阶级戏剧事业，“宣扬社会的戏剧，使民众正确的认识戏剧与人生之关系。反抗一切妨害戏剧运动的恶势力。”①

随着左翼文化团体的纷纷建立，组建更为广泛的、文化统一战线的设想被提上工作日程。1930 年 10 月，在中央文委的直接领导下，以左联、社联、美联、剧联等左翼文化团体为基础，成立了中国左翼文化界总同盟（简称“文总”），潘汉年任书记。文总的成立，更加密切了各左翼文化团体的联系，大家团结在中共的旗帜下，向反动势力的文化围剿和话语围攻发起了集体反攻。

二、左翼文化团体与话语生产者

左翼文化团体成立后，各项工作开展得卓有成效，吸引了更多知识分子，使其加入左翼阵营，共同成为中共话语的发声者、言说者，使中共摆脱了话语主体“力量太弱”的困难局面，话语队伍得到前所未有的充实和壮大。

就数量来看，各文化团体的盟员人数不断增加。左联在成立之初仅有四五十名成员，多为文坛名家。经过一段时间发展，“上海总盟和各地分盟的成员先后约 400 人”②，这些人中既有文坛老将，也有刚刚崭露头角甚至初出茅庐的青年后生，他们怀揣满腔革命热情，成为中共话语传播的新生力量。

除了正式的盟员，左联还广泛实行通讯员制度，在工农兵商学等各群体中发展通讯员。这些通讯员们采集消息、收集情况，间接地成为中共话语的生产

① 文化部党史资料征集工作委员会编：《中国左翼戏剧家联盟史料集》，中国戏剧出版社 1991 年版，第 7 页。

② 姚辛编著：《左联词典》，光明日报出版社 1994 年版，第 1 页。

者和传播者。如此一来,左联带动的话语生产主体就大大增加了,其话语辐射的范围也远远超过知识分子的局限。一则1932年5月的《文艺新闻》的通讯,可以使我们大致了解当时左联盟员的活跃情况。“[北平通讯]左翼文化运动在北平,正日益开展着。各社在扩大组织、深入理论斗争,提高政治水平,加强阶级成分均有很大进步。北平反帝同盟左联均已建立数个工人支部,左联工农兵通信员数量亦大有增加,多系门头沟矿山、开滦五矿,以及唐山、天津各厂工人。……北平世界语运动在“北平世界语者联盟”领导之下,已由大学中学共十七校世界语会成立“北平世界语学生联合会”,最近并拟深入北平城郊各工厂农村,创立学校使世界语运动深入工农劳苦大众中。”①

社联与左联齐头并进,成立之后也极大扩展了盟员规模,上海总盟的会员从最初的四十余人迅速发展到三百多人。社联不仅注意对知名社会科学工作者的联合,还非常注意培养年轻人,专门设置了青年问题研究会。社联成立的下半年,又成立了外围组织“社会科学研究会”。1932年出版的左翼刊物《文艺新闻》收录了一份有关社会科学研究会第三次代表大会的报道,介绍了该会的组织规模,“计出席分会五十余个,代表有七八十人”“该会的基础,完全建筑在分会之上。而各分会除外埠纷纷先后建立外,本埠所有大学中学,均有该分会组织。”②大会将继续扩大成员规模作为一项重要工作。经过努力,社会科学研究会“人数最多时达到一千二、三百人”。③ 社会科学研究会于1933年正式归入社联麾下。

同时,社联的影响从上海走向全国,“在北京、广州等地,1930年至1933年间,先后建立了社联分盟,在日本还建立了东京分盟。”④以北京分盟为例,北京的各大高等学校均有社联的基层组织,如清华大学的社联支部,会员有20人左右;北平大学社联支部,盟员有10余人;北平师范大学社联支部,成员

---

① 《文艺新闻》,1932年5月16日第55号第二版。
② 《文艺新闻》,1932年1月18日第45号。
③ 史先民编:《中国社会科学家联盟资料选编》,中国展望出版社1986年版,第8页。
④ 史先民编:《中国社会科学家联盟资料选编》,中国展望出版社1986年版,第8页。

有3人；北平师范大学女附中支部，会员有8人；汇文中学社联支部，成员有近30人。这些社联成员，“反对帝国主义的文化侵略政策，反对国民党法西斯的文化政策。积极介绍苏联及中国苏维埃区域的真实情形，并扩大其政治影响；撕破一切反动分子的诽谤与污蔑，无情地暴露他们反革命的罪恶。”①随着社联人员的扩张，中共的革命话语也随之扩展到全国乃至海外。

剧联、美联等的组织规模也快速增长。剧联的上海总盟成立后，先后在北平、武汉、南京、南通、广州、杭州等地成立分盟。而北平分盟还担负着剧联在整个北方的政治指导和组织职责，涵盖范围包括天津、济南、青岛、太原、绥远等地的剧联分盟或剧联小组。剧联的正式盟员，据《左翼戏剧家联盟史料集》记载，可考姓名的大约有150人。但是剧联以自己的盟员为基干，向更广泛的群众中开展剧演引导工作，在商人、自由职业者、农民、学生和工人中发展和成立剧演组织，如“爱美剧团”“蓝衣剧社”等，这些剧演组织的成员实质上也间接受到中共的指导和影响，成为中共话语的生产主体。据曾经担任过剧联党团书记的赵铭彝回忆，截至1935年6月，上海工人剧团大约有十几个，“农民剧团1个，业余剧团约13个，大学生剧团约15个，中学生剧团约13个、儿童剧团2个。其中时间较长，人数较多的剧团约有7个或8个。”②北平分盟领导下的社会剧团和学生剧团达十余个。这些剧演组织有二十多名成员在剧演活动中被捕，遭到当局迫害，这也从反面证明了这些剧团在中共话语的生产和传播中起到的积极作用。

这些群众剧团中，“蓝衣剧社”的规模较大。蓝衣剧社是指工人组成的剧团，因工人常着蓝色工装而得名。在剧联的指导下，上海、北平等地成立了几十个蓝衣剧社。在上海，蓝衣剧社有浦育剧社、美美剧社、南美剧社、沪东工人剧团、铁工剧团、三友工人俱乐部、绸业工人剧团等，每个剧团人数在二十到三十人左右。《戏剧集纳》记载“上海××烟厂，成立了一个剧社，一共有三十余工

① 徐素华编著：《中国社会科学家联盟史》，中国卓越出版公司1990年版，第182页。

② 文化部党史资料征集工作委员会编：《中国左翼戏剧家联盟史料集》，中国戏剧出版社，第37页。

友参加，现在正在选脚本准备排演。某书局的排字印刷工人们，组织了一个剧社，社员有二十多个"，"沪东的一个工人夜校的学生，组织了一个蓝衣剧团，参加的有三十余人。沪西的蓝衣剧团，本来很早就成立了，并且已经公演了好几次，后来因受一·三八的影响，而至无形的消沉了，现正在恢复中。有三十余社员。"①剧联的党团书记刘保罗、赵铭彝等亲自帮助蓝衣剧社创作剧本、指导演出，"通常是根据大多数工人群众所属的特殊产业部门的生产经验，从日常的各种斗争中指示出政治的出路——指出在半殖民地中，中国无产阶级所负的伟大使命，指示他们彻底反帝国主义，反豪绅地主资产阶级的国民党，反黄色与右倾的欺骗，拥护苏联及中国苏维埃与红军。"②剧演成为工人阶级发声的重要途径，成为中共话语的得力生产者。

就左翼文化团体的人员构成来看，涵盖了作家、社会科学家、戏剧家、电影工作者、美术家、音乐家、新闻工作者等思想文化领域的人才，他们在各自的领域内以其擅长的方式言说中共的革命话语和政治主张，共同组成战斗力强大的中共话语言说方阵。

代表性作家如鲁迅、瞿秋白、徐懋庸、聂绀弩、廖沫沙、茅盾、蒋光慈、胡也频、柔石、冯铿、丁玲、阳翰笙、沙汀、艾芜、冯雪峰、胡风、周扬、周立波、阿英、欧阳山、草明、李辉英、周文、柏山、东平、征农、荒煤、葛琴、徐盈、叶紫、罗烽、舒群、端木蕻良、王西彦等。其中，鲁迅作为左翼阵营的一面旗帜，撰写、发表大量笔锋犀利的杂文，向反动势力发起了猛烈的进攻；茅盾则贡献了左翼文学的扛鼎之作《子夜》，以史诗般的叙事手法展现了中共革命话语的深厚内涵；蒋光慈、丁玲、叶紫等将左翼小说推向新的高度；而瞿秋白、胡风、周扬等则深耕马克思主义文艺理论，为左翼文学提供理论支持。除了上述作家，"叶圣陶、巴金、王统照、郑振铎、老舍、吴组缃、陈白尘、艾青、臧克家等虽未加入左联，但他们和

---

① 《戏剧集纳》，1933年7月15日，第一号第二版。

② 文化部党史资料征集工作委员会编：《中国左翼戏剧家联盟史料集》，中国戏剧出版社，第17页。

左联作家站在同一阵线”①，他们通过与左联作家的接触交往，也成为中共话语的间接传播者。

代表性社会科学家有朱镜我、张庆孚、吴亮平、杜国庠、彭康、王学文、潘汉年、李一氓、邓初民、柯柏年、胡乔木、艾思奇、许涤新、李凡夫、马纯古、丁冬放、何干之、邓拓、任白戈、张如心、杨贤江、熊得山等，他们以马克思主义为理论武器，极大地推动了中国社会科学的发展。其中，邓初民担任过社联主席，他出版的《新政治学》系统介绍了马克思主义政治学的基本原理。艾思奇曾经担任过社联研究部部长，对马克思主义哲学的理论研究深入透彻，写作的《大众哲学》一书对提高当时中国民众的马克思主义哲学素养功不可没。杜国庠长期研究辩证唯物主义和历史唯物主义，王学文、许涤新也是马克思主义理论研究领域的大家，闻名海内外。而胡乔木更是文思敏捷，作为后来的“中央大笔杆子”为中共理论文献的整理和写作做出重大贡献。

代表性戏剧家、电影艺术家有夏衍（沈端先）、田汉、洪深、郑伯奇、阿英、白薇、袁牧之、郑正秋、欧阳予倩、蔡楚生、孙瑜、费牧、陈波儿、章泯、金山、赵丹、宋之的、于伶、石凌鹤、许幸之、柯灵、陈鲤庭、郑君里、刘保罗、王莹、舒绣文、张庚、崔嵬、塞克、姚时晓、徐韬、贺孟斧、辛汉文、徐渠、司徒慧敏等。其中，田汉、洪深、夏衍、白薇、袁牧之是杰出的剧作家，田汉创作的戏剧《名优之死》《回春之曲》，电影剧本《铁板红泪录》；洪深创作的戏剧《农村三部曲》；夏衍创作的戏剧《上海屋檐下》，电影《狂流》《上海二十四小时》等，是左翼文艺的经典作品，对扩大左翼文化的影响产生了很大推动作用。孙瑜、蔡楚生、史东山、郑正秋是电影导演，拍摄了《共赴国难》等一批优秀影片。徐渠、刘露、许幸之、辛汉文等擅长舞美设计，他们根据不同的剧情要求、人物性格布置舞台、设计造型，有力地提升了剧演的感染效果。需要指出的是，曹禺虽然未加入剧联，但他深受鲁迅精神的指引，以其创作实践与剧联并肩战斗，而他的戏剧作品也成为剧联的演出剧目。

① 姚辛编著：《左联词典》，光明日报出版社 1994 年版，第 4 页。

代表性美术家有许幸之、沈叶沉(沈西苓)、王一榴、刘露、唐晓丹、陈烟桥、于海、周熙、柳毅亚、刘梦莹、陶思瑾、蔡若虹、陈铁耕等。其中,许幸之、于海、周熙、姚复等是美联大会的执行委员,王一榴是中国漫画的开创者之一,筹备了多场全国性的漫画展览会,为中国漫画事业的发展做出了重要贡献。

代表性音乐家如聂耳、冼星海、张曙、任光、安娥、麦新、贺绿汀、孙慎、吕骥等。聂耳创作的《义勇军进行曲》《毕业歌》《大陆歌》《铁蹄下的歌女》;任光创作的《渔光曲》《打回老家去》等歌曲,具有鲜明的民族性、激越的时代感,树立起了无产阶级革命音乐的大旗,在社会上广为流传。

左翼文化团体中的这些成员及辐射带动的广大群众,拥护中共的政治主张,认同中共对民族出路的指引。他们活跃在社会生活的多个领域,以自己的专业专长为依托积极倡导宣传革命,反抗反动势力的压迫。他们对无产阶级革命文化的共同发声,形成多声部合奏的交响曲,使中共话语权的建构获得了强大的主体力量。

第二节　左翼文化团体与中共话语介体的开拓

话语介体,指话语传播的媒介、途径和通道。在社会话语场域中,话语介体是再现事实、传达讯息的载体,也是符号、话语、思想和价值再生产、再创造的平台。中共成立后即开始大力建设话语介体,创办了数量众多的红色刊物,兴办了一批工农补习学校,为中共话语的早期传播提供了通畅的渠道。但是在大革命失败后这些话语介体均遭到严重破坏。左翼文化兴起后,左翼团体利用自身的优势,为中共开拓了新的话语通道。

一、进步书社与刊物的创办

20世纪上半叶,纸质媒体始终是话语传播的最主要、最常规途径,绝大部分知识、信息和思想的传递都是依靠纸质媒体进行的。20世纪20—30年代的上海,印刷出版业已经相当发达,根据资料显示,1930 年上海有出版机构 145 家,印刷机构 200 多家。这些物质条件为书籍、报刊的出版、发行提供了便利条件。

1. 进步书社的创办

在较为繁荣的出版业中,国民党政府利用自身的统治地位,加紧了阵地抢占。在建立起"中央日报社、中央通讯社、中央广播电台"为领衔的所谓"中字头"媒体的同时,国民党还创建起一批"官办"出版机构。这些出版社、书局大约数十家,如"正中书局、中国文化服务社、拔提书店、前途书局、文化书局、新垦书局、青年书店、新光书局、新生命书局、军用图书社"①等。这些书局与其他民营书局不同,非常注重国民党政治主张和党义的宣传,注重对国民党三民主义的阐释和宣扬。

例如,正中书局由陈立夫于 1933 年创办,并亲自担任总经理。正中书局以南京为总部,先后在上海、北平、天津、重庆、武汉、杭州等重要城市建立分局,并纳入由陈立夫掌控的国民党情报系统中。在官方政治资助和经济援助的背景下,利用文界与情报界的双重资源,正中书局迅速建立起国民党话语传播的大网络。拔提书店则是国民党复兴社的出版机构,创办于 1932 年。复兴社不仅强调对蒋介石的个人崇拜,更将法西斯主义作为信奉的圭臬。拔提书店成为国民党人宣传扩散法西斯主义的堡垒。同时,拔提书店在其出版的书籍中强调反对共产党、消灭共产党等反动言论,成为在话语权上压制中共的一个火力点。可以说,国民党利用其掌控的多种资源,抢占和搭建起了多方位的话语传播介体,形成了话语权争夺的优势地位。

在此情况下,中共加紧了对话语阵地的复建工作。中共五大后中央设立了一个出版局,负责领导中共书籍资料的出版工作,汪原放、毛泽民、郑超麟等人先后担任出版局长。在国统区的白色恐怖下,出版局创办和领导了一些出版机构,如新青年社、华兴书局、新知书店、生活书店等,为中共书刊的印刷

---

① 宋原放主编:《中国出版史料》(现代部分)第 1 卷下,山东教育出版社、湖北教育出版社 2001 年版,第 284 页。

发行提供了保障。其中，新青年社“代售大革命失败以前人民出版部、向导周报社、中国青年社、上海书店、长江书店印行的书报”①，华兴书局等则出版了中共的诸多重要文献，以及马克思、恩格斯、列宁的经典著作如《国家与革命》《共产主义运动的“左派”幼稚病》等，出版了一批介绍苏联社会主义的著作，如《俄国革命画史》《苏联红军中政治工作》等，还出版了一些国外作家的经典作品，如《大文豪高尔基》等。这些出版结构是白色恐怖中的红色阵地，是生产、传播中共话语的重要平台。

与此同时，左翼文化工作者发挥自身力量，建立了为数众多的进步出版机构。他们以个人出资或筹募股金的方式创建出版社，用尽可能少的活动经费和工作人员，承担尽可能多的出版任务，使红色阵地的范围、规模进一步扩大。1929 年 1 月 6 日鲁迅在写给章廷谦的信中说过“上海有书店四十余家”，这其中就包含左翼文化人创办的书店，如创造社出版部、春野书店、南强书局、大江书铺等。创造社出版部建立于 1926 年，是左联重要成员创造社的出版机构，主要经办者有周全平、潘汉年等。1929 年 2 月“遭到国民政府封闭以后，以江南书店的名义继续出书。由郑伯奇、朱镜我等负责。”②创造社出版部出版的书籍有：郭沫若的《沫若诗集》《沫若创作集》《山中杂记》，张资平的《飞絮》《梅岭之春》，成仿吾的《使命》，郭沫若与成仿吾合著的《从文学革命到革命文学》，蒋光慈的《俄罗斯文学》，以及瞿秋白翻译的《历史的唯物论》等。

春野书店则是左联另一支力量太阳社的出版机构，主要经办者有蒋光慈、钱杏邨、孟超、阿英等人，成立于 1928 年。由于开办书店面临着资金困难，四个发起人每人出资一百元作为开办基金，使书店有了运营的基础。此后，书店为左翼进步人士出版了大批书籍，尤以“太阳小丛书”和“舢舻小刊”为著，包含有钱杏邨著的《革命的故事》、杨邨人著的《战线上》、刘一梦著的《失业以后》、郁达夫著的《达夫代表作》等。

---

① 宋原放主编：《中国出版史料》（现代部分）第 1 卷下，山东教育出版社、湖北教育出版社 2001 年版，第 447 页。

② 朱联保编：《近现代上海出版业印象记》，学林出版社 1993 年版，第 233 页。

南强书局,成立于1928年夏,在社联成员杜国庠的建议下,由杜国庠的留日同学陈卓凡出资创办。陈卓凡利用其父亲遗留的股份,和从亲友中募得的资金,共计4万多元,作为开办书店的启动资金,并聘请同学兼同志的王鼎新做书店经理,“李达任总编辑,杜国庠、柯伯年为编辑兼撰述,许美勋、冯铿夫妇任校对,沈端先为特约撰述。”①这就是书店的全部相关工作人员,虽然人数不多,却在国民党的政治高压之下,冲破阻力出版了左联、社联的200多种进步书籍。南强书局为其出版过图书的左联成员有:夏衍、阿英、白薇、杨骚、马宁等;为其出版过图书的社联成员有:李一氓、杜国庠、柯柏年、杨贤江、彭康、邓初民、吴亮平、熊得山、宁敦武、钱铁如和马哲民等。南强书局出版的进步图书也产生了广泛的社会影响,如杨贤江译著的《新教育大纲》,出版后成为江浙等地师范院校教材,被师生纷纷传阅。该书传入苏区后,成为闽西列宁暑期师范学校的重要教材,后来又流传到延安,影响了众多读者。正如郭化若后来指出“在延安清凉山边的学校图书馆,藏书少得可怜。但‘观点正确或比较有参考价值而对我帮助最大的是李浩吾(即杨贤江)的《新教育大纲》,它是以马克思主义的观点和方法来分析与解答教育问题的。’”②此外,南强书局出版的其他进步图书也在广大读者中产生了不小的影响,有力传播了马克思主义思想和中国的政治主张。

随着左翼文化运动的纵深发展,更多的进步书社克服重重困难建立起来,据不完全统计,20世纪30年代成立的左翼书社有“太阳社、霞社、复社、天马书店、江南书店、昆仑书店、湖风书局、华夏书店、海燕书店、大孚出版公司、民声书店、光明书局、春光书店、珠林书店、兄弟图书公司、远东图书杂志公司、华美出版公司、风雨书屋、时代出版社、金门出版社、中国灯塔出版社、文萃社、人人书报社、求知出版社、大用出版社、职业生活周刊社、生活与实践出版社、译

---

① 宋原放主编:《中国出版史料》(现代部分)第1卷下,山东教育出版社、湖北教育出版社2001年版,第178页。

② 宋原放主编:《中国出版史料》(现代部分)第1卷下,山东教育出版社、湖北教育出版社2001年版,第183页。

报图书部等。"①

其中,湖风书局由左联的秘密会员、地下党员宣侠父创办,出版的书刊作者皆是左翼作家,如张天翼、魏金枝、蒋光慈、丁玲、鲁迅、阿英、阳翰笙、田汉等人。湖风书局在出版左翼图书的同时,也出版国外进步作家作品,如楼适夷翻译的苏联作家柯洛连科的《恶党》等。这些书籍大力宣扬共产主义思想,很快引起了国民党的注意,湖风书局遭到查封,宣侠父也被国民党杀害。但是湖风书局出版的左翼书刊已经在千百万读者的心中播撒下了革命的种子。

天马出版社是在中共党员、左联成员楼适夷的带动下,由其堂弟楼炜春、韩振业出资创办的,于 1932 年开业。出版社以出版左翼进步书刊为旨归,先后出版了鲁迅、丁玲、茅盾、洪深、郑伯奇等左翼文化人的作品。茅盾先生曾经称赞天马出版社是"天马苍头忆往时,突围文网一偏师",对其在传播左翼文化中的贡献进行了高度赞扬。

总的说来,大量左翼进步书社的存在,使白色恐怖下左翼文化人的进步作品得以出版、发行,有力打破了国民党的文化"围剿",正如一首诗中形容的"蒋家书社空林立,萧瑟门庭鬼唱诗。"这些进步书社的工作为宣传左翼进步思想和中共革命话语提供了重要渠道。

2. 进步刊物的创办

除了书店、书局等出版机构,报刊是另一重要话语传播平台。1927 年,中共中央在机关报《向导》被查封后,于白色恐怖环境下先后创办了《布尔什维克》《红旗》作为机关报刊,继续传递中共坚定的革命信念以及对国情时局的分析和对革命斗争的主张。由于国民党新闻封锁的严峻形势,《布尔什维克》和《红旗》的发行或通过邮局邮递,或通过地下党组织、进步社团的人手相传,努力扩大发行范围,提高中共话语的影响力。同时,中共领导下的左翼文化人更是创办了大量进步刊物,它们如众星捧月般,形成与中共的话语和声。

根据张静庐先生辑注的《中国近现代出版史料》、宋原放先生编撰的《中国

① 朱联保编:《近现代上海出版业印象记》,学林出版社 1993 年版,第 10 页。

出版史料·现代部分》、姚辛先生编撰的《左联词典》、史先民先生搜集整理的《中国社会科学家联盟资料选编》及唐沅等先生编辑的《中国现代文学期刊目录汇编》等史料可知，从1928年至1937年这十年间，全国的左翼刊物达七八十种之多。其中，左联的刊物约46种，如《大众文艺》《拓荒者》《萌芽》《文艺研究》《艺术》《五一特刊》《巴尔底山》《文化斗争》《沙仑》《文学生活》《世界文化》《文艺新闻》《前哨》《文学导报》《北斗》《秘书处消息》《十字街头》《文学》《文化月报》《新诗歌》《文学月报》《文学杂志》《文艺半月刊》《春光》《新语林》《无名文艺》《东流》《文学新地》《文学新辑》《木屑文从》《新小说》《杂文·质文》《文艺群众》《海燕》《夜莺》《生活知识》《东方文艺》《令丁》《文学界》《现实文学》《文学丛报》《浪花》《今日文学》《文艺科学》《小说家》等；社联的刊物10余种，如《新思潮》《社会科学战线》《社会科学讲座》《社会现象》《研究》《北方青年》《大众文化》《新路线》《社会生活》等；美联、剧联及电影小组的刊物约10余种，如《漫画生活》《木刻界》《漫画战线》《救亡画刊》《漫画阵地》《抗敌画报》《电影艺术》《电影评论》《漫画之友》《救亡漫画》《火线》《抗战文摘》等。

这些刊物中，有部分是左翼文化团体的机关刊物，如上海左联的机关刊物《大众文艺》《萌芽》《巴尔底山》《拓荒者》《文艺研究》《北斗》《前哨·文学导报》《十字街头》《文学月报》《文学》（半月刊）、《时事新报·每日文学》等；如北平左联的机关刊物《文学杂志》《文艺月报》等；东京左联有机关刊物《杂文·质文》；社联的机关刊物《新思潮》《社会科学战线》等。

这些机关刊物中，有的由左翼文化团体全程负责编辑、出版、发行各项工作，战斗意识强烈。以《巴尔底山》为例，它于1930年4月11日创刊，名称来源于英文“Partisan”，意思是“游击队”。对此，其创刊号上说到“这文化领域内的巴尔底山，总算已组成基本的队伍，可以进出到这阶级的社会中，为支持一方的战线的一个小小的支队了。”①这是对刊物宗旨的申明，即作为一支话语传播的战斗队，宣传无产阶级革命，支持中共的话语建构。刊物由鲁迅主

① 左文：《非常传媒——左联期刊研究》，北京出版集团公司、北京出版社2010年版，第36页。

编，后来由朱镜我、李一氓、潘汉年、周全平等人接替主编之职。刊物的主要撰稿者有鲁迅、华汉、冯乃超、冯雪峰、潘汉年、柔石、白莽等 30 余人。刊物主要刊载杂文短评等短小精悍的文章，针砭时弊，抨击反动政府，号召苏维埃革命。刊物刊发的文章如鲁迅的《米价问题》、赫林的《五一屠杀与改组派》、致平的《什么是反动？谁是反动派？》等。这些题目已经鲜明昭示了刊物的战斗性和对中共话语的伸张。

再如，中国左翼文化总同盟的机关刊物《文化斗争》，创刊于 1930 年 11 月，是一份政治、经济、文化等综合性刊物，也是联通左翼各文化团体的信息通道，其通讯处表明"各左翼杂志（《新思潮》《社会科学战线》《拓荒者》《萌芽月刊》《社会科学讲座》《大众文艺》《南国月刊》《新文艺》《巴尔底山》《现代小说》等）转"。刊物由时任文总"最高领导"即文总书记潘汉年撰写文章，指出刊物的意义及使命是"在两个政权决死斗争的现在""树起马克思、列宁主义的旗帜，建立正确的革命理论，争取广大的青年群众，起来为苏维埃政权斗争！"刊物发表的文章正是对刊物宗旨的体现，第一卷第一期共发表六篇文章，目录如下：《本刊出版的意义及其使命》（潘汉年著）、《反对帝国主义进攻红军》（谷荫著）、《取消派与社会民主党》（谷荫著）、《拥护苏维埃代表大会宣言》（左联著）、《文化运动的情形及我们的任务》（左联著）、《反社会民主主义宣传提纲》（社联著）。第二期发表文章七篇，目录如下：《参加九七示威》（赫林著）、《文化上的托洛茨基主义》（子贞著）、《动力的反动的本色》（谷荫著）《对苏区代表大会报告决议案》（左联）《对于反苏联战争的欧美著作家的态度》（鬼邻著）、《战斗的随便》（郎当著）、《读中国文学的新史料》（史君著）。这些文章直截了当地阐明观点，勇于亮剑，具有鲜明的战斗性，该刊物也被左翼人士看作"从战斗中建立出版工作的第一声"。

还有些左翼文化团体的机关刊物由左翼文化人负责撰稿、编辑，但是由书局、书店等负责出版、发行，大体按照"合法经营"的方式运转。这类刊物一方面高扬起左翼文化的旗帜，传播革命话语；另一方面又借助市场流通，从而具有更广泛的传播范围。例如，《大众文艺》，创刊于 1928 年 9 月 20 日，从第 2

卷第3期起成为左联的机关刊物，主要撰稿人有鲁迅、郭沫若、郑伯奇、钱杏邨、潘汉年等，由现代书局负责出版发行；《拓荒者》，创刊于1930年1月，从第三期起成为左联机关刊物，主要撰稿人有沈端先、蒋光慈、殷夫、洪灵菲、冯铿等，由现代书局出版发行；《萌芽》创刊于1930年，从第一卷第三期起成为左联的机关刊物，鲁迅为主编，柔石、魏金枝、冯雪峰等协助编辑，由光华书局出版发行；《世界文化》，1930年9月创刊，左联机关刊物，主要撰稿人有鲁迅、冯乃超、柔石等，上海泰东书局出版发行。

这些刊物大力宣传无产阶级文化，正如《世界文化》在“编辑后记”中指出的“它报告资本家阶级的残酷统治（白色恐怖、法斯蒂化），也报告无产阶级的互济运动。它报告无产阶级文化的发展，也报告歪曲、反对、压迫无产阶级文化的各种事情。它报告国内文化上种种组织和建设”。[①] 同时，这些刊物也注意市场流通，增强了版面的多元化、生动性，从而吸引了更多读者。例如，《拓荒者》在栏目设置上比较灵活，几乎每一期都发生变化：第一期的栏目有“诗歌”“小说”“剧本”“国内外文坛消息”等，第二期则设置了“戏曲”“随笔”“国际革命运动”等栏目，此后还根据时局变化设置了“五月纪念文”“补白”等栏目。

同时，为了更好地深入读者，扩大传播影响范围，扩大左翼话语的辐射带动效应，左翼刊物秉承以读者和群众为中心的宗旨，非常注重与读者的沟通与互动。首先，左翼刊物大都会不定时地刊发专门的启事，以征求读者对刊物的意见并进行及时和认真地反馈，如《文化月报》在创刊号上发表启示“将自己的生活情形随时告诉我们并欢迎提出一切询问和探讨问题”，也欢迎读者对刊物的内容和设置提出建议。《文艺新闻》还专门设置了回答读者来信的专栏“读者 · 记者”，由主编、编辑等亲自回复读者的问题，与读者沟通交流。左翼期刊对读者的高度重视和诚意尊重赢得了读者的积极反馈，如《新小说》的一位读者就曾对刊物提出九点建设性意见，涉及刊物内容、栏目设置、发行方

① 姚辛编著：《左联词典》，光明日报出版社1994年版，第377页。

式等各个环节。正是有了这些读者的热心帮助,左翼刊物及时调整内容、完善设计,更加符合读者需求。

其次,左翼刊物还经常邀约读者参加活动。有些活动是趣味性的,如《文艺新闻》组织读者对作家进行品评,“哪个作家给我的印象最好?哪个作家给我的印象最坏?”要求读者从文学素养、学识、情操等方面进行评价。有些活动则带有价值观引导性,如《大众文艺》向读者举办征文活动,主题为“我怎样成为社会主义者”。左翼刊物筹划的这些活动兴味盎然,既调动了读者的积极性,密切了与刊物的联系,也扩大了刊物的影响力,更在活动中传递和宣传了刊物主办方的话语主张,将读者纳入左翼话语进而纳入中共话语的建构体系之中。

最后,左翼刊物还比较注重读者组织的建设。由于左翼刊物大都是新生的刊物,固定读者的保有量在创刊之初并不算多,为了扩展和培养相对固定并有效增长的读者群体,许多左翼刊物建立“读者会”“发行网”“联欢会”等群众组织来实现读者的增容。这些组织围绕期刊内容举办活动,并将活动情况刊登在下期刊物上,如《沙仑》在创刊号上刊登了公告“为了与读者的融合起见,有读者的会(六月份打算开一个读者联欢会,有演说,有茶点,有余兴),读者的CARD(我们可以预先报告一切的文艺消息和艺术剧社公演八折券等)——我们希望读者有一个相互接触的机会,同时我们自身有一个统一的读者播布网”。①《生活知识》也公布了“读者发行网”的消息,指出凡入网的读者,可免费获取书籍或出版物,同时“不客气的请求同情我们的读者。在发行上帮一点忙,使这刊物能够更充实更能负起时代的使命!”②

在上述种种争取读者的措施之下,在左翼刊物进步内容的感召鼓舞之下,越来越多的群众了解了左翼刊物、选择了左翼刊物并成为左翼刊物的忠实读者。许多新生的刊物一出版就受到了读者的热烈欢迎,如《文艺新闻》“出版的第一天竟有了一百多读者”,发行不久销量突破万份,创造了“读者遍中外”

---

① 《沙仑》创刊号,1930年6月16日。

② 《生活知识》第7期,1936年1月5日。

的优异成绩。《生活知识》"创刊号及第二期不数日内即告售罄,读者纷纷要求再版,兹已赶印出书。"《北斗》更是成为当时的畅销刊物,发行后需及时抢购,否则会就售罄,乃至刊物在读者要求下"不惜工本,特再版合订一千本",仍不能满足读者需求,第二卷第二期连续再版三次,"再版不到半月便又售罄,而各埠读者及代派处仍纷纷来函添购,故特再版二千册。"①左翼刊物在群众中的广受欢迎,标示着左翼文化潮流涌起,也标示着中共的话语通道更加通畅宽阔,中共的话语传播媒介更加稳固了。

由于30年代上海等地刊物繁多,左翼文化人在自己创办、编辑刊物作为话语阵地的同时,也积极向其他刊物发展力量,争取在一些中立刊物甚至国民党的刊物上发表左翼作品。这样的一些刊物由于没有公开冒犯国民党的政治禁忌,因而存续的时间比较长,某种程度上成为左翼人相对隐蔽的舆论阵地,如郑振铎主编的《世界文库》,施存统主编的《现代》,黄源主编的《文学》《译文》,巴金、靳以主编的《文学季刊》,赵景深主编的《现代文学》《青年界》,黎烈文主编的《申报·自由谈》,孟十还主编的《作家》,萧乾主编的《大公报·文艺》等,也曾经大量刊发左翼文化人的进步作品,为传播左翼人和中共党人的声音提供了平台,做出了贡献。

以《现代》为例,这是一份创刊于1932年的刊物,带有比较浓郁的商业色彩。主办者希望通过对文坛各领域代表人士作品的汇聚提高刊物知名度,更好地占有市场攫取利润,因此授意刊物主编施存统广开稿件来源。在这种背景下,鲁迅、茅盾、冯雪峰、周扬、张天翼等左翼阵营的干将均成为该刊物的撰稿人,后来左翼阵营为了弘扬马克思主义文艺理论而与"第三种人"等展开的理论争鸣,也多在《现代》上刊发。

再如,《申报》的文艺副刊《自由谈》更是一度成为左翼人的话语阵地。《申报》是上海的老牌报纸,创刊于1872年,是近代中国历史上存续时间最长的报纸,历经清朝、北洋政府、民国三个历史时期。《申报》在立场上偏于保

① 《北斗》1932年5月20日版,第2卷第2期。

守,虽以时事新闻和社会评论见长,但其发表的言论都相对平缓,很少出现尖锐激烈的政治批评。《申报》为了扩充内容,先后开设了一系列专栏或副刊,其中 1911 年开设了文艺副刊《自由谈》。最初的《自由谈》多发表才子佳人、吟风赏月的把玩之作,1932 年 12 月黎烈文担任栏目主编后进行改版,风格随之大变,从“风月之谈”向“风云之议”转变。1933 年 1 月黎烈文邀请鲁迅、茅盾两位左翼文坛巨擘为栏目撰写杂文。在鲁迅的影响和带动下,黎烈文更加倾向于对左翼群体的支持,大量刊发左翼人士的进步作品,如张天翼、郑伯奇、阿英、陈荒煤等均是《自由谈》的撰稿人。1933 年的《社会新闻》曾对此进行报道“《申报》的《自由谈》……现在也在左联手中了,鲁迅与沈雁冰,现在已成了《自由谈》的两大台柱了……《自由谈》是属于《申报》的,商务印书馆与申报馆,是两个守旧文化的堡垒,可是这两个堡垒,现在似乎动摇了。”①这个论断是客观的,据统计,自 1933 年 1 月至 1934 年 11 月不足两年间,鲁迅在《自由谈》发表杂文共 140 余篇,后来结成杂文集《伪自由书》《准风月谈》和《花边文学》三个单行本。高峰时,《自由谈》曾在一个月内刊发鲁迅杂文 15 篇,每两天即为鲁迅刊发一篇。由此观之,《自由谈》几乎成为左翼的一个阵营了。

左翼文化工作者还利用国民党的招牌作掩护传播马克思主义,如中国农村经济研究会的会刊《中国农村》是发表马克思主义经济学文章的阵地,但刊物初创时却乔装打扮成国民党的模样。据刊物创办人薛暮桥的回忆,“当时要办一个刊物,必须向国民党政府登记……我们就利用孙晓村在国民党里的关系去登记。刊物的封面“中国农村”四个字是请蔡元培题的,刊物代表人注明:孙晓村、冯和法,南京行政院农村复兴委员会转。国民党开始还以为是农村复兴委员会的机关报呢。农村复兴委员会是 1933 年 4 月在汪精卫指使下成立的。其实是打着复兴农村的幌子,进一步加紧对农村的盘剥。为了装潢门面,也吸收了一些农村问题的专家,陈翰笙同志也受聘为农村复兴委员会委员。我们的用意是能够更好地利用各种合法的关系来开展我们的工作。那时

---

① 《社会新闻》,1933 年 3 月 3 日。

出版一个刊物是很不容易的。《中国农村》能够公开发行,宣传我们的主张,就是因为有了这种掩护。"①左翼文化工作者可谓用心良苦也。

二、电影、戏剧等新阵地的争取

除了纸质媒介,图像、声光电等媒介也在20世纪30年代上海等大城市的信息传播中占有相当比重。据许敏先生主编的《上海通史》,周贻白先生主编的《中国戏剧史》,朱联群、周华斌先生主编的《中国剧场史资料总目》等资料可知,20世纪30年代的上海戏剧演出繁盛,形成了市中区、南区、西区和北区四大剧场圈,有一百多家演剧场所,提供名目繁多、种类丰富的剧演活动。看剧听戏成为市民群众劳作之余消磨时光的重要方式。其中,话剧作为一种新兴的剧种,受到市民群众尤其是青年和工人的欢迎。随着剧联的成立,中共党人和左翼文化人士开始利用话剧宣传革命话语,使剧演成为传播中共革命主张的重要渠道。

以夺取戏剧阵地为依托,中共和左翼人士继而迈出了抢占电影阵地的新步伐。随着与西方世界的交往,电影这种诞生于西方国家的新艺术形式传入中国并发展起来。先是外国影片来中国放映,继而是外国商人来中国开设影视公司,通过雇员拍片来谋取利润。之后,中国人自己也开始办电影公司。20世纪20年代,许多资本家将电影看作投资的手段,看作解救自身危机并有利可图的渠道,纷纷投资电影事业,造成了中国电影的暂时繁荣。据《中华影业年鉴》记载,1925年前后,全国各大城市共有电影公司175家,上海的电影公司大大小小多达四十多家。"从1921年到1931年,上海各影片公司共拍摄了约六百五十部故事片。"②上海放映电影的电影院达40多家。当时的报刊曾经将这些影院集中标注在一张地图上,并配以醒目的标题"每日百万人消纳之所!"电影

---

① 中共上海市委党史资料征集委员会主编:《三十年代中国社会性质论战》,知识出版社1987年版,第123页。

② 中国电影艺术研究中心、广播电影电视部电影局党史资料征集工作领导小组编:《中国左翼电影运动》,中国电影出版社1993年版,第10页。

在上海市民群众的生活中所占有的地位可见一斑。鲁迅也曾在书信中记载，看电影已成为上海人司空见惯的日常活动，刚到上海的日子里，他几乎天天看电影。

但是20世纪30年代初，中国电影一直掌握在资本家手中。尤其是美国好莱坞拍摄的影片，占据了中国银幕的绝大部分。就外国人拍摄而在中国放映的影片来看，内容多为帝国主义张目，如在野兽片中，将非洲黑人作为奴隶，美国白人是主人；在西部片中，将土著印第安人妖魔化，美国白人被塑造成英雄；在爱情片中，则大肆传播淫秽色情的内容，等等。帝国主义者掌控的电影，成为传播帝国主义侵略话语的工具。正如传播学鼻祖哈罗德·拉斯韦尔指出的，"大众传播工具赋予媒介控制者很大的优势，印刷厂、广播电台等固定资本和特化资本的控制者得天独厚。"①掌握着电影公司的资本家们，在将电影作为传播自身侵略话语的过程中占有得天独厚的优势。

对于外国电影在中国充当的殖民话语传播者的角色，左翼进步人士有着清醒的思考。1930年，鲁迅翻译了日本左翼电影理论家岩崎昶的《电影和资本主义》一书中"作为宣传、煽动手段的电影"的部分，发表于左翼刊物《萌芽》。译文后鲁迅写下了附记，指出这些外国影片"运入中国的目的"，"只如将陈旧枪炮，卖给武人一样"，"是为了多吸收一些金钱而已"，同时必然产生思想侵害的效果，"看见他们勇壮武侠的战争巨片，不意中也会觉得主人如此英武，自己只好做奴才"，"看见他们'非常风情浪漫'的爱情巨片便觉得太太如此'肉感'，真没有法子办——自惭形秽。"于是，文化自卑加重，民族自卑加剧，卑服于帝国主义的心理更加浓重了。鲁迅还指出，"欧美帝国主义者既然用了废枪，使中国战争、纷扰，又用了旧影片使中国人惊异、胡涂。更旧之后，便又运入内地，以扩大其令人胡涂的教化。"②鲁迅已经清醒地意识到外国电影对中国民众产生的精神毒害，也指出了电影在宣传、煽动中的巨大功效。

---

① ［美］哈罗德·拉斯韦尔：《社会传播的结构与功能》中文·英文（双语版），何道宽译，中国传媒大学出版社2017年版，第43页。

② 《鲁迅全集》第4卷，人民文学出版社2005年版，第422页。

除了外国电影,中国自己拍摄的电影则处于“泥泞”之中。20 世纪 20 年代末,上海规模较大的电影公司有明星公司、联华公司、天一公司等,这些电影公司的拥有者大都是吸足了半封建半殖民地人民的膏血而发展起来的大资本家,所依靠的是一些没落文人、封建遗少,如鸳鸯蝴蝶派、礼拜六派、从事封建戏曲演绎的人员等。他们拍摄了《火烧红莲寺》《红粉骷髅》《荒江女侠》《混世魔王》等故事片,这些影片充满了狐仙鬼怪等封建意识和封建伦理,充斥着腐朽观念和色情糟粕。这些影片,除满足小部分庸俗人的欣赏趣味外,远不能适应人民群众的文化需求,更与近代中国的历史发展潮流大相径庭。鲁迅对当时的国产影片进行了尖锐的批评,他在《略论中国人的脸》中指出“在银幕上则有穿不知何时何代的衣服的人物,缓慢地动作,脸正如古人一般死”。① 在《上海文艺之一瞥》中,鲁迅则指出“现在的中国电影,还在受着‘才子加流氓’式的影响,里面的英雄,作为‘好人’的英雄,也都是油头滑脑的。”②尤其是九一八事变后,日本帝国主义侵略的加剧和东北人民背井离乡的苦难激起了人民群众的爱国热情,大家厌烦了电影里光怪陆离、脱离实际的那一套陈腐内容,要求电影反映现实生活,反映民族斗争。

基于人民群众的呼声和电影界的黑暗杂乱状况,左翼文化人和中国共产党人开始向电影阵地进军,去为中国电影输入新的气息,去用优秀电影鼓舞和引导人民群众。1931 年,中共领导下的剧联通过了《中国左翼戏剧家联盟最近行动纲领》,该纲领虽然在名称上是部署戏剧工作,但全文的近半部分内容论述了电影工作,“是党向电影阵地进军的第一声号角。”③《纲领》指出“除演剧而外,本联盟目前对于中国电影运动实有兼顾的必要”。并且具体指出推动进步电影运动的三条具体措施:第一项措施是“产生电影剧本供给各制片公司”;第二项措施是“动员加盟员参加各制片公司活动”;第三项措施是“设

---

① 鲁迅:《而已集·略论中国人的脸》,北京燕山出版社 2018 年版,第 860 页。

② 李新宇、周海婴主编:《鲁迅大全集》5 创作编 1929—1931 年,长江文艺出版社 2011 年版,第 301 页。

③ 中国电影艺术研究中心、广播电影电视部电影局党史资料征集工作领导小组编:《中国左翼电影运动》,中国电影出版社 1993 年版,第 891 页。

法筹款自制影片”。纲领还对剧本内容进行了原则性规定，即“为取得映出底公开性以深入各大小都市各市民层起见，剧本内容暂取暴露性的。”由于工人农民在中国革命中的重要地位，该纲领特别对工厂与农村的电影运动进行了规划，“暂时为主观与客观条件所限制”，“只能够利用‘小型电影’摄取各地工厂与农村相异的状况，映出于各地的工厂与农村之间。”为了给进步电影运动提供人才支撑，该纲领指出要建立专门的组织“电影研究会”，以“吸收进步的演员与技术人材，以为中国左翼电影运动的基础”。“同时，为准备并发动中国电影界的‘普罗·机诺’运动（即无产阶级电影运动）与布尔乔亚及封建的倾向斗争，对于现阶段中国电影运动实有加以批判与清算的必要。”①

根据这个纲领，中共党人和左翼文化人开始向电影领域发展，向一个他们此前从未涉足的领域发展。尽管毫无经验可谈，但是富有斗争策略的进步人士在进军电影的过程中巧妙战斗、闪转腾挪，工作进展得比较顺利。1932年，在抗日救亡的呼声下，明星公司等专事拍摄旧电影的公司渐渐失去了本就不断缩小的市场，人们不愿再为“火烧”“大侠”“红粉”之类的影片买单。生存困境下，明星公司主动邀约夏衍、阿英和郑伯奇这三位在文坛上颇有名气的作家去当编剧。夏衍立即向党组织汇报。当时在上海领导左翼文化工作的瞿秋白同意并支持他们三人进入电影界，“认识一些人，做一些工作，培养几个干部。”②根据瞿秋白的指示，夏衍等人小心谨慎地开始了在明星电影公司工作从而夺取电影阵地的进程。之后，夏衍等人继续介绍左翼成员、进步青年加入各个电影公司。经过一年多的探索和发展，1933年春，中共领导的电影小组正式成立，成员有夏衍、阿英、王尘无、石凌鹤、司徒慧敏五人，夏衍任组长。电影小组的成立，使中国电影的发展之路发生了根本性变化，使中共所代表的符合历史趋势的正确主张有了更广阔的话语阵地。

为了筑牢电影战线，使中共反帝反封建的革命话语更好地在电影中传播，

---

① 中国电影艺术研究中心、广播电影电视部电影局党史资料征集工作领导小组编：《中国左翼电影运动》，中国电影出版社1993年版，第18页。

② 夏衍：《追念瞿秋白同志》，《文艺报》，1955年第12期。

电影小组开展了一系列工作。首先，在各电影公司中发展左翼电影人队伍。一方面，继续不断将剧联等左翼团体的成员输送进各个电影公司；另一方面，又在各个电影公司中物色和培养青年艺术家，帮助他们成长和进步。“当时四大制片公司内的编辑、导演、演员、作曲、摄影、美工、录音等各个部门都有党员和盟员。”①

其次，在资本家的地盘上搭建红色营垒。20 世纪 30 年代，电影制作的资本掌握在资本家手中，中共党人和左翼人士没有资金、没有设备，并且处于秘密状态，难以有自己的电影创作阵地。为了利用起电影这个重要平台，左翼电影人与资本家进行了某些程度的“合作”，在资本家的地盘上建立起了左翼电影的营垒，如艺华公司就是典型代表。艺华公司的老板是大资本家且名声不好，但是喜欢电影，好大喜功且政治意识混沌。他倾慕田汉在电影上的成就，主动邀请田汉帮忙组建电影公司，在中央文委和文总的支持下，田汉、阳翰笙等人组建起了属于资本家但却布满左翼进步人士的艺华公司。如中共党员廖沫沙、苏怡、辛汉文等进入艺华公司，剧联的部分演员也进入艺华成为骨干力量。艺华公司成为电影界中的红色基地，创作了不少反帝反封建的优秀影片，揭露国民党的反动统治，号召劳苦大众起来反抗。艺华公司，实际上成为中共影响下的电影阵地。

此外，左翼电影人十分注重对广大群众的争取和团结。电影小组先后采取了以下措施：第一，针对有进步倾向的人组织“苏联之友社”，带领他们欣赏苏联电影，加强对苏联社会主义建设的宣传；第二，在电影界的上层分子中组建“中国电影文化协会”，进行国际交流并反对帝国主义侵略；第三，在电影公司的下层员工中组建红色工会，带领他们为争取自身利益同资本家开展斗争，提高工资待遇、改善劳动环境。

在电影小组的努力下，许多电影人团结在左翼周围，如当时著名的电影编导蔡楚生、史东山、程步高、孙瑜、卜万苍等，尽管并没有加入左翼组织，却在电

---

① 中国电影艺术研究中心、广播电影电视部电影局党史资料征集工作领导小组编：《中国左翼电影运动》，中国电影出版社 1993 年版，第 894 页。

影小组的感召下同情并支持左翼电影运动，间接地成为中共统一战线中的力量。正如阳翰笙总结的，中共党人“在殖民地半殖民地的上海，在白色恐怖的形势下，能够把资本家在上海所办的五大电影公司（联华、明星、早期的艺华、电通、新华）里的大多数编、导、演团结在我们周围，并且是中国的电影事业能够在党的直接或间接的领导和影响下，沿着反帝反封建的道路走下去。之所以能够达到这种程度，就是因为我们尽可能地团结了电影界的大多数进步力量，而这一力量是可以决定一切的。”①

列宁根据当时电影的影响力曾经指出，“在一切艺术中，对于我们来说，最重要的就是电影。”②指出了电影艺术在宣传共产主义思想中的重要作用，强调电影经过共产党人的创作，成为社会主义思想启蒙武器的极其重要性。中共党人和左翼人士自觉践行了这一思想，在电影领域发挥了作用。1932年至1937年间，在左翼电影人的带动影响下，中国电影事业有了迅猛发展，创造了大量进步影片，宣传反帝反封建的革命主张，传播中共的革命话语。中共话语权建构的媒介和途径被大大拓展了，中共话语的生产、创造、编码与解码拥有了更为多样的渠道。

三、左翼人士应对文化审查保卫话语阵地的策略

左翼文化运动的全线发展引起了国民党反动派的警觉，上海一部掌握在反动派手中的刊物《社会新闻》刊文指出“所谓左翼文化运动，实际上是指共产党的文化运动”。“左翼文化运动，在上海呈一时之盛。”③反动派在认识到左翼文化运动的威力之后，开始组织力量对左翼文化阵线进行打压。

早在1929年，国民党中宣部就开始了对各种宣传品的审查制度，并制定了《宣传品审查条例》，其中指出“凡含有下列性质之宣传品为反动宣传品：

① 中国电影艺术研究中心、广播电影电视部电影局党史资料征集工作领导小组编：《中国左翼电影运动》，中国电影出版社1993年版，第5页。

② 《列宁文稿》第4卷，人民出版社1978年版，第490页。

③ 《社会新闻》，1933年2月13日，第二卷第十五期。

一、宣传共产主义及阶级斗争者;……三、反对或违背本党主义政纲政策及决议案者……"对于他们认定的反动者,将"查禁查封或究办之"。[①] 左翼文化团体成立后,国民党中央执行委员会发布秘书处公函,指出这些文化组织是"共产党在群众中公开活动之机关,应一律予以取缔,以遏萌乱。"同时附录了一份左翼文化人士的缉拿名单,夏衍、鲁迅、冯乃超等 50 多人的名字出现在这份黑名单上。

1930 年以后国民党先后出台了《国民党政府的出版法》《出版法施行细则》《内政部令各省市查禁非法刊物》《国民党修正新闻检查标准》等法令,对左翼文化阵地加紧遏制。甚至还通过了一份《危害民国紧急治罪法》,规定"以文字图画或演说为叛国之宣传者"可以判处"死刑或无期徒刑"。

编扎制度网笼的同时,国民党也着手文化审查机构的建立。1934 年成立了中央图书杂志审查委员会,下辖文艺、社会科学、总务三个内设部门,总览全国各地的书报检查工作。以审查机构为中心,以诸多法条为依据,国民党反动派对左翼进步刊物、书局大肆查封、破坏,许多进步书局遭到打击,许多进步刊物只公开发行几期便被宣布为非法而遭到取缔。1934 年,国民党政府的一份查禁命令显示,仅在上海就查禁了进步书籍 149 种,均为"共产党及左倾作家之文艺作品""其内容鼓吹阶级斗争者"。[②] 而浙江省党部文艺宣传工作报告中则指出"取缔反动刊物之工作,除奉中央饬办理者外,有本会自己发现查禁者亦颇多。自民国十八年迄本年二月终止,经查禁之反动书报,总数如下:中央转令查禁者一千零八十六种。本会直接发现查禁者一百七十四种"。[③]

国民党的查禁给左翼文化阵地的建设带来了巨大困难,但是左翼人士也在中共领导下,采取各种措施应对和克服这些困难,打破了国民党的文化围剿。

首先,左翼刊物的组织结构严密而隐蔽。为了保证左翼期刊工作人员的

---

① 陈瘦竹主编:《左翼文艺运动史料》,南京大学学报编辑部,1980 年版,第 280 页。
② 陈瘦竹主编:《左翼文艺运动史料》,南京大学学报编辑部,1980 年版,第 312 页。
③ 陈瘦竹主编:《左翼文艺运动史料》,南京大学学报编辑部,1980 年版,第 326 页。

安全,成员之间基本都是单线联系,上级知道下级的情况,下级不知道上级的情况。编辑人员、撰稿人等的真实身份不公开,多用化名而不用本名,甚至同志之间也经常不知道对方的真实姓名。例如,沈端先化名夏衍,钱杏邨化名阿英,吴黎平化名良平,朱镜我化名谷荫、得安、雪纯等。鲁迅和茅盾在《自由谈》发表的文章,也多用"何家干"和"玄先生"的化名。如此一来,国民党反动派的嗅觉再灵敏,也难以迅速辨别人物的真实身份,常常是时过境迁才恍然大悟。

其次,左翼刊物结成紧密团结的一体,相互呼应、相互支持。例如,《文化斗争》公布的通讯处同时在《社会科学战线》等其他左翼期刊转载,形成信息流通的网络。一份左翼期刊被查封后,其原定发表的文章在另一家期刊发表,像郭沫若的《东平的眉目》即是在《东流》杂志被查禁后立即在《东方文艺》上刊发出来。左翼期刊之间相互应和,使得国民党反动派"摁下了葫芦起来瓢",难以应付。

再次,左翼刊物采取了灵活多变的出刊和发行方式。一种期刊被查禁后,换一个名字接着出刊。例如,《太阳》月刊被国民党查禁后改名为《时代文艺》,《时代文艺》再次被查禁后又更名为《海风周报》,短短时间内更换名称数次而依然出版发行。《前哨》杂志出版一期即被国民党查禁,第二期更名为《文学导报》继续出版发行;《文化月报》被查禁后用《世界文化》的名称再次发行;《萌芽》月刊则用《新地》的名字躲过国民党的审查。同时,左翼刊物多采用"直接订户"的方式发行,即不通过各地的代售点,而直接邮寄到读者家中。如此一来,一方面可以避免各代售点扣押费用的恶习;另一方面也可以躲过到相关机构登记、发售的检查环节。例如,《文艺新闻》发布告读者书说"请你做一个自己读者,直接向本报长期订阅"。《文化斗争》在发刊号上即刊发读者启事说"我们现在要筹备一个中心杂志,需要读者诸君起来作直接订户。不管压迫怎样的残酷我们决心把它冲破,绝对不会半途中止,而且每期能够送达诸君之前。"①

① 《文化斗争》,第一卷第一期,1930 年 8 月 15 日。

最后，左翼刊物也努力为自身蒙上一层“灰色”的保护色。左翼刊物是中共领导的斗争武器，其本质是红色的，然而为了在白色恐怖中生存下去，刊物也采用了一些伪装策略，如丁玲主编的《北斗》杂志，除刊发冯雪峰、鲁迅等左翼人士的作品外，也刊发冰心、叶圣陶甚至徐志摩这些作家的作品，以此为刊物增加一些不同色彩，迷惑国民党的检查官。再如，《文艺新闻》，除深入持续揭露国民党对进步青年的迫害外，也添加了一些明星日常生活的报道，用这些花边新闻点缀和掩饰刊物的斗争锋芒。

种种应对措施，让国民党反动派的文化审查机构手忙脚乱而收效甚微。左翼刊物不仅查不断、禁不绝，反而如雨后春笋般层出不穷，在国民党的政治高压下持续不断地发出揭露、批判与反抗的声音，宣传、传播进步思想和革命主张。诚如国民党自己在文艺宣传会议所总结的“反动文艺书刊，愈禁愈多，而本会之禁令，反成为反动文艺书刊最有力量之广告，言之殊为痛心。”①

尤其是《新生》刊物发表了《闲话皇帝》一文，更是彻底宣告了国民党书报审查的失败。《闲话皇帝》一文不仅巧妙地躲过了国民党文化审查官的审查，发表后还引起了国内外多方关注，甚至引起了日本政府对国民党政府的抗议。这彻底说明了“工作紧张”“一秉大公”的“中央宣传部图书杂志审查委员会”虽然自称“平均每日每一工作人员审查字，在十万以上，审查手续，异常迅速，虽洋洋巨著，至多不过二天，故出版界咸认为有意想不到之快”，然而终不过是徒劳与无效，形同虚设。在《闲话皇帝》一文后，该机构最终“不见了”。②

在扫荡图书报刊阵地的同时，国民党反动派也加紧了对电影阵地的把控。国民政府先后组建了电影、戏剧领域的审查机关：1930 年 7 月，以南京市党部、南京市政府和首都警察厅为首组建了电影戏剧审查委员会，该会在组织规则中明确指出其目的是“为防止违反党义及团体妨害风化”。③ 1931 年成立

---

① 陈瘦竹主编：《左翼文艺运动史料》，南京大学学报编辑部，1980 年版，第 335 页。

② 宋原放主编：《中国出版史料》（现代部分）第 1 卷下，山东教育出版社、湖北教育出版社 2001 年版，第 387 页。

③ 中国电影艺术研究中心、广播电影电视部电影局党史资料征集工作领导小组编：《中国左翼电影运动》，中国电影出版社 1993 年版，第 1093 页。

电影检查委员会,1934年又成立中央宣传委员会电影事业指导委员会,由行政院领导。虽然该会名义上曰“指导”电影事业,实质上却是履行审查剧本及影片的职责。该会内部设置“剧本审查委员会”和“电影检查委员会”以强化其审查职能。

同时,国民政府也颁布了一系列方便审查电影的法律法规:1930年11月颁布了《电影检查法》,几个月后即出台了由蒋介石亲自签名颁发的《电影检查法施行规则》,规定“凡电影片,无论本国制或外国制非依本法经检查核准后,不得放映”。随着左翼文化人士向电影领域的进军,国民党加紧了对电影的控制。1932年3月颁布了《各地教育行政机关会同警察机关稽查电影办法》,不仅规定各地教育机关要“制就电影片登记表”以对电影验明正身,而且检查员可以“随时赴各电影院稽查”并由“当地警察机关协助”。[①] 这一规定实际上为以后国民党反动派破坏、捣毁进步电影公司打开了方便之门。当年5月,国民政府又通过了《电影片制作公司及贸易公司登记暂行规则》,9月通过了《电影片预行登记办法》。后一种办法要求,不仅影片的名称、内容需提前登记接受检查,影片的导演、主要演员也要预行登记接受相关部门审查。只有通过了这些审查,电影才能进入下一步制作阶段。其中,影片内容即剧本是意识形态传播的最重要载体,国民政府对此格外重视,于1933年12月颁发了《电影剧本审查登记办法》,专门就剧本审查提出要求,设置了“初审”和“复审”两道关口。

国民党的层层审查为左翼文化人利用电影媒介进行革命宣传制造了相当大的障碍,正如阳翰笙所说,当时创作进步电影不容易,从开始搞剧本到最后放映需要过三重关口,一是“老板关”,因为资本掌握在老板手中;二是“导演关”,“这一关比较好过”,因为很多党外的导演其实是“我们的朋友”;三是“检查关”,“这一关最难过。”但是左翼电影人不怕困难,“逐渐地学会了如何通过这一关,既要有进步的、革命的、符合人民要求的思想内容,又要有相当高

① 中国电影艺术研究中心、广播电影电视部电影局党史资料征集工作领导小组编:《中国左翼电影运动》,中国电影出版社1993年版,第1096页。

的艺术水平的剧本；不能“左”，也不能右，这是艺术之外的斗争艺术。”①

由于左翼影片的屡禁不绝，国民党反动派使出了审查之外的手段。1933 年 11 月，国民党法西斯蓝衣社派人闯进了艺华公司，捣毁了办公家具、摄影场、制片机等设备，并张贴了一张署名为“铲共同志会”的布告，声称艺华公司是“赤色大本营”，威胁艺华公司焚毁宣传阶级斗争的影片。艺华公司虽然遭受了重大损失，但是引来社会各界的一致抗议，左翼电影的声名更加显赫了。此后，田汉等人虽然离开了艺华公司，但是他们继续在私下与艺华合作，为艺华公司提供进步剧本。正如夏衍所说，“1934 年后，我们采取了更加灵活和隐蔽的方式，用各种笔名或用导演兼任编剧的名义继续为影片公司提供剧本。”如此，中共党人和左翼人士不仅对艺华，也“仍对‘明星’和‘联华’的剧本创作起着主导作用”。② 1934 年以后，由于党组织受到破坏，夏衍、阿英等人不得不离电影公司，但是他们利用电影公司资本家之间争夺势力范围的尖锐矛盾，“团结、争取具有进步倾向的电影工作者，孤立、打击投靠国民党反动派的右翼势力”，创作了许多优秀进步影片。1934 年夏，成立了由中共党员司徒慧敏等实际掌控的电影公司——电通制片公司，左翼电影阵地更加坚如磐石了。

---

① 中国电影艺术研究中心、广播电影电视部电影局党史资料征集工作领导小组编：《中国左翼电影运动》，中国电影出版社 1993 年版，第 864 页。

② 中国电影艺术研究中心、广播电影电视部电影局党史资料征集工作领导小组编：《中国左翼电影运动》，中国电影出版社 1993 年版，第 12 页。

第四章 左翼文化运动与中共话语权建构的内容塑造

话语内容的塑造是话语权建构的基础性环节。只有将相对单一的原生话语放入多种渠道传输并进行多元化、多样性地解码、编码、阐释与界说，才能更广泛地吸引听众注意并获得他们的认可。左翼十年中，中共在话语权建构上不仅大大拓展了传播介体，更充分发挥了左翼人士的文化优长，生产和塑造了极为丰富多彩的话语资源库，使得中共的政治主张和革命理论以政治的、学理的、艺术的面貌呈现。立体化的话语布局使中共的言说更加亲切、生动和深刻，也使得中共在话语权建构上占有了更大的优势。

第一节 左翼文化人对中共话语的政治性宣张

正如马克思、恩格斯在共产党宣言中所说的“共产党人不屑于隐瞒自己的观点和意图”①，中共领导下的左翼文化团体和左翼文化人士也毫不隐瞒自己的政治主张。自左翼团体成立以来，他们利用多种场合公开发声，申明自己的立场，支持中共的决策，发表对中国社会及时局的观点，尖锐揭露批判国民党反动派及帝国主义的反动本质和丑恶嘴脸。

① 《马克思恩格斯文集》第2卷，人民出版社2009年版，第66页。

一、左翼人政治立场的明确表达

左翼人士始终密切关注中国时局的变化并积极发表自己的看法，他们对国际国内形势的分析和判断与中共的认识是相同相通的，是中共话语的另一种表达。这种表达主要以两种方式呈现：第一种是左翼文化团体的章程和行动纲领；第二种是左翼人士在重要节点发表的政治宣言。这两种话语通过左翼文化人士开辟的传播通道，在亿万民众中扩散。

左翼文化团体建立之时大都制定了纲领性的章程，以申明该组织的宗旨、立场与目的，宣示该团体的工作方向与奋斗目标。这些章程为加入左翼团体的盟员所认可和尊奉，是左翼盟员政治立场的鲜明表达。通过这些左翼章程，中共的革命主张和话语体系打破了国民党一党话语专制的社会语境。

左联成立时制定了行动的总纲领，即“站在无产阶级的解放斗争的战线上，攻破一切反动的保守的要素”，而他们斗争的武器就是“无产阶级艺术”。这份行动纲领对中共提出的以阶级革命推动社会革命的革命道路做出了高度评价和充分肯定，并主张以艺术的形式向无产阶级革命做出呼应。

随着左联成员的增加和左翼文学工作的进展，1930 年 8 月，左联执委会通过了《无产阶级文学运动新的情势及我们的任务》，作为左联下一步工作的总指导方针。该文对当时中国社会的基本情况进行了分析，为文学运动的推进提供必要的历史背景，而这种分析在该文中占有相当大的篇幅——六个部分中有三个部分专门分析中国社会现状，其余三个部分虽然着眼于文学，却也大量涉及时局分析。该文认为，中国所处的国际环境便是帝国主义国家正与新兴的社会主义国家进行殊死斗争，“帝国主义统治下的旧世界，因为内部矛盾日益发展，经济危机加深的深化，现在无处不是饥饿、杀戮、镣铐，无处没有斗争、愤懑、革命。”而作为“世界资本主义统治最弱的一环”和“主要帝国主义矛盾集中的地方”，“中国革命可以是全世界革命这个火山的最容易爆发的火口。”[①]而在一个

① 贾振勇编：《左翼十年——中国左翼文学文献史料辑》，人民出版社 2015 年版，第 9 页。

月前的1930年7月，中共在全国组织会议上通过的形势分析则指出，“因为帝国主义各种根本危机的剧烈发展，愈加造成中国无可挽救的经济政治危机，造成急性不断愈益扩大的全国军阀混战，使全国广大工农劳苦群众的生活，陷于饥饿死亡的痛苦境地。”“中国革命在这一国际形势之下，有首先爆发掀起全世界大革命和最后的阶级决战到来的可能。”①左联所制定的指导方针，几乎是重申了中共在同年7月份对目前政治形势做出的判断。

1931年11月，左联执委会又制定了《中国无产阶级革命文学的新任务》。在这份纲领里，左联对中共党内的发展变化进行了介绍，特别指出了李立三路线的错误以及中国共产党对此的“立即纠正”，细致描述了中共在江西苏维埃区域的斗争情况。左联对苏维埃革命斗争的描述热情洋溢，“江西苏维埃区域的革命工农红军发挥了空前的革命武力，打败了国民党三十万大军的三次围攻”“发展有一日千里之势。”②在这种革命斗争的现实基础上，左联明确提出了未来一段时间无产阶级革命文学的六项最重要任务：“1. 在文学的领域内，加紧反帝国主义的工作；加紧反对帝国主义战争特别是进攻苏联与瓜分中国的帝国主义战争的工作。2. 在文学的领域内，加紧反对豪绅地主资产阶级军阀国民党的政权；反对军阀混战，特别是进攻苏维埃红军的战争。3. 在文学的领域内，宣传苏维埃革命以及煽动与组织为苏维埃政权的一切斗争。4. 组织工农兵通信员运动，壁报运动，及其他的工人农民的文化组织；并由此促成无产阶级出身的作家与指导者之产生，扩大无产阶级革命文学在工农大众间的影响。5. 参加苏维埃政权下以及非苏维埃区域内一切劳苦大众的文化教育工作，帮助工农劳苦大众日常经济的政治的斗争之文字上的宣传与鼓动。6. 反对民族主义、法西斯主义、取消派，以及一切反革命的思想和文学；反对统治阶级文化上的恐怖手段与欺骗政策。”③也就是说，左联要求作家们抛弃自我加恋爱的狭小题材，去表现反帝国主义、反国民党统治、反法西斯主义和

① 《建党以来重要文献选编》第7册，中央文献出版社2011年版，第310页。

② 贾振勇编：《左翼十年——中国左翼文学文献史料辑》，人民出版社2015年版，第16页。

③ 贾振勇编：《左翼十年——中国左翼文学文献史料辑》，人民出版社2015年版，第18页。

取消派,宣传苏维埃革命、无产阶级革命、政治斗争等更为广阔的题材,同时要注重"实行作品和批评的大众化",以"容易为工农大众所接受为原则"。这些任务紧扣中共话语体系中的核心范畴,紧扣中共对革命目标、革命方向、斗争路线等的基本表达。因此,左联制定的"新任务"实际上是左翼人士对中共话语在文学领域内的阐释与实践。

社联、剧联、美联等左翼团体同样发表了与左联类似的纲领来阐明自己的时局主张与政治立场,如作为美联核心成员的时代美术社发表宣言说"我们的美术运动,绝不是美术上的流派的斗争,而是对压迫阶级的一种阶级意识的反攻,所以我们的艺术,更不得不是阶级斗争的一种武器了。阶级分化既是这样的明显,那么,在我们面前只有两条道路:一是新兴阶级的高塔,一是没落阶级的坟墓。诸君既是新时代的青年,决不愿意向没落阶级的坟墓前进吧?时代的青年应充当时代的前驱,时代的美术应该向着时代民众去宣传。"①"阶级压迫""阶级意识""阶级斗争""新兴阶级""没落阶级",美联在宣言中对这些阶级话语的反复强调,是对马克思主义阶级斗争理论和无产阶级必然胜利、资产阶级必然灭亡理论的运用和阐释。

剧联则在工作中制定了"最近行动纲领",指出在国统区开展戏剧运动的主要工作对象,即"都市无产阶级的群众""革命的小资产阶级的学生群众与小市民","白色区域内的广大的农村"。② 这些群体,正是中共确定的革命动力和需要争取的对象。

可以说,左翼团体发表的宣言和纲领明确昭示了其对中共的赞同和支持,这些宣言和纲领以盟约的形式代表了所有左翼盟员的话语选择,从外围层形成了对中共政治话语的呼应和共鸣。同时,在中共的发展历程中,一些人物、事件产生了极为重要的意义,中共为此设立了一些纪念日并举办相关纪念活动。在中共的这些充满了象征意义的时间节点上,左翼人士发表了一系列宣

① 乔丽华:《美联与左翼美术运动》,上海人民出版社 2016 年版,第 255 页。

② 文化部党史资料征集工作委员会编:《中国左翼戏剧家联盟史料集》,中国戏剧出版社 1991 年版,第 17 页。

言、声明以示庆祝或纪念,与中共在话语生产上同声共气、同频共振。

一百年多年前,美国芝加哥工人为了争取八小时工作制进行了大罢工,经过流血斗争,最终取得了胜利。为了铭记工人阶级为捍卫自身权利取得的艰难胜利,1889年恩格斯领导的第二国际将每年的五月一日确定为国际无产阶级劳动者共同的节日。中国共产党是中国无产阶级的先锋队,自成立后每年“五一节”都会举行大规模的庆祝纪念活动。例如,1924年中共中央发出通告,指出对“五一节”“须有相当的活动与宣传”“中国工人阶级正在严重的压迫之下”“同志们应在可能的范围之内,召集工人(以工人为限)讲演会,讲演‘五一’的历史及中国国民革命与集会结社之自由的关系。”①1925年中共中央发出《“五一”告中国工农阶级及平民》,指出“每年的‘五一’本是全世界工人阶级检阅战斗力的日子,可是这个日子,在中国应该扩大它的新意义。这个新意义就是‘五一’这一天,在中国不但是工人阶级检阅战斗力的日子,也是农民检阅战斗力的日子,并且是被压迫的学生、自由职业者、小商人等一切劳苦平民,对工人农民表示同情的日子”。② 1927年,中共在蒋介石公然叛变革命后,于5月1日发出《中国共产党第五次全国代表大会为“五一”节纪念告中国民众书》,指出“今年的五一正是中国革命急剧进展的时机,也正是帝国主义军阀及反动的大资产阶级四面围攻中国革命的时候”。③

1930年春左联成立后,于当年五月一日开展了大规模纪念活动,与中共的纪念活动相互应和,各左翼刊物纷纷开设纪念专栏,如《萌芽月刊》推出“为五月各节纪念号”,发表了李守常的《“五一”运动史》、莫灵的《一九三〇年的“五一”》等大量纪念性文章。漫画研究会推出五一画报。此外,左翼刊物在单兵作战的同时联合作战,由《拓荒者》《文艺讲座》《现代小说》《新文艺》《萌

① 《中共中央通告第十三号——关于“五一”“五四”“五五”“五七”之纪念与宣传》,《中国共产党宣传工作文献选编》,学习出版社1996年版,第568页。

② 《中共中央一九二五年“五一”高中国工农阶级及平民》,《中国共产党宣传工作文献选编》,学习出版社1996年版,第636页。

③ 《中国共产党第五次全国代表大会为“五一”节纪念告中国民众书》,《中国共产党宣传工作文献选编》,学习出版社1996年版,第793页。

芽月刊》《新思潮》《环球旬刊》《社会科学讲座》《巴尔底山》《南国月刊》《艺术月刊》《新妇女杂志》《大众文艺》十三种期刊联合发行并随刊赠送了一份专门的临时性刊物《五一特刊》。这份刊物共刊载七篇文章，都是为纪念"五一节"而撰写的，如列宁的《无产阶级的五月节》、彭康的《今年五一国际的意义》、冯乃超的《今年的五一》、陈涛的《由五一而想起四一二》等。内有批判梁实秋和王独清的文章，与"五一节"紧密联系，称他们是"五一纪念中两只'狗的跳舞'"。而这其中最具有分量的，当属左翼作家联盟发出的"五一"纪念宣言。该宣言回顾了"五一"的"血光"的历史，概述了世界无产阶级在这一天的"伟大历史斗争"，分析了中国革命斗争面临的形势，"中国快要崩溃的统战阶级因为失掉了广泛的乡村之统治能力，为延长其奄奄一息的残喘以对付革命潮流的高涨，不能不集中起白色恐怖的魔手到城市中来。听呵，四八北京路残杀革命工人刘义青事件过后，帝国主义国民党向革命群众说，——到马路上示威来的就是送死。"面对这样的白色恐怖，左翼人士毫无畏惧地指出，"街头是我们的战场，口号代替我们的欢呼，我们以斗争来纪念'五一'！"在这份宣言中，左翼人士再次申明支持无产阶级革命的政治立场："我们左翼作家联盟，不是什么艺术流派的结合，而是在当今'万国的无产阶级团结起来'要完成其历史使命的革命与战争的时期，两个势力针锋相对——两个敌对的营垒血战肉搏的时候，为参加伟大的革命斗争而结合的。对于转变为历史陈物的世界资本主义之反动势力，我们彻底的站在无产阶级解放旗帜下面，参加革命的斗争。"①

1931 年 11 月，中共在江西建立了政权机关——中华苏维埃临时中央政府。这是中国工农红军打破国民党三次围剿，使革命根据地不断发展壮大的胜利成果。此时，正逢十月革命胜利十四周年。左翼人士为此欢欣鼓舞，发表了《为苏联革命第十四周年纪念及中国苏维埃临时中央政府成立纪念宣言》。宣言赞颂了苏联革命的伟大功绩和中国工农红军的胜利，热切期盼"中国苏

① 陈瘦竹主编：《左翼文艺运动史料》，南京大学学报编辑部，1980 年版，第 31 页。

维埃革命的成功”。宣言还号召“一切的革命青年,学生,作家”“用我们的舌我们的笔,消灭统治阶级的文化期盼伎俩! 创造我们的工农大众文化!”①

1933 年五月,中国社会科学联盟发表《纪念“五卅”宣言》,充分肯定工人阶级及千万劳苦大众是“中国的民族解放运动”的“保证”,倡议“中国被压迫的劳苦民众,自动的英勇的铁一般的团结起来,开展民族革命战争”“建立大众自己的革命政权”“团结在马克思列宁主义文化旗帜下”。② 左翼人士发表在这些重要时间节点的宣言,是直接而鲜明的政治宣张,加强了中共话语的传播力和影响力。

二、左翼人对国民党及帝国主义的揭露与抗议

左翼团体对国民党反动派制造的文化高压和白色恐怖进行了深刻地揭露和顽强地抗争,向人民群众揭露了国民党为中国社会制造的混乱与黑暗,揭示了国民党逆社会潮流而动必将灭亡的历史命运。1930 年 8 月 26 日,中国社会科学家联盟、中国左翼作家联盟、中国左翼美术家联盟、中国左翼剧团联盟、斧镰社、社会科学研究社、问学社、文艺研究社、马达社、赤色书业职工会等团体召开联席会议发表了《上海革命文化团体反对帝国主义国民党摧残文化压迫思想屠杀革命民众宣言》。宣言指出国民党为维持其统治采用“血腥的屠杀之上加以文化压迫”,同时“更出其文化的欺骗政策”“造作荒谬的言论,企图摇惑青年”。左翼文化团体指出“不消灭整个的反动国民党以及一切反动势力,文化的发展,终无希望”,因此“号召广大的全国的青年群众冲破此白色恐怖的文化压迫!”“号召广大的劳苦群众加紧打倒反动的帝国主义国民党及其勾结的一切反动力量!”“建立我们的工农兵苏维埃政权!”③

1931 年,国民党杀害了李伟森、柔石、胡也频、冯铿、殷夫 5 位左联作家,4

---

① 《为苏联革命第十四周年纪念及中国苏维埃临时中央政府成立纪念宣言》,陈瘦竹主编:《左翼文艺运动史料》,南京大学学报编辑部 1980 年版,第 150 页。

② 史先民编:《中国社会科学家联盟资料选编》,中国展望出版社 1986 年版,第 42 页。

③ 史先民编:《中国社会科学家联盟资料选编》,中国展望出版社 1986 年版,第 63 页。

月左联发表《中国左翼作家联盟为国民党屠杀大批革命作家宣言》，号召人民起来反对敌人的白色恐怖，“因为国民党四年的统治，已使全中国装满饥饿者的队伍，使全国土地到处都是疮烂了，而‘进剿’所需的军饷是民众的血，所杀的是民众的头。”①1932 年，国民党逮捕了共产国际的秘密情报人员牛兰夫妇，共产国际和中共展开了艰苦营救，进步作家们随即发表《中国作家营救牛兰宣言》，痛斥国民党的法西斯行径，主张“为反抗帝国主义计，都不应将牛兰夫妇处死，致堕英法日帝国主义术中”。② 在各种社会舆论的压力之下，国民党被迫释放牛兰夫妇。1933 年 6 月，左联发表《中国左翼作家联盟为丁潘被捕反对国民党白色恐怖宣言》，这是最早向全国人民和全世界宣布丁玲、潘梓年被绑架和应修人被杀害的历史文献，它“请求中国及全世界的劳苦群众们，谛听我们对于国民党恐怖政权罪恶的诉说”。“要求立刻把丁玲、潘梓年及一切阶级斗争的罪犯们从牢狱中释放出来”，号召全世界工农群众及知识分子“参加我们反对国民党白色恐怖的群众运动”。③

九一八事变后，东三省沦为日本帝国主义的殖民地，国民党采取不抵抗政策退避三舍。左翼文化团体对此进行了强烈抗议。1931 年 9 月 28 日，中国左翼作家联盟发表《告国际无产阶级及劳动民众的文化组织书》，控诉日本军队对中国主权的践踏，揭露其他帝国主义国家采取观望态度妄图从中牟利的绥靖政策，痛斥国民党“正一手拿着吃人的三民主义的经典，一手拿着帝国主义御赐的枪炮，拼命地屠杀中国的工农，进攻中国的红军”。“宁可使中国瓜分，只要帝国主义来帮他们镇压革命的群众。”左联呼吁“把帝国主义进攻中国革命的战争，变做真正反帝国主义，反国民党的革命的民族战争！”④

1933 年 8 月 18 日，鲁迅、茅盾、田汉等发布“欢迎反战大会国际代表的宣

① 陈瘦竹主编：《左翼文艺运动史料》，南京大学学报编辑部 1980 年版，第 99 页。
② 陈瘦竹主编：《左翼文艺运动史料》，南京大学学报编辑部 1980 年版，第 201 页。
③ 陈瘦竹主编：《左翼文艺运动史料》，南京大学学报编辑部 1980 年版，第 213 页。
④ 陈瘦竹主编：《左翼文艺运动史料》，南京大学学报编辑部 1980 年版，第 133 页。

言”，指出“反战大会的国际代表”，是“代表着世界各国的劳动者来到中国”，“热忱地来帮助中国的解放”①的，表示“我们一定要赞助劳动民众的斗争，定要联合国际的劳动者、国际的光明的战士——反战大会的国际代表，坚决的进行我们的斗争!”②

1935 年 12 月，上海进步文化人士鉴于东三省沦陷后国民政府一再退让致使华北五省又面临危机，发表《上海文化界救国运动宣言》，告诫国民党“以土事敌，土不尽，敌不餍”，要求国民党“用全国的兵力、财力”③抵御外辱，号召全国人民团结抗日。上海文化界的三百多人在宣言上郑重签名。1936 年 7 月，第二份《上海文化界救国运动宣言》发布，要求“停止一切内战”“建立起民族统一战线。”④当月，鲁迅、茅盾等人发布《中国文艺工作者宣言》，指出“民族危亡到了最后的关头”“我们绝不屈服，绝不畏惧”。⑤ 10 月，鲁迅等二十一位作家、艺术家发布《文艺界同仁为团结御侮与言论自由宣言》，指出在民族危机日益加重的时刻，国民政府“至今尤未能顺应全国民众之要求从事实上表示团结御侮之决心”，揭露了国民党反动派假抗日、真内战的面目。

为了扩大宣言的传播和影响范围，左翼文化人采取了多种发布形式。有些宣言在刊物上公开发表，左翼期刊是这些宣言的首要发表阵地，如《左翼作家联盟纪念“五一”宣言》即在左翼刊物《五一特刊》上发布。左翼之外的其他商业性刊物也经常成为左翼人发布宣言的平台，如《上海文艺界电影界戏剧界音乐界等为意大利水兵暴行宣言》发表在《大公报》上，《上海戏剧团体反对罗克〈不怕死〉影片事件宣言》发表在《民国日报》上。有些宣言

① 中央档案馆、江苏省档案馆编:《江苏革命历史文件汇集》(1927 年 4 月—1936 年)，内部资料，1987 年版，第 479 页。

② 中央档案馆、江苏省档案馆编:《江苏革命历史文件汇集》(1927 年 4 月—1936 年)，内部资料，1987 年版，第 480 页。

③ 陈瘦竹主编:《左翼文艺运动史料》，南京大学学报编辑部 1980 年版，第 234 页。

④ 陈瘦竹主编:《左翼文艺运动史料》，南京大学学报编辑部 1980 年版，第 238 页。

⑤ 陈瘦竹主编:《左翼文艺运动史料》，南京大学学报编辑部 1980 年版，第 252 页。

则采用了传单的形式,如茅盾、鲁迅、田汉发表的《欢迎反战大会国际代表的宣言》,《马克思逝世五十周年纪念刊宣言》皆是印发成传单随机散发给市民群众的。

同时,左翼团体的宣言既有泛众化的一面,又有小众化、精确化的一面。有些宣言是面向全体民众发出的,其号召和呼吁的对象具有普遍性,如《中国左翼作家联盟为国民党屠杀大批革命作家宣言》《纪念五卅宣言》等。有些宣言则是专门针对进步作家和青年的呼吁,如《告无产阶级作家革命作家及一切爱好文艺的青年》指出,日本的侵略是对中国苏维埃革命的进攻,要求青年和作家们用文艺作为武器,反抗日本帝国主义和国民党反动派;如《时代美术社对全国青年美术家宣言》则振臂高呼"团结起来吧！青年美术家诸君！团结是我们的唯一出路!"[①]有些宣言是向着某一领域的代表性人士发出的,如《左联给复旦大学文学系诸教授的信》,是写给陈望道、洪深、叶绍钧、郑振铎、谢六逸、傅东华、冯沅君等知名教授的,信中阐释了左联成立的宗旨和目的即在"刻刻为无产阶级的解放而斗争"[②];《檄全国新闻记者》则向"全国执业于新闻界的同志们"发出,号召新闻记者的"春秋之笔"不是为了达官贵人做史录,不是为市井色情绘声绘情,而是"依于大众而工作,依于大众而生活"。[③] 还有些宣言特别指出是"致工、农、兵、学生及一切劳动群众们"的,如《马克思逝世五十周年纪念宣言》,号召"每一个马克思的拥护者,不独应该加紧马克思主义理论的研究,而且应该是一个马克思主义的行动家"。[④]

这些宣言义正词严极富鼓动性,及时揭露了反动派的罪行,有力宣传了无产阶级革命,形成了对中共话语的政治宣张。

---

① 乔丽华:《"美联"与左翼美术运动》,上海人民出版社 2016 年版,第 255 页。
② 张大明:《中国左翼文学编年史》,社会科学文献出版社 2013 年版,第 730 页。
③ 陈瘦竹主编:《左翼文艺运动史料》,南京大学学报编辑部 1980 年版,第 196 页。
④ 姚辛编著:《左联词典》,光明日报出版社 1994 年版,第 22 页。

表 2　左翼文化运动中左翼文化工作者发表的部分宣言

时间	名称	主要发起人	主旨	发布形式
1930 年 2 月	上海戏剧团体反对罗克《不怕死》影片事件宣言	南国社、艺术剧社、复旦剧社等	反对帝国主义借电影辱华	公开发表于《民国日报·戏剧周刊》
1930 年 5 月	左翼作家联盟“五一”纪念宣言	左联	高举无产阶级革命斗争的旗帜	公开发表于《五一特刊》
1930 年 5 月	左翼作家联盟反对查封艺术剧社宣言	左联	反抗当局对文化的摧残，要求言论自由	公开发表于《拓荒者》
1930 年 5 月	艺术剧社为反抗无理被抄封、逮捕告上海民众书	艺术剧社	反抗国民党的文化压迫	公开发表于《新思潮》
1930 年 5 月	上海戏剧运动联合会为艺术剧社被封事告国人	上海戏剧运动联合会	反抗国民党的文化压迫	公开发表于《新思潮》
1930 年 8 月	上海革命文化团体反对帝国主义国民党摧残文化压迫思想屠杀革命民众宣言	左联、社联、美联等左翼文化团体	反抗国民党的文化摧残	公开发表于《红旗日报》
1931 年 4 月	中国左翼作家联盟为国民党屠杀大批革命作家宣言	左联	反抗国民党暴行	公开发表于《前哨》“纪念战死者专号”
1930 年 9 月	左联致全国苏区代表大会祝词	左联	继续推进无产阶级革命	公开发表于《世界文化》
1931 年 9 月	告国际无产阶级及劳动民众的文化组织书	左联	反对日本帝国主义侵略中国	公开发表于《文学导报》
1931 年 11 月	为苏联革命第十四周（年）纪念及中国苏维埃临时中央政府成立纪念宣言	左联	庆祝十月革命及中国苏维埃政府的成立	公开发表于《文学导报》
1932 年 6 月	中国作家营救牛兰宣言	李达、陈望道、丁玲等	反对国民党处死牛兰	公开发表于《文艺新闻》
1932 年	上海文化界发告世界书	鲁迅、茅盾、邓初民、田汉等	反对日本帝国主义侵略中国	公开发表于《文艺新闻》

续表

时间	名称	主要发起人	主旨	发布形式
1933年3月	马克思逝世五十周年纪念刊宣言	左联	宣传马克思主义	传单
1933年5月	纪念五卅宣言	社联	宣传无产阶级革命	不详
1933年6月	中国左翼作家联盟为丁潘被捕反对国民党白色恐怖宣言	左联	反抗国民党的白色恐怖	公开发表于《中国论坛》
1933年8月	欢迎反战大会国际代表的宣言	鲁迅、茅盾、田汉等	联合民众、反抗侵略	传单
1935年12月	上海文化界救国运动宣言（第一次）	上海文化界救国会	反对日本侵略，抗议国民党的不抵抗	公开发表于《大众生活》
1936年1月	上海新闻记者为争取言论自由宣言	上海进步的新闻记者	反抗国民党的文化高压，要求言论自由	公开发表于《大众生活》
1936年1月	上海文化界救国运动宣言（第二次）	上海文化界救国会	反对日本侵略，要求建立抗日民族统一战线	公开发表于《大众生活》
1936年7月	中国文艺工作者宣言	鲁迅、茅盾、巴金、白曙、曹禺等	反抗侵略、求亡图存	公开发表于《现实文学》
1936年9月	中国文化界为争取演剧自由宣言	田汉、司徒慧敏、洪深等	要求文化运动的权利，反对各种势力的干涉和压迫	公开发表于《山东日报·戏剧周刊》
1936年10月	文艺界同仁为团结御侮与言论自由宣言	鲁迅、茅盾、巴金、洪深等	反对日本侵略	公开发表于《文学》
1937年2月	上海文艺界电影界戏剧界音乐界等为意大利水兵暴行宣言	夏衍、许幸之、赵丹、艾思奇等	反抗帝国主义	公开发表于《大公报·戏剧与电影》
1937年6月	上海电影戏剧界抗议公映《新地》宣言	进步戏剧、电影工作者	反抗帝国主义侵略中国，要求国民政府抵制侵略	公开发表于《新演剧》

三、左翼人在国际世界的发声

为了给中国左翼文化运动和无产阶级革命争取更广泛的支持，左翼人还利用各种途径向世界多国发出呼吁，争取他们给予中国人民及中国共产党舆论和道义上的支持。

左翼作家联盟在中国共产党领导下成立后不久，即向所有同情和支持社会主义革命的国家的"同志们"发出了一封信，阐明中国左翼团体所处的社会政治环境，阐明左翼团体对中国共产党领导的无产阶级革命的支持、认同和参与。信中明确表示，"中国被压迫的革命工人和农民群众，正在建立他们的政权——苏维埃。"①左联的"首要任务，就在于积极支持和直接参加群众为了争取自由而作的斗争"。② 同时，这封信也表达了中国左翼作家对获得世界各国无产阶级支持的迫切愿望，大声疾呼"我们号召所有国家的我们的同志们，尽一切的可能帮助我们——把中国的革命斗争充分地传播出去"。"并要求慷慨地支持工人和农民为了在中国建立一个新的共产主义社会所进行的斗争。"③这封信是左联向国外发出的第一份文献，全文用英文写成，发表在 1931 年 1 月的美国刊物《新群众》上。这封信让国外的人们知晓了中国革命的情况，认识了中国共产党领导工农群众为了自由所进行的艰苦斗争，把中国苏维埃的名字传到了西方世界。

1931 年 2 月，国民党反动派杀害了 23 名进步青年，其中包括胡也频等 5 位左翼作家。国民党的残暴行为引起了鲁迅等左翼作家的极大愤慨，他们一方面在国内发布宣言、声明进行谴责和抗议；另一方面也向国外发出了要求国民党停止暴行的呼吁书。呼吁书用英文、日文、俄文三种文字同时翻译。英文由鲁迅和史沫特莱商量后，具体由史沫特莱和茅盾执笔完成，载于同年 6 月美国进步刊物《新群众》上，标题是"A Letter to the World? An appeal from the

---

① 陈瘦竹主编：《左翼文艺运动史料》，南京大学学报编辑部 1980 年版，第 265 页。

② 陈瘦竹主编：《左翼文艺运动史料》，南京大学学报编辑部 1980 年版，第 266 页。

③ 陈瘦竹主编：《左翼文艺运动史料》，南京大学学报编辑部 1980 年版，第 267 页。

writers of china"。日文由日本左翼记者尾崎实秀（又名白川次郎）译述，并载于同年10月由尾崎实秀翻译出版的鲁迅著作《阿Q正传》前言中。该前言由尾崎实秀以《谈中国左翼文艺战线的现状》为题撰写，对左联五位作家被迫害事件和国民党暴行进行了详细报道和强烈谴责。同时，中国左翼作家联盟也就此事件用俄文向无产阶级文坛巨擘高尔基发出了呼吁，请求高尔基将这一事件传递到世界无产阶级革命阵营中，"以国际的规模散发出去"①，将国民党独裁专政、白色恐怖、帝国主义工具的真实面目揭露，以给予中国革命有力的声援。

左联的呼吁书得到了世界各国人士的积极回应，许多著名进步作家发表了对于国民党白色恐怖和帝国主义干涉中国的抗议书，如德国革命作家路特威锡·棱发表抗议说"我以德国无产阶级革命作家联盟之名，反对刽子手蒋介石的白色恐怖"。"然而虽有这些恐怖，中国的农民群众在中国工人的领导之下，却仍要夺取政权，因为这是人类的进步之路。"②美国无产阶级作家密凯尔·果尔德指出"这种惨无天日的丑恶的行为，不会长久无惩罚地下去的……中国已从数十世纪的长梦中醒过来了，而且已踏上了政治进步与希望的初阶"。③ 奥国革命诗人翰斯·迈伊尔，英国矿工作家哈罗·海斯洛浦、日本无产阶级作家永田宽等也发出了抗议声明。同时，无产阶级革命作家国际协会主席团则以国际组织的名义发出了抗议信，要求"集中全力"来"反对严重的虐杀和白色恐怖的斗争"。④

九一八事变后，抗日救国成为爱国进步人士的一致呼声。1932年2月，茅盾、鲁迅、丁玲等左翼文化人领衔发布《上海文化界发告世界书》，向全世界人民揭露日本帝国主义的滔天罪行，号召各国的无产阶级和革命作家共同"打倒日本帝国主义、国际帝国主义""保护中国革命。"⑤1935年，中国左翼作家联盟向美国作家代表大会发出贺信，贺信向美国作家介绍了中国左翼作家

---

① 陈瘦竹主编：《左翼文艺运动史料》，南京大学学报编辑部1980年版，第105页。
② 陈瘦竹主编：《左翼文艺运动史料》，南京大学学报编辑部1980年版，第118页。
③ 陈瘦竹主编：《左翼文艺运动史料》，南京大学学报编辑部1980年版，第119页。
④ 陈瘦竹主编：《左翼文艺运动史料》，南京大学学报编辑部1980年版，第112页。
⑤ 陈瘦竹主编：《左翼文艺运动史料》，南京大学学报编辑部1980年版，第172页。

的生活和工作情况，揭露了国民党政府的黑暗统治，叙述中国革命文学遭到的迫害与摧残，遣责了图书杂志审查委员会的言论禁锢行为。信中“恳求美国作家代表大会对中国作家所遭受的非人的待遇予以特别的注意”“恳求你们特别发动一个广泛的运动来揭露法西斯在中国的暴行。”①

除了这些直接的宣言、信件，左翼人还利用海外分盟发表声明号召动员海外侨胞。1932 年，左联东京支部发表《为八一国际反战示威运动及上海革命民众反帝反战大会宣言》，揭露“上海停战会议”的反动本质，支持即将在上海召开的反帝反战群众示威大会，号召侨居日本的中国工人、店员、学生及各进步文化团体支持上海人民的反帝爱国行动。左翼人也利用出国办展的机会发表声明，扩大话语影响力。1934 年 3 月，中国左翼美术家联盟在法国巴黎的比叶—皮埃尔 · 沃尔姆美术馆办了“革命的中国之新艺术”展览会。展览会上左翼人郑重宣布，本次展览的目的是为无产阶级而战，因为“中国的艺术已经从为形式而斗争过渡到为意识而斗争。像所有其他的文化团体一样，中国的青年艺术家将他们的艺术——绘画、木刻，等等——改造成为阶级斗争的一种武器。他们组织起来建设无产阶级的文化”。“他们从事理论上的战役，目标在于摧毁资本主义的文化艺术，建设以唯物辩证法为基础的美学。”“表达中国无产阶级的革命情感。”②

从东方到西方，从社会主义国家到资本主义国家，左翼人的声音响起在世界各国的舆论场里，使更多的民众、团体和政党了解中国革命的实际情况，了解国民党的反动面貌和中共代表的进步趋势，为中国无产阶级和中国共产党争取了更多舆论支持，也为中共话语权的建构增加了积极的国际元素。

第二节　左翼文化人对中共话语的学理性阐释

马克思主义是中国共产党的指导思想，更是中共话语的核心资源。正如

---

① 陈瘦竹主编：《左翼文艺运动史料》，南京大学学报编辑部 1980 年版，第 274 页。

② 乔丽华：《“美联”与左翼美术运动》，上海人民出版社 2016 年版，第 264 页。

毛泽东指出的“共产党不靠吓人吃饭，而是靠马克思列宁主义的真理吃饭。”①因此，在中国社会语境中，对马克思主义的宣传介绍，即对中共的理解、支持和认同，即为中共话语权的建构增添助力。

正因为是理论来源，是孕育成长的思想襁褓，中共自建立以来一直强调对马克思主义的学习宣传。不过在20世纪20年代，中共（主要是直接承担此项职责的宣传部门）对马克思主义的宣传介绍更突出其实战性、目的性，怀有一种拿过来就可以立竿见影，直接指导中国革命实践的迫切愿望。但是囿于党内理论人才的匮乏，这种工作常常力不从心，取得的成效是有限的。正如中共在中央局报告中所言，作为中共中央机关的理论刊物，也就是宣传研究马克思主义理论的最高平台，《新青年》已由月刊改为季刊，但仍“因人力不足”，“应出三期，只出二期”。② 中央尚且如此，中共的地方机构在对马克思主义的宣传介绍上就更加力有不逮了。中共时常感觉到的这种“理论水平线太低”，不是因为党内没有理论家，而是党内的理论家们都投身于严酷的革命斗争一线，无暇也没有条件去从容地进行理论研究和阐述。

左翼文化运动的兴起改变了这种局面。大量知识分子的加盟，使得对马克思主义的研究和介绍向系统性、广泛性、深入性迈进。由于左翼知识分子知识背景的多样化，他们对马克思主义的阐释和观照也从不同视角展开。有人从哲学、经济学角度研究马克思主义，有人从史学、社会学、政治学角度研究，还有人从文艺美学的角度进行解读，他们把丰富的马克思主义理论宝库分门别类，分条缕析，因专而精，又因精而触类旁通，从而将马克思主义的理论逻辑说得更深更透，使马克思主义对人类社会发展规律的科学把握，对社会科学各领域的深刻洞见，为解决实践问题而提供的世界观和方法论，更明晰也更深刻地彰显出来。正如马克思所言，“理论只要说服人，就能掌握群众，而理论只要彻底，就能说服人。”③左翼知识分子对马克思主义的研究和阐释、宣传和介

① 《毛泽东选集》第三卷，人民出版社1991年版，第835页。

② 《中央局报告》，《中国共产党宣传工作文献选编》，学习出版社1996年版，第580页。

③ 《马克思恩格斯文集》第1卷，人民出版社2009年版，第11页。

绍，做到了这一点，因此，使得30年代的马克思主义更多地掌握了群众，中共的话语更有力地征服了群众。

一、哲学领域对马克思主义的阐发和宣传

左翼知识分子们在哲学领域对马克思主义的研究和宣传首先是从翻译马克思主义的经典哲学著作开始的。1930年，社联创始人之一的吴亮平在上海翻译出版了恩格斯的《反杜林论》。在这本书的"译者序言"中，吴亮平说"这书是科学社会主义的三大基本文献之一，现时在全世界上几无国不有此书的译文了"。① 因此他克服重重困难，在上海的一间小小亭子间里苦耕不辍，"首次把这部不朽巨著介绍给中国人民。"②此书在上海出版后，受到广大读者的热烈欢迎，后又在北平出版，并行销全国。在江西苏区，毛泽东也读到了这本《反杜林论》并甚为喜爱。吴亮平到苏区后，毛泽东曾多次与吴亮平一起探讨这本书中的理论问题。1939年，在毛泽东同志的提议下，吴亮平又将《反杜林论》进行了修改完善，由延安解放社重新出版发行。对于吴亮平的翻译工作，毛泽东曾经高度评价说"其功劳不下于大禹治水"。③ 此外，吴亮平还根据苏联的唯物史观教科书选编翻译了《辩证法唯物论与唯物史观》，阐明马克思主义的哲学原理。其他左翼知识分子也大量翻译出版经典著作，如杜国庠翻译了普列汉诺夫的《史的一元论》、德波林的《唯物辨证论的入门》和日本学者佐野学的《旧唯物论底克服》；彭康翻译了恩格斯的《费尔巴哈论》和《新社会之哲学的基础》。其中，《费尔巴哈论》是30年代中文译本中最好的版本，自1929年出版至1935年先后再版了三次，可见其在读者中的受欢迎程度。

---

① 恩格斯：《反杜林论》，吴亮平译，江南书店1930年版，第2页。

② 史先民编：《中国社会科学家联盟资料选编》，中国展望出版社1986年版，第148页。

③ 史先民编：《中国社会科学家联盟资料选编》，中国展望出版社1986年版，第148页。

表3　左翼文化工作者翻译出版的部分马克思主义哲学著作

书名	著者	译者	出版时间
《费尔巴哈》	恩格斯	彭嘉生	1929年
《哲学之贫困》	马克思	杜竹君	1929年
《反杜林论》	恩格斯	吴黎平	1930年
《辩证法唯物论与唯物史观》	芬格尔特、薛尔文特	吴黎平	1930年
《资本论》(部分)	马克思	陈启修	1930年
《辩证法经典》	河上肇编著	程始仁	1930年
《伊里奇底辩证法》	德波林	任白戈	1930年
《费尔巴哈与德国古典哲学的终结》	恩格斯	向省吾	1930年
《马克思恩格斯关于唯物论的片段》	马克思、恩格斯	向省吾	1930年
《唯物论与经验批判论》	列宁	朱铁笙、笛秋	1930年
《费尔巴哈论》	恩格斯	杨东莼、宁敦武	1932年
《机械论批判》	史托利雅诺夫	任白戈	1932年
《哲学之贫乏》	马克思	许德珩	1932年
《资本论》(部分)	马克思	潘东周	1933年
《唯物论与经验批判论》	列宁	傅子东	1934年
《哲学选辑》	希罗科夫、米丁等	艾思奇	1936年
《费尔巴哈论》	恩格斯	张仲实	1937年

在翻译经典的同时，左翼知识分子也纷纷著书立说，他们根据中国社会的实际情况，以自己的理解分析和阐释马克思主义的逻辑内涵，用中国人的思维方式和语言表达来阐释和运用马克思主义的哲学原理。例如，左联成员张如心撰写了《无产阶级的哲学》《苏俄哲学潮流概论》《辩证法学说概论》《马克思主义底哲学基础》《哲学概论》等著作。在《辩证法学说概论》的序言中，张如心列举了彼时已有的关于辩证法的译著，并指出“这些译本虽然能给读者不少的帮助，然而辩证法的整个内容，他的历史根源、他的具体运用……这些问题，读者仍旧不会有明显的认识。因为这些译本大多数只偏于局部的片面的叙述，自己如果没有一般的常识，当然无从了解的。为减除这种困难起见，

作者特完成这本'概论',以贡献一般有志的青年"。[①] 这本书采用历史叙述的方法,对西方世界各个历史时期代表性的辩证法思想进行了叙述和介绍,进而向读者介绍了马克思主义的辩证法产生的逻辑和历史基础,为读者勾画了辩证法的整个历史面貌,使读者更易晓畅地掌握辩证法。

左翼文化运动中,知识分子们响应中共提出的依靠群众、面向群众的号召,推动马克思主义哲学话语的大众化、普及化。社联成立后,即将马克思主义理论的"普及于一般"作为自己的工作原则之一,计划出版面向普通群众的哲学读物,第一种是介绍苏维埃政权的小册子,共八本,在八个月内陆续完成出版;第二种是工农小丛书,共计 40 分册,涉及政治、经济、社会等各个方面,要求在 1930 年内全部编好。社联强调,这些普及读物,是"当前最需要最急切的读物"。1934 年以后,社会科学"面向大众"活动开展得更为丰富,一些知名的社科工作者如艾思奇、陈唯实、沈志远、胡绳等人均投入了大量时间和精力,使这些活动取得了显著成果。这其中艾思奇的工作功不可没。

艾思奇是在左翼文化运动中成长起来的知识青年。1934 年,艾思奇在社联组织的安排下进入《申报》工作。当年,国民党反动派杀害了《申报》的进步经理人史量才,为此《申报》创办了"量才业余学校"以志纪念。艾思奇在该校担任哲学教员。教学之中,他根据学生需要,撰写了通俗易懂、深入浅出的讲稿,后汇集成册,这便是后来成为现象级普及读物的《大众哲学》。该书在绪论中以"哲学并不神秘"为题,交代了"哲学与日常生活的关系",从而揭示了"哲学的真面目",后面用三章内容分别介绍了"观念论、二元论和唯物论""新唯物论的认识论""唯物辩证法的诸法则"。在讲述这些深邃的哲理时,艾思奇使用了生动活泼的语言形式,打比方、举例子,将大道理说得通俗易懂,如在介绍"唯物辩证法的诸法则"时,艾思奇用"不是变戏法"为题讲述"矛盾的统一律",用"追论雷峰塔的倒掉"的方式阐释"质量互变律"。可以说,《大众哲学》是当时马克思主义哲学中最通俗、最明白的教科学、入门书,是引导初识

① 张如心:《辩证法学说概论》,江南书店 1930 年版,第 2 页。

马克思主义者进入哲学殿堂的启蒙书。该书一出版就受到了群众的喜爱，从而不断再版。从1935年年底出版至1938年的短短两年时间里，先后出版十次之多，而到1948年，总计出了32版。许多读者受到这本书的鼓舞，扬起奋斗的风帆，选择了正确的人生道路，开创了人生的精彩航程。他们将这本书称为"救命之书"。

陈唯实是另一位将马克思主义哲学推向大众的干将，他先后撰写了《新兴社会科学讲话》《通俗辩证法讲话》《通俗唯物论讲话》《新哲学体系讲话》《新哲学世界观》等通俗读物，这些书的显著特点即"理论通俗化""内容具体化""注意应用法"①，使读者一看即懂并能与日常生活联系起来。此外还有沈志远编著的《现代哲学基本问题》《通俗哲学讲话》《妇女社会科学常识读本》等，胡绳的十几篇"哲学漫谈"，《新哲学的人生观》，徐懋庸的《社会主义讲话》等，皆是哲学面向普通群众的代表作品。这些作品将马克思主义的逻辑、理论、范畴、命题等与人民群众的日常生活、社会实际联系起来，使文化素养并不高的劳苦大众与哲学的距离不再遥远。因此，上述著作都深受群众欢迎，如陈唯实的《通俗辩证法讲话》"在短短四个月内，就印行了三版，销售六千余册，并接着印行了第四版。对此印行盛况，国民党书报审查机关十分着慌立即勒令禁止发行，但北平却又在偷偷地翻印发行，销路也很好。"②这些著作摆事实、讲道理，彰显了马克思主义的科学性、真理性，从而使广大读者群众认识到了马克思主义指导下的中国共产党所代表的历史进步方向，认清了国民党的反动性和落后性。

表4　左翼文化工作者撰写出版的部分马克思主义哲学著作

书名	作者	出版时间
《辩证法学说概论》	张如心	1930年
《苏俄哲学潮流概论》	张如心	1930年

① 徐素华编著：《中国社会科学家联盟史》，中国卓越出版公司1990年版，第112页。
② 徐素华编著：《中国社会科学家联盟史》，中国卓越出版公司1990年版，第112页。

续表

书名	作者	出版时间
《无产阶级的哲学》	张如心	1930 年
《唯物辩证法入门》	朱明	1930 年
《辩证法研究》	郭湛波	1930 年
《哲学概论》	张如心	1932 年
《马克思主义世界观——唯物辩证法》	卢顺昂	1932 年
《史的唯物论之伦理哲学》	刘剑横	1932 年
《通俗辩证法讲话》	陈唯实	1936 年
《通俗唯物论讲话》	陈唯实	1936 年
《大众哲学》	艾思奇	1936 年
《思想方法论》	艾思奇	1936 年
《现代哲学基本问题》	沈志远	1936 年
《近代哲学批判》	沈志远	1936 年
《近代辩证法史》	沈志远	具体时间不详
《新哲学体系讲话》	陈唯实	1937 年
《新哲学世界观》	陈唯实	1937 年
《新兴社会科学讲话》	陈唯实	1937 年
《通俗哲学讲话》	沈志远	1937 年
《民族解放与哲学》	艾思奇	1937 年
《新哲学的人生观》	胡绳	1937 年
《社会学大纲》	李达	1937 年

二、政治学、经济学领域对马克思主义的研究和宣传

政治问题、经济问题与社会生活紧密相关，马克思主义理论对这些问题有着系统而鸿富的阐释。左翼文化运动中，知识分子们在政治学和经济学领域进行了深入研究，推动了对马克思主义的研究和宣传。

在政治学领域，左翼知识分子翻译引进了一些经典著作，如杨贤江 1929 年翻译出版了恩格斯的名著《家庭、私有制和国家的起源》，吴黎平 1935 年翻

译了马克思的《法兰西内战》,社联成员杜国庠1929年以吴念慈的笔名,翻译出版了亚克色利罗德的《社会学底批判》。同时,左翼知识分子用马克思主义的世界观和方法论研究政治问题,著书立说,对社会革命和无产阶级斗争进行理论论证,为中共的路线、纲领提供学理支持。这方面的代表性作家作品有:邓初民1929年出版的《国家论之基础知识》和《政治科学大纲》,1932年撰写的《政治学》;李达1929年撰写的《民族问题》和1937年撰写的《社会学大纲》(这两部著作虽然在名称上与政治无涉,但书中对"国家"这一政治学的核心范畴进行了详细阐述,是当之无愧的政治学巨著);秦明1929年撰写的《政治学概论》;陈启修1929年出版的《新政治学》;高振青1931年出版的著作《新政治学大纲》;傅宇芳1932年撰写的著作《马克思主义政治学教程》;来逸民1935年出版的《政党组织之理想与实际》;吕振羽1937年付印出版的《中国政治思想史》,等等。这些作品阐发马克思主义的国家观、阶级观、政党观、革命观,从而阐释了中共政治话语的理论内涵。而且这些学术著作虽然是对宏大社会问题的观照,但相当一部分说理透彻明晰,语言通俗易懂,可读性很强,在马克思主义学术思想的大众化、中国化上起到了推动作用。

例如邓初民的几部学术著作,构建起了中国化的马克思主义政治学基础。邓初民是社联主席,早年留学日本时就大量阅读马克思主义经典著作,回国后在从事高校教育的工作中,他以马克思主义为指导思想建立了自己的学术思想体系,并自觉地用学术讲政治。在《国家论之基础知识》这部著作中,邓初民阐释了有关国家的几个基本问题,首先,国家具有阶级本质,国家是阶级社会的产物,它随着阶级的发展而发展;其次,国家作为上层建筑的一部分,具有相对独立性,而国家内部革命的阶级和反对革命的阶级在对待国家问题上具有不同的态度,"反对革命的阶级,即以保持现存秩序为有利的阶级,往往能利用国家政权阻止革命,保持现存秩序以永续自己的支配权。反之革命的阶级的根本任务,也就是在破坏现存秩序而建立自己的新秩序,即破坏支配者的国家机关而建立自己的新国家机关。总而言之,就是在夺取政权。革命的阶级,一旦夺取了政权以后,国家在革命阶级的手里,也就要发生很大的作用。"①邓初民运用马克思主义唯物史观研究国家问题,不仅指出国家的阶级属性,而且强调国家在不同阶级手中会发生不同的作用,为无产阶级从资产阶级手中夺取国家政权提供了学理支持。在《政治科学大纲》中,邓初民则运用生产力和生产关系、经济基础和上层建筑这些马克思主义理论中的基础范畴研究国家政治问题,提高了对国家权力的理论分析力度。而在《政治学》中,邓初民在对国家职能分析的基础上,进而对无产阶级专政国家的职能进行了深入分析,并提出了无产阶级专政的基本任务,即"第一,压倒国内资产阶级分子的任何反抗,抵抗国外资产阶级的一切进攻。第二,与非无产阶级劳动群众结成联盟,领导他们,改造他们,来为社会主义奋斗;同时,在争斗中改造无产者本身。第三,建立社会主义经济,以实现一种比资产阶级更高的社会劳动组织,渐进于无产阶级的社会"。② 邓初民不仅论证了无产阶级夺取政权的必要性、必然性和历史进步性,更论证了无产阶级建立国家后的经济建设职能,这对 30 年代前期尚处于革命低潮的无产阶级来说无异于远方的明灯,对于遭受大革命失败重创的中国共产党也是有力的支持。

又如,李达的相关著作。李达长时期致力于在学术领域研究传播马克思主义,为中共提供思想资源和话语支持。在《社会学大纲》中,李达运用马克思主义的唯物史观阐释了国家的起源、发展,国家的本质、职能等重要问题,对资产阶级的国家观进行了理论批评,并在经济基础与上层建筑的理论框架内阐释了国家与社会之间的关系,为马克思主义的阐发、运用和宣传作出了积极贡献。

经济学领域,左翼知识分子也开展了马克思主义话语的学理构建。马克思最重要的经济学著作,也是批判资本主义制度的有力理论武器《资本论》,正是在左翼文化运动中被翻译引入中国的。1930 年,陈启修翻译的《资本论》第一卷的第一分册,是《资本论》最早的中文译本。1932 年、1933 年,潘冬舟

---

① 邓初民:《国家论之基础知识》,新生命书局 1929 年版,第 58 页。

② 田原(邓初民):《政治学》,新时代出版社 1932 年版,第 473 页。

接着翻译了《资本论》第一卷的剩余两个分册，使得《资本论》第一卷有了完整的中文译本。1932 年和 1936 年，王思华与侯外庐合作再次翻译出版了《资本论》第一卷，1934 年吴半农和千家驹译校了第一卷的部分章节。马克思的另一些经济学著作如《政治经济学批判》于 1931 年由郭沫若翻译成中文出版。列宁研究资本主义的著作如《资本主义最后阶段：帝国主义论》《俄国资本主义的发展》分别于 1929 年、1930 年译成中文出版。除了这些经典作家的著作，一些其他马克思主义经济学家的著作也被翻译成中文，成为研究、了解马克思主义经济理论的拓展性读本。例如，1930 年，李达翻译了日本马克思主义者河上肇的《马克思主义经济学基础理论》；1932 年李达、熊得山合作翻译了苏联经济学家拉比托斯等的《政治经济学教程》；1933 年，李达、朱镜我分别翻译了苏联作家米哈列夫斯基的《经济学入门》。这些译著对货币、借贷、证券交易、殖民地等问题进行了马克思主义政治经济学视野下的阐释，有助于读者更具体地了解马克思主义经济学原理。

在翻译介绍的同时，左翼知识分子也开始独立运用马克思主义基本原理分析中国经济社会发展实践。1929 年，李达撰写了《中国产业革命概观》，该书前几章分别论述中国的农业、手工业、近代企业的发展情况，最后一章则集中论述中国产业的发展路径，首当其冲就是要“打破国际帝国主义的侵略”。①这一结论实质论证了中共提出的“反帝”任务。沈志远 1934 年出版的《新经济学大纲》则着重研究了中国农村的经济问题，运用唯物史观分析了中国农业生产中的封建因素，为中共提出的中国的半封建社会性质提供了有力支持。与此同时，一批左翼知识分子如王学文、孙冶方、薛暮桥、陈启修等也纷纷撰写文章或著作，传播马克思主义的经济学观点。他们的工作不仅推动了马克思主义经济理论的中国化、大众化，更为中共阐释中国社会的性质、中国革命的对象以及革命任务提供了理论资源和话语支持。

① 李达：《中国产业革命概观》，昆仑书店 1929 年版，第 1 页。

三、历史学、文艺学领域对马克思主义的阐发和宣传

一些左翼知识分子在历史和文艺学领域进行了马克思主义理论研究，他们运用中国历史的具体史料和中国文学的客观实践，印证了马克思主义理论的科学性和真理性，证明了马克思主义指导社会科学研究的方法论意义。也正是在对中国历史和中国文学的研究中，马克思主义话语被深深嵌入各种学术著作的理论之中，随着这些著作的广泛流传而得到深远传播。左翼知识分子们所做的这些工作，不仅为当时马克思主义话语权的建构作出了积极贡献，也为此后近百年的马克思主义学术体系建构奠定了坚实的基础。

中华文明源远流长。对中国几千年历史的研究、阐释、关注、回顾向来是中国知识分子和普通民众极为重视、极感兴趣的事情，更是统治阶级获取统治合法性、维护自身地位的思想文化武器。因此，对中国历史的叙说，不仅构成了中国思想学术史中的重要门类，更在民间被多方关注。左翼文化运动期间，一批历史学家创造性地将马克思主义基本原理引入历史研究的领域，用唯物史观和马克思对人类社会阶段的划分范畴重新分析中国古代历史，从而开创了中国史学的新篇章——马克思主义史学。这其中的代表性历史学家有郭沫若、吕振羽、何干之、华岗、李鼎声等。

郭沫若和吕振羽的研究成果主要集中在对中国古代历史，尤其是周代以前的历史的研究上，其代表作分别是《中国古代社会研究》（郭沫若，1930年出版）、《史前期中国社会研究》（吕振羽，1934年出版）和《殷周时代的中国社会》（吕振羽，1936年出版）。郭沫若留学日本期间接受了马克思主义思想，而吕振羽则是受教于李达门下掌握了马克思主义原理。在研究古代历史的过程中，他们继承考证学传统，充分采用《易经》《尚书》《诗经》等古籍中有文字记载的材料，和地下挖掘出土的甲骨卜辞、青铜器铭文等实物材料，对古代社会的经济社会状况进行复原。同时，他们又不约而同地将马克思主义的唯物史观作为方法论，运用生产力和生产关系的基本范畴去分析中国史前社会和夏商周三代的社会性质。他们通过对耕种、牧渔、婚嫁、祭祀、战事等社会物质生产活动的考察，归纳

社会的经济基础和对应的伦理关系、政治关系、法律意识形态等。在大量史料支持的基础上，郭沫若首次提出中国存在奴隶社会的论断，而吕振羽则首次得出殷代即处于奴隶社会而东周逐渐进入封建社会的论断。这些研究成果不仅在中国历史的研究领域史无前例，更将马克思主义的唯物史观融化进学术之中。

何干之、华岗、李鼎声等学家则专长于中国近代史的研究。何干之是上海社联成员，左翼文化总同盟广州分盟的筹建人之一，马克思主义理论素养深厚。1937 年，他出版了《中国社会性质问题论战》和《中国社会史问题论战》，对二三十年代中国思想文化领域的重要学术问题论争进行了全面的梳理，做出了概括性、总结性的评论。在这两部著作中，何干之站在马克思主义的研究视角，态度鲜明地肯定了马克思主义者的立场和论断，指出了非马克思主义者的理论缺陷，并就如何更好地用马克思主义指导学术研究提出了自己的见解。其中《中国社会性质问题论战》一书尤受读者欢迎，至 1940 年的短短三年中，先后再版十余次之多。由于其对马克思主义的申张产生了广泛的社会影响，1941 年国民政府将其查禁。除了学术史的著作，何干之还擅长近代中国思想史的研究，1937 年他出版了《近代中国启蒙运动史》，指出五四以后的思想启蒙与五四之前的思想启蒙有本质的差别，后者是官僚的、上层的，而前者是民众的、下层的。正是下层民众的思想启蒙催生了中国共产党的诞生。通过这些学术梳理，何干之论述了中共诞生的群众基础和历史必然性。

华岗 1931 年出版了《中国大革命史》，这是作者在大革命失败后克服重重困难搜集史料撰写的革命史，是中国首部以 1925 年至 1927 年的大革命为研究对象的学术著作。它详细论述了中国大革命的性质、造因、预演、经过，大革命中的社会各阶级，专辟一章论述了"大革命中的中国共产党"。这一章里，华岗对共产党与国民党的关系，共产党对于革命的认识，共产党与工人运动和土地革命，共产党与共产国际的关系，以及共产党内部的路线斗争进行了客观如实的叙述和分析。在大量史料论证的基础上，华岗得出了"共产党是中国革命的唯一领袖"①的

① 华岗：《中国大革命史》，文史资料出版社 1982 年版，第 264 页。

结论。

李鼎声 1933 年出版的《中国近代史》，是“20 世纪中国最早运用唯物史观撰写的一部完整的中国近代通史著作”①，蔡元培先生为其题写了书名。这部书从鸦片战争开始，一直论述到九一八事变。对这近百年的民族史，作者运用马克思主义阶级分析方法，指出中国近代史就是一部帝国主义侵略史，从而强调了中共“反帝反封建”的历史必然性。

中国也是一个文学艺术源远流长的国度，在数千年对文学艺术的审视中，逐渐形成了有关文学艺术的理性思考，包括对文学本质、文学现象、文学创作、文学批评以及与文学密切相关的作者、文本、读者、社会等要素关系的透视、研究等。左翼文化运动中，文艺家们在建设中国文艺理论的过程中采用了马克思主义的世界观和方法论，从而展开了在文艺理论领域对马克思主义话语的诠释和阐发。这种诠释和阐发并不起始于左翼文化运动，如李大钊和陈独秀已经初步采用了马克思主义文艺观，而邓中夏、恽代英、萧楚女等早期共产党员则直接提出了无产阶级革命文学的号召。不过直到左翼文化运动潮起之后，在文学理论领域对马克思主义的运用和阐发才真正走向深入。

左联成立后，即建立了“马克思主义理论研究委员会”专门研究和传播马克思主义文艺理论。在左翼团体的推动下，20 世纪 30 年代以来，马克思主义文艺理论的一些经典篇章被翻译成中文引入中国。例如，陆侃如 1933 年翻译了恩格斯的《致哈克奈斯女士书》(即后来的《致哈克奈斯》)，同年，鲁迅节译了恩格斯给考茨基的信中关于文艺使命的部分，1934 年胡风将全信翻译成中文。1935 年易卓翻译了马克思和恩格斯就剧本《济金根》写给拉萨尔的评论信件。1936 年，郭沫若翻译了马克思对欧仁·苏的小说《巴黎的秘密》的评论信件。同时，左翼人士积极推进马克思主义文艺论著和译著的出版，如陈望道主编的《文艺理论小丛书》、冯雪峰主编的《科学的艺术论丛书》，都系统地阐释了马克思主义文艺观。这些丛书中，收录有鲁迅翻译的苏联文艺理论家卢

① 吴汉全:《中国马克思主义学术史概论》，吉林人民出版社 2010 年版，第 694 页。

那察尔斯基的《艺术论》《文艺与批判》以及苏联的《文艺政策》，冯雪峰翻译的普列汉诺夫的《艺术与社会生活》、沃洛夫斯基的《社会的作家论》、梅林的《艺术论》等。这些著作是马克思主义文艺理论中的重要著作，是由马克思的学生、后继者对马克思主义文艺观的进一步阐发。在左翼文化运动中，研究马克思主义文艺理论并产生重大影响的有瞿秋白、鲁迅、冯雪峰、胡风、周扬等，他们将马克思主义基本原理与中国文学实践相结合，在文学理论的领域推进了马克思主义话语的传播和应用。

瞿秋白堪称中国马克思主义文艺理论的开创者和奠基者。他翻译了许多马克思主义文艺理论作品，如恩格斯的《致哈克奈斯》于 1932 年在苏联被发现不久，他就翻译了信件全文。他翻译了普列汉诺夫的大量论文及列宁的《党的组织和党的出版物》，摘译了高尔基的重要论文。他还编译了中国的第一本马克思主义文艺论著选《“现实”——马克思主义文艺论文集》，将社会主义现实主义这个重要理论命题引入中国文艺创作中来。作为一个理论家，瞿秋白还撰写了大量有关文艺方面的文章，如《马克思、恩格斯和文学上的现实主义》《马尔库塞文艺论底断篇后记》《恩格斯和文学上的机械论》《普洛大众文艺的现实问题》《论大众文艺》《东方文化和世界革命》《十月革命前的俄罗斯文学》《关于高尔基的书》《文艺理论家普列汉诺夫》等。

鲁迅则是马克思主义文艺理论建设的另一名干将。如前文所述，他不仅翻译了卢那察尔斯基、普列汉诺夫等马克思主义文艺理论经典作家的作品，将之引介到青年进步作家当中，还撰写了大量阐发马克思主义文艺观的文章，如《革命时代的文学》《文艺与革命》《文艺的阶级性》《上海文艺之一瞥》《论现在我们的文艺学运动》等，用自己的文学实践经验诠释了马克思主义文艺观的深邃内涵。

这些文艺理论家们强调用唯物史观作为文艺审美的理论基础，强调文艺作为上层建筑中的特殊意识形态对社会实践具有巨大的反作用，他们大力宣扬文艺的大众化方向，积极主张将文艺关注的焦点转向无产阶级，为无产阶级而歌，为无产阶级而战。这些主张和观点，是对马克思主义唯物史观在文学创作中的具体运用，又在分析和引领中国文学实践的过程中得到进一步深化和发扬，为此后

“中国文艺和文艺理论的发展奠定了马克思主义和红色革命文化的底色。”①

如果说,20 世纪 20 年代对马克思主义的研究和宣传主要是从“主义”的视角出发,强调其对中国革命的直接推动作用,还处于总体和宏观层面的话,那么左翼文化运动中对马克思主义的研究和宣传则转向了社会生活和思想文化的多个领域及维度,不仅指出了马克思主义作为一种思想武器对改造中国社会的有效性,更展示和论证了这种思想的丰富性和深厚性,以及作为“武器”有效性背后的深层逻辑。左翼知识分子们这种将实践与理论、历史与现实双重应和的工作,使马克思主义的真理光辉更加夺目了。就在这种默默无闻的理论工作和学术研究中,中国共产党的话语也悄然散播,中共的话语权建构已在积蓄更深广的力量。

第三节　左翼文化人对中共话语的艺术化表达

左翼文化阵营中有相当多的人是出色的作家、艺术家,他们本色当行,充分运用文学艺术等熟悉擅长的工具作为宣传利器,更加灵活多样地为中共说话、说中共的话,极大避免了意识形态灌输的直接性、机械性以及可能造成的受众抵触心理,更加巧妙有效地传播了中共话语。在这个过程中,文艺本身也得到极大发展,文艺与革命实现了相互促进、相互支持的良性互动。诚如郭沫若所言,文艺是革命的先驱,能够为革命发展营造浓厚的话语氛围;革命又为文艺提供了丰富的素材,催生了文艺的黄金时代。左翼文化运动的十年,出现了革命文艺的蓬勃发展,这些作品的共同特征即用艺术的形式承载政治内容,成为中共话语传播的有力途径。

一、文学里的中共话语

文学是语言和话语的艺术,动之以情、晓之以理,通过生动的人物形象、跌

① 谭好哲:《百年中国马克思主义文艺价值观的思想谱系与理论积淀》,《文学评论》2021 年第 3 期。

宕的故事情节、隽永的感情体验浸润式地作用于人，具有直抵人心的力量。左翼作家联盟成立前夕，蒋光慈、钱杏邨、郭沫若、成仿吾等共产党员就已经开始尝试用革命文学对中共的政治话语进行“陈述”与“诉说”，与中共革命实践进行思想和舆论上的“策应”。左联成立后，中共则进一步团结带领广大左翼作家进行革命文学的创作，并将无产阶级革命文学上升到创作原则的高度，明确指出要让作品内容“充满无产阶级斗争意识”。①

在这个号召下，左翼作家纷纷以笔为枪，创作了大量承载无产阶级革命内容的文学作品，小说、散文、诗歌、杂文、报告文学等各种文体皆有大量成果问世。据不完全统计，左翼十年间，左翼人士创作出版的诗歌、小说、散文等著作达 800 多种，下表是部分代表性作品：

表 5　左翼文化工作者创作的小说

年份	作者	名称
1928 年	钱杏邨	《革命的战争》
	丁玲	《在黑暗中》
	杨邨人	《战线上》
	王任叔	《漩涡》
1929 年	阳翰笙	《十姑的悲秋》
	胡也频	《消磨》《牧场上》
	许幸之	《海涯》
	蒋光慈	《丽莎的哀怨》
	茅盾	《野蔷薇》
	洪灵菲	《明朝》《归家》
	冯乃超	《傀儡美人》
	柔石	《二月》《旧时代之死》
	郭沫若	《飘流三部曲》
	王统照	《黄昏》

① 贾振勇：《左翼十年——中国左翼文学文献史料辑》，人民出版社 2015 年版，第 13 页。

续表

年份	作者	名称
1930年	茅盾	《虹》《蚀》
	蒋光慈	《冲出云围的月亮》《胜利的微笑》
	欧阳山	《流浪人的笔记》《光明》《钟手》
	洪灵菲	《气力出卖者》《大海》
	胡也频	《一幕悲剧的写实》《光明在我们面前》《到莫斯科去》
	丁玲	《一个女人》《韦护》
	钱杏邨	《白烟》《马露莎》
	孙席珍	《花环》《战争中》
	叶灵凤	《红的天使》
	阳翰笙	《地泉》《复兴》《两个女性》《活力》
	戴平万	《陆阿六》
	柔石	《希望》
	王任叔	《在没落中》
	郭沫若	《黑猫与塔》《后悔》
	李健吾	《无名的牺牲》
	魏金枝	《奶妈》
	楼适夷	《她的彷徨》
1931年	张天翼	《鬼土日记》《小彼得》《从空虚到充实》
	蒋光慈	《丽莎集》《蒋光慈小说全集》
	茅盾	《宿莽》《三人行》
	鲁彦	《童年的悲哀》
	欧阳山	《人生底路及其他》《竹尺和铁锤》
	贺玉波	《避难者》
	鲁迅等	《小说甲集》
	老舍	《二马》
	叶绍钧	《古代英雄的石像》

续表

年份	作者	名称
1932 年	篷子	《浮世画》
	丁玲	《法网》
	郁达夫	《她是一个弱女子》
	蒋光慈	《田野的风》《咆哮了的土地》
	茅盾	《路》
	巴金	《光明》
	张天翼	《齿轮》
	匡亚明	《血祭》
1933 年	茅盾	《子夜》《春蚕》
	丁玲	《水》《母亲》
	许地山	《解放者》
	巴金	《家》《新生》
	魏金枝	《白旗手》
	萧红、萧军	《跋涉》
	马子华	《颠沛》
1934 年	郭沫若	《沫若自选集》
	张天翼	《清明时节》《移行》
	茅盾	《残冬》
	鲁迅	《故乡》
	吴组缃	《西柳集》
	蹇先爱	《还乡集》
1935 年	艾芜	《南国之夜》《山中牧歌》
	叶紫	《丰收》
	萧红	《生死场》
	鲁彦	《雀鼠集》
	陈荒煤	《刘麻木》
	聂绀弩	《邂逅》
	张天翼	《团圆》

续表

年份	作者	名称
1936年	鲁迅	《故事新编》
	张天翼	《时代的跳动》《洋泾浜奇侠》
	王任叔	《乡长先生》
	周楞伽	《炼狱》
	萧军	《羊》
	萧乾	《篱下集》《栗子》
	含沙	《租妻》
1937年	鲁彦	《野火》
	周文	《在白森镇》《烟苗季》
	师陀	《里门拾记》
	端木蕻良	《憎恨》
	萧红	《牛车上》
	陈白尘	《茶叶棒子》《小魏的江山》

表6　左翼文化工作者创作的诗歌、散文与杂文

年份	作者	名称
1928年	鲁迅	《而已集》《朝花夕拾》
	郁达夫	《达夫代表作》《畸零集》
	郭沫若	《水平线下》《前茅》《恢复》
	田汉	《银灰色的梦》
	闻一多	《死水》
	高长虹	《献给自然的女儿》《时代的先驱》
	蒋光慈	《哭诉》《光慈诗选》
	冯乃超	《红纱灯》
	钱杏邨	《暴风雨的前夜》
	杨骚	《受难者的短曲》

续表

年份	作者	名称
1929年	周全平	《残兵》
	陈学昭	《如梦》
	郭沫若	《我的幼年》
	胡也频	《也频诗选》
	钱杏邨	《荒土》
	杨骚	《心曲》
	冯至	《北游及其他》
	蒋光慈	《战鼓》
1930年	蒋光慈	《异邦与故国》《乡情集》
	王实味	《休息》
	郭沫若	《山中杂记》
	欧阳山	《杂碎集》
	宣侠父	《灰梦》
	陈伯吹	《誓言》
	曹葆华	《寄诗魂》
	符号	《铁大姐》
	陆晶清	《低诉》
	郁达夫	《薇蕨集》
1931年	丰子恺	《缘缘堂随笔》
	郭沫若	《黑猫与羔羊》《桌子的跳舞》
	韩起	《沉痛的曝露》
	茅盾	《宿莽》
	张申府	《所思》
	胡愈之	《莫斯科印象记》
	叶绍钧	《脚步集》
	邹韬奋	《小言论》(第一集)
	陈此生	《火流》

续表

年份	作者	名称
1932 年	陶行知	《斋夫自由谈》
	鲁迅	《三闲集》《二心集》
	郭沫若	《创造十年》
	曹葆华	《落日颂》《灵焰》
	柳亚子(编)	《文艺园地》
	谢冰莹	《麓山集》
1933 年	钱杏邨	《灰色之家》
	邹韬奋	《小言论》(第二集、第三集)《韬奋漫笔》
	陶行知	《古庙敲钟录》(一卷)
	鲁迅	《两地书》《鲁迅杂感选集》《伪自由谈》
	陈学昭	《败絮集》
	茅盾	《茅盾散文集》
	白薇、杨骚	《昨夜》
	王统照	《这时代》
	卞之琳	《三秋草》
	臧克家	《烙印》
1934 年	鲁迅	《南腔北调集》《拾零集》《准风月谈》
	丰子恺	《随笔二十篇》
	朱自清	《欧游杂记》
	茅盾	《话匣子》
	浦风	《茫茫夜》
	臧克家	《罪恶的黑手》
	朱湘	《石门集》

续表

年份	作者	名称
1935 年	曹聚仁	《笔端》
	傅华东	《山胡桃集》
	艾芜	《漂泊杂记》
	鲁迅	《集外集》
	吴组缃	《饭余集》
	茅盾	《速写与随笔》
	田间	《未明集》
	卞之琳	《鱼目集》
	浦风	《六月流火》
1936 年	郑振铎	《短剑集》
	唐弢	《推背集》
	李广田	《画廊集》
	茅盾	《故乡杂记》
	鲁迅	《杂感集》《花边文学》
	陈望道	《望道文辑》
	百朗等	《东北作家近作集》
	萧军	《绿叶的故事》
	萧红	《商市集》
	何其芳等	《汉园集》
	艾青	《大堰河》
	田间	《中国牧歌》
	浦风	《生活》
1937 年	郭沫若	《北伐》
	鲁迅	《半夏小集》《死》《且介亭杂文》
	萧军	《十月十五日》《兴安岭的风雪》
	萧乾	《落日》
	胡风	《野花与箭》
	浦风	《摇篮歌》
	杨骚	《记忆之都》

表 7　左翼文化工作者创作的报告文学

年份	作者	名称
1927 年	谢冰莹	《从峰口至新堤》
1928 年	钱杏邨	《夜》
1930 年	殷夫	《监房的一夜》
	柔石	《一个伟大的印象》
1931 年	胡愈之	《政治、劳动、行乐》《一个小学校》
	夏衍	《劳勃生路》
1932 年	南强编辑部	《上海事变与报告文学》
	丁玲	《多事之秋》
	苍剑	《矿工手记》
	楼适夷	《战地的一日》
	林克多	《莫思科电机制造厂》
1933 年	楼适夷	《纺车的轰声》
	王统照	《被检查的“小学教员”》
	拙夫	《一群》
	周汶	《抢险》
1934 年	邹韬奋	《褐色恐怖》
	杨潮	《包饭作》
1935 年	佚名	《愤怒的火山爆发》
1936 年	夏衍	《包身工》
	丁玲	《八月生活》
	楼适夷	《暗黑的一角》
	王任叔	《我来自东》
	陈荒煤	《记十二月二十四日南京路》
	萧军	《大连丸上》《水灵山岛》
	止航	《上海大中学学生救国宣传团宣传记》
	子岗	《在机器旁边》
	圣旦	《岱山的渔盐民》
	陈锦波、廖英鸣	《无烟糖》
	蛰宁	《在汉奸治下的冀东》

续表

年份	作者	名称
1937 年	丁玲	《速写彭德怀》
	卢焚	《山行杂记》
	范长江	《陕北之行》
	蛰宁	《商都的最后一课》
	寄洪	《参观闸北施粥厂》《盐区妇女》
	李乔	《锡是如何炼成的》

以上众多文学作品从多个维度展开对中共话语的陈述与诉说，大致如下。

1. 对阶级话语的文学式呈现

阶级话语是中共的标识性语汇之一，诚如《中国共产党第二次全国代表大会宣言》明确指出的“中国共产党是中国无产阶级政党。他的目的是要组织无产阶级，用阶级斗争的手段，建立劳农专政的政治”。① 在中共的阶级语汇下，社会成员大致可以归属到不同的阶级序列里，而这种阶级身份的划分与阶级政治立场的认定也在革命实践中不断得到总结完善。1925 年毛泽东撰写《中国社会各阶级的分析》，就将中国社会成员划分成五类阶级，包括：(1) 地主阶级和买办阶级；(2) 中产阶级（主要指民族资产阶级）；(3) 小资产阶级（主要包括自耕农，手工业主、小知识阶层）；(4) 半无产阶级（主要指绝大部分半自耕农、贫农、小手工业者、店员、小贩）；(5) 无产阶级等。基于不同阶级的经济基础和利益诉求，毛泽东分析了不同阶级的政治立场：“一切勾结帝国主义的军阀、官僚、买办阶级、大地主阶级以及附属于他们的一部分反动知识界，是我们的敌人。工业无产阶级是我们革命的领导力量。一切半无产阶级、小资产阶级，是我们最接近的朋友。那动摇不定的中产阶级，其右翼可能是我们的敌人，其左翼可能是我们的朋友。”②如果说毛泽东的这些论述是典型的政

① 《建党以来重要文献选编（1921～1949）》第 1 册，中央文献出版社 2011 年版，第 133 页。

② 《毛泽东选集》第一卷，人民出版社 1991 年版，第 9 页。

治文本和政治语汇的话，那么左翼文学则将这些语汇具体化、形象化了。阶级话语通过对社会成员日常生活的再现，通过有意识的情节设计和形象塑造，“以强烈的叙述性”，“甚至带有新闻纪实的特点”，①将一系列政治概念蕴化到小说、散文、诗歌、报告文学中，蕴化到一个个有名有姓的具体人物身上，昭示其所属的阶级整体特质。如此，阶级话语就不再是抽象的，而是具象的；不再是概括的，而是感性的。

例如，对于工人阶级的描写。在中共的政治文本中，工人阶级是最先进的阶级，由于受到剥削，生存处境恶劣，他们成为革命中最坚决的部分。左翼文艺家用报告文学的形式对此进行了具体还原，他们走进工厂、车间，用笔记录和再现了一个个“机器的附属物”②、一个个活生生的“牛马”般的人，从而印证了资产阶级压迫的深重和无产阶级革命的必然性。楼适夷的报告文学《纺车的轰声》、李乔的报告文学《锡是如何炼成的》、夏衍的报告文学《包身工》皆是其中的杰出代表。《锡是如何炼成的》是对箇旧地区矿工们生活状况的记录，他们来自破产农民，以低微的工资出卖自己的劳动力，每天工作十二个小时以上，被雇主打骂压榨。作者看似不经意地记录了一个矿工的轻声哀叹，“过着这没有休息的牛马也不如的地狱生活，谁还敢想到前途呢?”③而这声叹息，又何尝不是对革命的有力召唤呢?《包身工》则通过对一群女工悲惨命运的直接呈现而动人心魄。她们是上海纱厂的一些年轻女工，她们被雇主蔑称为“猪猡”，而她们正式的名字叫“包身工”。她们基本来自灾区破产的农民家庭，由带工老板以大洋廿元买下三年，其间工资归带工老板所有，而生死疾病等意外灾难则完全听天由命。为了尽可能多地压榨这些“包身”女工的膏血，带工老板像对待牲口一样对待她们，让她们一天劳动十二个小时，给她们吃的是稀粥，住的是“蜂房”一样的格子铺，其间还要承受老板们随时随地的辱骂、叱责甚至责罚。她们没有人身自由，更没有人格尊严。夏衍具体记录

① 孔庆东：《左翼小说的文学史价值》，《学术界》，2005 年第 3 期。

② 《建党以来重要文献选编》第 1 册，中央文献出版社 2011 年版，第 45 页。

③ 《中国新文学大系》1927—1937（第十三集），上海文艺出版社 1985 年版，第 778 页。

了女工中的一个因骨瘦如柴而被唤作“芦柴棒”的女工的遭遇，她得了重伤风而不能像往常一样出工卖力，结果遭到带工老板一顿毒打，还被浇了一身冷水。其可怜可悲令读者忍不住拍案而起。在这里，报告文学通过一个个小人物的生活记录和场景再现，折射出了整个工人阶级的悲惨状况和迫切的革命要求。

对于农民阶级，左翼文学同样用了深情的笔墨去描绘和塑造。在中国的半无产阶级和无产阶级中，农民占有很大比重。中共明确指出，“农民因土地缺乏、人口稠密、天灾流行、战争和土匪的扰乱、军阀的额外税征和剥削、外国商品的压迫、生活程度的增高等原因，以至日趋穷困和痛苦。”①这些穷困和痛苦到底是什么样子，左翼文学给了读者最真切和最直观的描述。柔石的小说《为奴隶的母亲》，从题目上看就点明了主人公的阶级地位“为奴隶”。故事讲述了一位农村妇女的悲惨境遇：农妇是一个皮匠的妻子，她普通卑微的甚至没有自己的名字。按照毛泽东的阶级划分标准，她应当属于半无产阶级。但是由于皮匠的生意渐渐不好，他们家最终沦落到无饭可吃的地步，成为赤贫的无产阶级。在这样的经济状况下，丈夫将她刚刚生下的一个女婴溺死，并将她卖给秀才家三年，作为生育机器。孤苦的她虽然愤恨这样的决定，却也只有听从丈夫的安排。离家前，她为五岁的孩子缝补了衣服，“她先将春宝底几件破衣服都修补好；春将完了，夏将到了，可是她，连孩子冬天用的破烂棉袄都拿出来，移交给他底父亲。”②到秀才家一年多后，她生下一个男孩，三年期到，她被秀才家赶了出来，再一次与自己的骨肉分离，“她离开他底大门时，听见她的秋宝的哭声；可是慢慢地远远地走了三里路了，还听见她底秋宝的哭声。”③她就这样怀揣着秀才赏给她的两角钱，走向那个穷困潦倒的“前夫”的“家”。这是一个挣扎在社会最底层的农村妇女的真实写照，她没有经济地位，也没有人格尊严，俨然就是一个现代社会的奴隶。柔石的小说将贫苦农村妇女这一饱

① 《建党以来重要文献选编》第1册，中央文献出版社2011年版，第131页。

② 《中国新文学大系》1927—1937（第三集），上海文艺出版社1984年版，第700页。

③ 《中国新文学大系》1927—1937（第三集），上海文艺出版社1984年版，第716页。

受欺凌的被侮辱与被损坏的群体的命运展现给读者，“不仅反映出极其看重血缘延续的封建宗法制度对于人性的戕害以及由此所造成的人的异化，同时也揭示出由于贫富悬殊所造成的人与人之间的不平等，揭露了阶级压迫的罪恶本质。”①

丁玲的小说《水》则是灾民的哀诉。小说描写了一群受到水患威胁而被迫背井离乡，拖儿带女忍受饥饿折磨的农民。作者采用群体塑像的方法，对他们进行了客观主义的描述：他们衣衫褴褛、骨瘦如柴，有着因饥饿而扩大了的兽一般的眼睛。他们四处流浪，皆无人救济，在死亡线上挣扎，是大群大群的“怕人的人类”②。这是对饥饿与死亡的近距离特写，更是对中国农民阶级悲惨命运的悲悯写照。

左翼文学真实展现了被压迫阶级的苦难生活，同时揭露了剥削阶级不劳而获的丑恶嘴脸。吴组缃的小说《官官的补品》描写了地主纨绔子弟“官官”的寄生虫般的生活，张天翼的小说《砥柱》刻画了乡绅这一地主阶级满嘴仁义道德、满腹男盗女娼的虚伪道德形象，蒋光慈的小说《冲出云围的月亮》《少年漂泊者》揭露了统治阶级“上层社会”的恶行败德，茅盾的小说《动摇》则展现了反革命分子的阴险狡诈。正是通过这些具体可感的人物及其悲欢离合的命运，左翼文学对其所属的阶级状况反复诉说，进一步加深了大众对阶级话语的感知度。

2. 对革命纲领的文学式呈现

大革命失败后，1928 年中共在莫斯科召开党的六大，在对中国社会性质分析判断的基础上提出了革命纲领，就中国资产阶级民主革命的革命性质，反帝反封建的革命任务，无产阶级和农民的革命动力等重要问题进行了阐释，进一步完善革命话语系统。左翼文化运动兴起后，左翼作家们将这一革命纲领融会贯穿到文学创作中，使它向社会生活中传输，向普通大众传播。这其中，“反帝反封建”是左翼作家关注最多的题眼，也是他们在作品中着力诉说的关

① 田丰：《左翼乡土小说政治伦理视域下的革命书写》，《文艺争鸣》，2016 年第 12 期。

② 《中国新文学大系》1927—1937（第三集），上海文艺出版社 1984 年版，第 240 页。

键词。

蒋光慈的小说《少年漂泊者》描写一位名叫汪中的少年不断漂泊的坎坷人生。他历经佃农、乞儿、学徒、工人、军人等不同身份,而每一次身份的转化实际上都向读者展现了中国社会的一个侧面。在小说中,作者用四个死亡的场面串联起整个故事:小说首先是汪中父母的死亡,他们是辛苦的佃农,因还不完租税被地主逼死;其次是汪中恋人的死亡,她的身为富商的父亲逼迫她嫁给“门当户对”的富家子,她无力反抗,以死明志;再次是京汉铁路工人运动领袖的死亡,他不屈服于军阀和帝国主义及资本家的暴力,坚决斗争坚贞不屈,被军阀杀害;最后是汪中自己的死亡,他进入黄埔军校成为一名军人,在为自由而战中被旧军阀的子弹击中,战死沙场。这四个死亡的场景是对帝国主义、封建地主阶级和封建军阀荼毒中国人民罪行的强烈控诉,构成一种紧凑的情节安排,营造了浓郁的悲剧氛围和强烈的情感冲击波,激发读者对革命敌人——也是中共指明的革命对象的强烈愤恨。这是一种高超的话语传播方式,作者未曾直接宣传什么,但作品具有强烈的震撼力、鼓动性。

左翼文学中那些关涉农村生活的名篇同样指向反帝反封建的革命道路。中国农民素来勤劳、节俭,却不得不长期挣扎在困苦中,对于造成这一问题的深层次社会根源,1928 年中共六大通过的《土地问题决议案》有着深刻分析,农民“生产很多的农业生产品,其中极大部分被农村中的统治阶级所掠夺”。这些统治阶级包括“地主、商人、高利贷者及其代表——官僚与军阀”。“农民生产者自己所剩的,只有非常少之米谷,勉强可以维持生活不至于立刻饿死罢了。所以绝大多数的农民,实际上是在死灭的道路上。”①中共的政治判断和政治语汇,在左翼文学中尤其是那些“丰收成灾”题材的作品中充分具体化了。

例如,叶紫的小说《丰收》就以云普叔一家为例,讲述了农民阶级“在死灭

① 《建党以来重要文献选编》第 5 册,中央文献出版社 2011 年版,第 409 页。

的道路上”挣扎的命运。云普叔是个典型的中国农民，勤劳能干肯吃苦，“从下种起，一直到现在，云普叔真的没有偷闲过一刻工夫……身子疲劳得像一条死蛇，肚皮里没有充过一次饱。”但即便在饥饿中，怀揣着希望的云普叔依然辛苦耕作着，“人瘦的像一堆枯骨。”①播种之后，天气干旱，为了挽救焦渴的禾苗，云普叔带着家人日夜不停地从河里“车水”浇地，又借钱雇机器“车水”。禾苗缓过苗了，可未来得及喘口气，连续的阴雨天又接踵而至，水患再来。云普叔和众村民又日夜不歇地去加固堤坝。终于熬过了这些天灾，云普叔用汗水和心血换得了粮食大丰收。然而，云普叔却没迎来温饱的生活。因为他的谷种是从地主何八爷那里高价借来的，耕作过程中维持家人生计的粮食也是从地主家高价借来的，丰收后，即将还债的时刻，谷价却在地主奸商的操控下迅速下跌。借粮的时候六元一担的谷价，此时却跌到一元二角一担。而何八爷早已算好了云普叔所欠的租和账，几乎涵盖了云普叔所有的收成，同时保甲也带着委员老爷和大兵们开始征收名目繁多的团防费，捐钱。云普叔满仓的粮食被地主长工们一担担抬走了，他感到一阵晕眩，倒在地上，再眼泪汪汪地望向他的谷仓，“那里面只剩下几块薄薄的仓板子了。”②作者塑造了一个老实能干的农民形象，讲述了一段辛酸的血泪历史，揭露了中国农民所承受的剥削和压迫。诚如评论家所言“读着那些辛劳与饥饿相交逼，汗水与血泪相混合的劳动场景的描绘，犹如那无情的鞭子抽打着我们的灵魂，给人以一种无形的精神上的痛苦”。③

中共在《土地问题决议案》里指出，统治阶级对中国农民的剥削既有封建式的，又有资本主义式的，而且“两种方式混合着。”④封建式剥削，主要体现在地租的收取上；而资本主义式的剥削，则体现在实物地租转化成货币及高利贷收取上，地租的收取者往往同时是高利贷的收取者。就如《丰收》中的何

① 叶紫：《丰收》，《叶紫文集》，线装书局 2009 年版，第 79 页。
② 叶紫：《丰收》，《叶紫文集》，线装书局 2009 年版，第 90 页。
③ 陈瘦竹主编：《左联时期文学论文集》，南京大学学报编辑部，1980 年版，第 239 页。
④ 《建党以来重要文献选编》第 5 册，中央文献出版社 2011 年版，第 405 页。

八爷,他既是地主要向云普叔们收取地租,又是高利贷放款人,播种前借给佃农十二元一担的高价谷种,每天有"四分五"的高额利息。如果秋收后地租不能及时缴纳,就按每天"四分五"的利息疯狂滚动,正如他所言"多挨一天,我便多要一天的利息"。① 面对这种催逼,老实巴交地云普叔只能发出苦苦哀求。

在剥削过程中,地租和高利贷又往往因为外国资本的介入而越发加重。茅盾的《春蚕》和《秋收》就用小说传达了这个意思。主人公老通宝是江浙一带勤劳的自耕农,春分时节,老通宝为了多养几张蚕,抵押了自己仅有的几亩地,买了十五担桑叶。为了让春蚕使劲地长,老通宝的两个儿子、儿媳还有他自己整夜无休地照看蚕宝宝,从"窝种""上山"到"热火""作茧",他们使尽了全部的气力。蚕宝宝们是"有良心"的,长势喜人,最终形成了厚厚的白花花的蚕茧。老通宝的整个村子里都洋溢着喜气,大家期盼着辛苦熬出来的茧子能换来温饱的日子。然而茧子的价格却一路下跌,许多蚕厂甚至关门歇业,因为外国洋丝大量进入中国,中国本土的蚕丝销路锐减。老通宝不甘心上好的茧子卖不掉,他借了一条船,走了几天几夜的水路去无锡卖茧子,结果那里的蚕厂"挑剔得异常苛刻"。最后去除路费,老通宝剩下的钱还不够偿还买青叶所借的债。就这样经过一个丰收的春天,"老通宝一村的人都增加了债,"②老通宝也因此气病了。

破产之后的农民便面临着卖儿鬻女的悲惨命运,《丰收》中云普叔就狠心地卖掉了年仅十岁的女儿英英,这个平时最知道疼爱云普叔的女孩子离别前还惦记着全家在挨饿,说"我不能只顾一个人吃饱饭"。从经济剥削转化成人身买卖,这是中国农村社会的惨状,更是中国农村社会依然带有浓厚封建性质的真实写照。中共在分析农村问题时指出,在农村"一个人兼做地主和商业资本家及高利贷家,一个地主他一方面是压榨佃农的地租,别方面便是债主,拼命地用高利贷盘剥农民。结果,地主简直将自己的佃农和债户,变成了农奴

① 《叶紫文集》,线装书局 2009 年版,第 90 页。
② 《茅盾经典作品》,当代世界出版社 2011 年版,第 152 页。

似的奴隶和卖男鬻女还不清债的债户”。① 因此，中共反复强调中国社会是半殖民地半封建社会，中国从未曾变成资本主义社会，中国革命的主要任务是反帝反封建。

对于这个政治主张，茅盾的《林家铺子》和《子夜》从小商人和民主资产阶级的视角进行了解读和诉说。《林家铺子》用不算长的篇幅精要详细地讲述了林先生商铺倒闭的过程。林先生是一个相当精明的小商人，他善于把握商机，也具有销售头脑，然而帝国主义的入侵破坏了中国的经济秩序，他的周转资金日益萎缩，加上官僚阶层的讹诈和盘剥，他最后不得不走向破产。《子夜》则是首次塑造了中国民族资产阶级的形象吴荪甫。吴荪甫活动的历史背景是 20 世纪 30 年代的大上海，那时国民党政客汪精卫勾结军阀冯玉祥在华北叛变，而共产党则在乡村中发动土地革命，在工业城市发动工人罢工，这年 7 月，彭德怀率领红三军团攻陷长沙。中国革命的新旧势力在激烈交锋中，吴荪甫的奋斗就是在这样动荡的背景下展开的：他一心振兴中国的民族工业，从丝厂、灯泡厂到暖瓶厂，他不断吞并小厂，雄心勃勃地建立起一个实业帝国。然而在资本市场的竞争中吴荪甫却不断败退，正如故事中另一个民族资本家抱怨的“外洋销路受到日本丝的竞争，本国捐税太重，金融界对于放款又不肯通融！你想，成本重，销路不好，资本短绌，还有什么希望？”②工业竞争中受挫后，吴荪甫开始转战资本金融市场，希望通过金融投机为实业发展提供资金。但是中国的金融市场完全把控在外国大资本家手中，他们雇用了买办资产阶级操纵股市，最后使得吴荪甫血本无归。吴荪甫不可谓不兢兢业业，不可谓不精明强干，然而在帝国主义和官僚买办资本主义的双重压迫下，民族资本企业没有出路。《子夜》塑造了一个民族资本家的形象，又用这个人物的奋斗成败重述了中共的政治判断：中国革命的首要任务就是反帝反封建。

---

① 《建党以来重要文献选编》第 5 册，中央文献出版社 2011 年版，第 408 页。

② 茅盾：《子夜》，人民文学出版社 1952 年版，第 31 页。

3. 对社会远景话语的诗意展现

中共指出，中国革命的前途是在完成资产阶级民主革命的基础上进行社会主义革命，渐次实现社会主义并到达共产主义。对于这个美好的社会愿景，左翼文学也进行了描写和陈述，这首先落脚在对革命者及革命实践的肯定与讴歌上，正是有了这些革命者不屈不挠的奋斗，理想和光明的社会愿景才有希望实现。

洪灵菲的《在洪流中》讲述了一个农民青年和他母亲的革命心路：母亲守寡且已年迈，多年来她独自一人对抗天灾人祸，撑起整个家庭，她最大的期盼就是儿子的平安。儿子明白穷人的出路只有反抗和革命，否则便永远没有翻身的日子，永远处于被随便杀头的处境。儿子不怕牺牲，但是他不忍心让母亲担惊受怕，更不忍心留下母亲一人孤苦无依。然而他终于还是鼓足勇气向母亲解释“穷人们唯一的生路只是向前”“坐在家里比到战场上去还要危险”。历经磨难的母亲理解儿子的选择，她送儿远行，就像“一位半神性的巨人”。作者对这位苦难的母亲给予崇高的赞美，“她的身上有一种伟大的力量”“虽然她是吃了许多苦头，但她很少啼喊过；而且这些苦头，只把她磨炼得像一具铜像，在各种险恶的浪潮中，她只是屹然不动呢。”①

除了对农民个体革命者的艺术化诉说，左翼文学也展开了对农民群体性反抗的正义伸张：丁玲的《水》中，那群受灾的大众最后汇聚成洪水一般的潮流涌向镇上；叶紫的《火》中，立秋和癞大哥们组织佃农不再给地主完租，准备力量对抗地主武装的镇压；吴组缃的《一千八百担》中，饥饿的农民从地主手中抢粮，他们高呼“打倒封建地主”“劳苦农民一致罢佃。”在农民的斗争中，曾经八面威风的何八爷被打的只剩下一丝游气，准备分那一千八百担粮的地主们“硬着劲项跑，象一只被狗子追赶着的鹅！”左翼作家无疑是在预示革命的未来，正如茅盾在《秋收》借用老通宝临终前的醒悟：他的“舌头已经僵硬不能说话，眼睛却还是明朗朗的；他的眼睛看着多多头似乎在说：‘真想不到你是

---

① 《中国新文学大系》1927—1937（第三集），上海文艺出版社 1984 年版，第 394 页。

对的!'"①老通宝曾经不同意多多头去反抗,生命将近,他终于认识到"革命"是"对的"。这是用死亡得出的血的教训。

除了对群众反抗的诉说,左翼文学也刻画了共产党员的形象。胡也频的《到莫斯科去》中有三个关键人物:女主角素裳、素裳的丈夫(身为国民党官员的徐大齐)、素裳的朋友(共产党员施洵白)。作者并没有给国民党员和共产党员贴标签,而是通过素裳的眼睛看他们:徐大齐享受着贵族般的腐化生活,毫无同情心;而施洵白却把所有的一切都奉献给社会,拥有的只有忠诚和信仰。通过素裳的评价,共产党员的人格魅力得到彰显。魏金枝的《奶妈》则讲述了一个女共产党员的故事。女共产党员到底是怎样一种人呢,作者巧妙地采用了第三者观察视角的方式对这个问题进行回答。故事是通过小市民鹏飞先生的叙述展开的,鹏飞先生为自己的孩子雇用了这个女共产党员做奶妈,起初他不了解奶妈的真实身份,对她的行为充满怀疑、不解、猜忌甚至蔑视。直到女共产党员被捕牺牲前,鹏飞先生才了解了所发生的一切,才明白了奶妈的所有行为背后的崇高动机——"我愿走入地狱最底层""我想救起那些人类"。② 在鹏飞先生逐渐了解事实真相的过程中,女共产党员的坚贞、无私与崇高慢慢表现出来:她们为革命决绝地舍弃了自己的孩子,然而她们与普通人一样眷恋亲情,她们渴望让所有的孩子"都好好长起来"。

此外,左翼文学也直接对革命斗争进行了文本再现,冯铿《红的日记》就是直接以苏区革命斗争情况为题材,这也是现代文史学上较早的一部反映苏区生活的作品,它用日记体小说的形式记录了中共领导下的革命斗争情况。通过这部小说,读者对苏区的情况有了大体印象:在那里,丛林中飘荡着"热血般的"前进的旗帜,战士们"心房激动";作战中,不足千人的"红的队伍"会有千军万马的勇猛气势;休憩时,大家忙着"唱歌、谈话和认字";在那里,农民和小商人的利益得到了维护,群众热烈簇拥着红军战士,作坊、工厂里的工人

---

① 《茅盾经典作品》,当代世界出版社 2011 年版,第 173 页。

② 《中国新文学大系》1927—1937(第三集),上海文艺出版社 1984 年版,第 633 页。

是“革命的主人”，知道如何处理“自己的事情”。

革命斗争轰轰烈烈，革命道路异常坎坷，革命前景灿烂光明。左翼文学对未来社会远景展开了诗意想象，他们用无产阶级诗歌做利剑在黑夜中划开一道光明的口子，高声歌唱“血红的战斗”“燃烧的火焰”。殷夫在《血字》中写道：“我是一个叛乱的开始/我也是历史的长子/我是海燕/我是时代的尖刺。”这尖刺誓要刺破敌人的胸膛，让“今日他们的天堂”变成“他日他们的地狱”。臧克家则用《天火》预示着长夜即将走到尽头，无产阶级点燃的“天火”将为宇宙带来新的光明，那时制造黑暗的反动阶级必然灭亡，那时“宇宙已经不是你的，那时天火在平原上灼，你当惊叹：‘奇怪的天火’！”郭沫若则在《战取》中写道“朋友，你以为目前过于沉闷吗/这是暴风雨快要来时的先兆/朋友，你以为目前过于混沌吗/这是新社会快要诞生的前宵/”“我也准备下一杯鲜红的寿酒/朋友，这是我的热血充满心头/酿出一片血雨腥风在这夜间/战取那新的太阳和新的宇宙！”

左翼文学为时代塑像，深受民众喜爱，在20世纪30年代成为文坛主力。这些文学作品不仅将中共话语进行了艺术再现，更成为中共语汇的直接传播者，一大批为下层社会所陌生的政治词语，如“唤起民众”“国民革命”“北伐军”“妇女部”“女宣队”“专政”“同志”“布尔什维克”“劳苦工农”“政客”“土豪”“资本家”“地主”“劣绅”等，是左翼文学表达的基本语汇和逻辑框架，协同左翼文学文本，这些语汇成为民众熟悉的日常话语。同时，左翼文学有着鲜明的艺术特色和艺术风格，不论诗歌、小说、散文还是报告文学，左翼作品大都刚健、勃发、清新、明快，丝毫没有忧伤、颓废、哀怨的气息。在这些作品里，不论是描述统治阶级的狰狞，还是被压迫者的叹息，不论是叙写革命者的怒火，还是反革命的阴险，都因为生与死的挣扎而激荡着愤慨激越的情绪，洋溢着不息的斗争精神，因此整体格调朴素而深沉，艺术造诣较高，受到读者喜爱。这里有作家个人的艺术修养问题，更有时代氛围和左翼文化运动的“为大众”的导向。所以，左翼文学深深攫住了读者的心灵，以至国民党反动派颓丧地写到“此辈普罗作家，能本无产阶级之情绪，运用新写实之技术，虽煽动无产阶级斗争，非难现在经济制度，攻击本党主义，然含意深刻，笔致轻纤，绝不以露骨之名词，入文句，且注重体裁的积极性，不仅描写阶级斗争，尤为入无产阶级胜利之暗示”。① 国民党的评价从反面说明，左翼文学对中共话语的建构和传播起到了极为重要的作用。

二、电影中的中共话语

电影在 20 世纪 30 年代的中国尚属于一种新的艺术形式，它综合运用科技、文学、光影、美术、音响等因素将现实生活投射在银幕上，实现了艺术与生活、造型与运动、真实与虚构的有机融合。电影艺术的这种综合性使得它具有广阔的表现空间和意义结构，能够承载丰富的话语内涵，能够深深拨动观众心弦从而实现价值观的传达。对于这一点，中共及其领导下的左翼文化人有着透彻的理解，他们克服重重困难向电影界进军，团结和带领同情革命的进步电影人创作了一批进步左翼电影，“暴露社会黑暗，抗议社会不公，并承担起社会革命和民族革命的动员重任”。② 这些影片获得了广大观众的喜爱，构成了中国电影发展史上不可或缺的一环，更成了当时中共话语权建构的重要载体和支撑。根据夏衍等人的主张，自左翼文化运动兴起至 1937 年，左翼风潮带动下出现的左翼影片共计 74 部，其中共产党员参与编剧的影片达 31 部。

表 8　中共党员参与编剧的左翼影片

影片名称	出品年代	编剧	主创人员	出品公司
《三个摩登女性》	1932 年	田汉	导演：卜万苍，主演：阮玲玉、金焰	联华营业公司
《狂流》	1933 年	夏衍	导演：程步高，主演：胡蝶、龚稼农	明星影片公司

① 陈瘦竹主编：《左翼文艺运动史料》，南京大学学报编辑部 1980 年版，第 310 页。

② 葛飞：《市场与政治：1930 年代的左翼电影运动》，《文艺理论与批评》，2005 年第 5 期。

续表

影片名称	出品年代	编剧	主创人员	出品公司
《脂粉市场》	1933 年	夏衍	导演:张石川,主演:胡蝶、龚稼农	明星影片公司
《前程》	1933 年	夏衍	导演:张石川、程步高;主演:宣景琳、孙敏	明星影片公司
《春蚕》(改编自茅盾小说)	1933 年	夏衍	导演:程步高,主演:肖英、严月娴	明星影片公司
《铁板红泪录》	1933 年	阳翰笙	导演:洪深,主演:王莹、陈凝秋	明星影片公司
《盐潮》(改编自楼适夷小说)	1933 年	郑伯奇、阿英	导演:徐欣夫,主演:胡蝶、王征信	明星影片公司
《上海二十四小时》	1933 年	夏衍	导演:沈西苓,主演:顾兰君、顾梅君	明星影片公司
《时代的儿女》	1933 年	夏衍、郑伯奇、阿英	导演:李萍倩,主演:艾霞、高倩苹	明星影片公司
《丰年》又名《黄金谷》	1933 年	阿英	导演:李萍倩,主演:艾霞、高倩苹	明星影片公司
《母性之光》	1933 年	田汉	导演:卜万苍,主演:金焰、陈燕燕	联华影业公司
《民族生存》	1933 年	田汉	导演:田汉,主演:彭飞、查瑞龙	艺华影业公司
《肉搏》	1933 年	田汉	导演:胡涂,主演:彭飞、查瑞龙	艺华影业公司
《中国海的怒潮》	1933 年	阳翰笙	导演:岳枫,主演:查瑞龙、袁美云	艺华影业公司
《烈焰》	1933 年	田汉	导演:胡锐,主演:彭飞、胡萍	艺华影业公司
《同仇》	1934 年	夏衍	导演:程步高,主演:王莹、陈凝秋	明星影片公司
《到西北去》	1934 年	郑伯奇	导演:程步高,主演:徐来、龚稼农	明星影片公司
《女儿经》	1934 年	夏衍、郑正秋、洪深、阿英、郑伯奇、沈西苓	导演:张石川、程步高、沈西苓、郑正秋、吴村等,主演:胡蝶、高占非、赵丹等	明星影片公司

续表

影片名称	出品年代	编剧	主创人员	出品公司
《黄金时代》	1934 年	田汉	导演:卜万苍,主演:金焰、殷明珠	艺华影业公司
《华山艳史》	1934 年	郑伯奇(名义上以程步高为编辑)	导演:程步高,主演:徐来、陈凝秋	明星影片公司
《风云儿女》	1935 年	田汉	导演:许幸之,主演:袁牧之、王人美等	电通影业公司
《自由神》	1935 年	夏衍	导演:司徒慧敏,主演王莹、施超等	电通影业公司
《逃亡》	1935 年	阳翰笙	导演:岳枫,主演:袁美云、王引等	艺华影业公司
《生之哀歌》	1935 年	阳翰笙	导演:胡锐,主演:黎明晖、王引等	艺华影业公司
《凯歌》	1935 年	田汉	导演:卜万苍,主演:袁美云、王引等	艺华影业公司
《生死同心》	1936 年	阳翰笙	导演:应云卫,主演:袁牧之、陈波儿等	明星影片公司
《压岁钱》	1937 年	夏衍	导演:张石川,主演:龚秋霞、胡蓉蓉等	明星影片公司
《夜奔》	1937 年	阳翰笙	导演:程步高,主演梅熹、谈瑛等	明星影片公司
《摇钱树》	1937 年	夏衍	导演:谭友六,主演:舒绣文、李琳等	华安影片公司
《青年进行曲》	1937 年	田汉	导演:史东山,主演施超、胡萍等	新华影业公司
《十字街头》	1937 年	石凌鹤(为安全起见,以沈西苓的名义)	导演:沈西苓,主演:白杨、赵丹等	明星影片公司

除了共产党员艺术家的创作,党的电影小组在电影界人士中广交朋友,大力推动统战工作,影响、带动和团结了一批中间立场的人士向左转,如在电影界颇有影响的编导沈西苓、史东山、洪深、孙瑜、蔡楚生、欧阳予倩以及演员阮

玲玉、胡蝶等，他们以巨大的热情创作了进步左翼电影43部。

表9：进步人士编剧的左翼影片

影片名称	上映年代	编剧	主创人员	出品公司
《女性的呐喊》	1933年	沈西苓	导演：沈西苓，主演：王莹、龚稼农	明星影片公司
《压迫》	1933年	洪深	导演：高梨痕，主演：龚稼农、夏佩珍	明星影片公司
《香草美人》	1933年	马文源、洪深	导演：陈铿然，主演：夏佩珍、王征信	明星影片公司
《姊妹花》	1933年	郑正秋	导演：郑正秋，主演：胡蝶、郑小秋	明星影片公司
《天明》	1933年	孙瑜	导演：孙瑜，主演：高占非、黎莉莉	联华影业公司
《城市之夜》	1933年	贺孟斧、冯紫犀	导演：费穆，主演：阮玲玉、金焰	联华影业公司
《都会的早晨》	1933年	蔡楚生	导演：蔡楚生，主演：王人美、高占非	联华影业公司
《小玩意》	1933年	孙瑜	导演：孙瑜，主演：阮玲玉、袁丛美	联华影业公司
《风》	1933年	吴村	导演：吴村，主演高占非、谈瑛	联华影业公司
《挣扎》	1933年	于定勋	导演：裘芑香，主演：陈玉梅、刘炳华	天一影片公司
《飞絮》	1933年	邵醉翁	导演：邵醉翁，主演：袁美云、田方	天一影片公司
《飘零》	1933年	高天栖	导演：汤晓丹，主演：胡姗、陆丽霞	天一影片公司
《晨曦》	1933年	不详	导演：吴文超，主演王飞娟、王春元	义记影片公司
《乡愁》	1934年	沈西苓	导演：沈西苓，主演：高倩苹、宣景琳、赵丹	明星影片公司
《渔光曲》	1934年	蔡楚生	导演：蔡楚生，主演王人美、韩兰根	联华影业公司

续表

影片名称	上映年代	编剧	主创人员	出品公司
《神女》	1934 年	吴永刚	导演:吴永刚,主演:阮玲玉、章志直等	联华影业公司
《桃李劫》	1934 年	袁牧之（1940 年入党）	导演:应云卫,主演袁牧之、陈波儿等	电通影业公司
《都市风光》	1935 年	袁牧之（1940 年入党）	导演:袁牧之,主演张新珠、唐纳等	电通影业公司
《热血忠魂》又名《民族魂》	1935 年	明星影片公司编剧科	导演:张石川、郑正秋等,主演:高占非、郑小秋等	明星影片公司
《船家女》	1935 年	沈西苓	导演:沈西苓,主演高占非、徐来登	明星影片公司
《劫后桃花》	1935 年	洪深	导演:张石川,主演:胡蝶、高占非等	明星影片公司
《大路》	1935 年	孙瑜	导演:孙瑜,主演:金焰、陈燕燕等	联华影业公司
《新女性》	1935 年	孙师毅	导演:蔡楚生,主演:阮玲玉、郑君里等	联华影业公司
《人之初》	1935 年	史东山	导演:史东山,主演:魏鹤龄、袁美云等	艺华影业公司
《时势英雄》	1935 年	洪深	导演:应卫云,主演:胡萍、尚冠武等	艺华影业公司
《海葬》	1935 年	王斌	导演:不详,主演:刘莉影、陈天国等	天一影片公司
《新桃花扇》	1935 年	欧阳予倩	导演:不详,主演:金焰、胡萍等	新华影业公司
《无限生涯》	1935 年	宋之的	导演:石寄圃,主演:田方、王苹等	太原西北影业公司
《新旧上海》	1936 年	洪深	导演:程步高,主演:舒绣文、王献斋等	明星影片公司
《海棠红》	1936 年	欧阳予倩	导演:张石川,主演白玉霜、王献斋等	明星影片公司

续表

影片名称	上映年代	编剧	主创人员	出品公司
《小玲子》	1936 年	欧阳予倩	导演：程步高，主演：谈瑛、王献斋等	明星影片公司
《清明时节》	1936 年	姚莘农、欧阳予倩	导演：欧阳予倩，主演：黎明晖、赵丹等	明星影片公司
《迷途的羔羊》	1936 年	蔡楚生	导演：蔡楚生，主演：葛佐治、陈娟娟等	联华影业公司
《狼山喋血记》	1936 年	沈浮、费穆	导演：费穆，主演黎莉莉、张翼等	联华影业公司
《狂欢之夜》	1936 年	史东山	导演：史东山，主演：金山、胡萍等	新华影业公司
《壮志凌云》	1936 年	吴永刚	导演：吴永刚，主演：金焰、王人美等	新华影业公司
《社会之花》	1937 年	洪深	导演：张石川，主演：白杨、谢云卿等	明星影片公司
《马路天使》	1937 年	袁牧之（1940 年入党）	导演：袁牧之，主演：赵丹、周璇等	明星影片公司
《联华交响曲》	1937 年	蔡楚生等	导演：司徒慧敏等，主演：梅熹、蓝苹等	联华影业公司
《天作之合》	1937 年	沈浮	导演：沈浮，主演：韩兰根、白璐等	联华影业公司
《王老五》	1937 年	蔡楚生	导演：蔡楚生，主演：王次龙、蓝苹等	联华影业公司
《镀金的城》	1937 年	洪深	导演：费穆，主演李琳、张翼等	联华影业公司
《夜半歌声》	1937 年	马徐维邦	导演：马徐维邦，主演金山、胡萍等	新华影业公司

上述 79 部左翼电影成为 20 世纪 30 年代中国电影界的一股清流，不仅极大地改变了当时电影界侠怪片、色情片、外国片泛滥的局面，也承担起宣传正义、揭露黑暗、唤醒民众的历史使命，为言说中共的进步话语和科学主张作出了不可替代的贡献。当然，电影作为一种艺术形式和商业化运作的产品，天然

地要求审美性和感官愉悦性，不能用赤裸裸喊口号的方式进行宣传，同时又由于受到国民党电影检查条令禁止“宣传三民主义之外之一切主义”及禁止“提倡鼓吹阶级斗争”①的重重审核，左翼电影无法自由、尽情地宣张革命话语，只能采取曲折隐微的表现手法启示和影响观众。就是在这样一种严酷环境下，左翼电影依然将关注视角和表现中心转移到社会底层，坚决大胆地诉说着中共关于无产阶级暴力革命的政治主张。这其中，阶级话语无疑是左翼电影言说的焦点，而这种话语也成为左翼电影的身份标识。在左翼电影中，阶级话语是从以下三个方面展开叙述的，或者说，这也是左翼电影言说的策略。

1. 关于阶级典型的具象呈现

为了能够吸引观众，电影首先要有好的故事情节和典型性的人物形象，左翼电影也不例外。在左翼影片中，故事的主角基本上都是工人、农民等无产阶级或小商人、小手工业者、小知识分子等处于被压迫地位的弱势群体，而资产阶级、地主阶级、买办资产阶级与外国资本家则成为故事的辅助性角色。例如，在影片《三个摩登女性》中，作者讲述了三个迥异的原本毫无交集的女性周淑贞、陈若英和虞玉的一段人生经历，她们因为一个男人张榆而有了某些联系：周淑贞是张榆的父母为张榆定下的妻子，陈若英是崇拜张榆的影迷，而虞玉则是和张榆共同出入歌舞酒肆的大小姐。作者有意识地将三个女性作了阶级上的划分和区别，周淑贞代表无产阶级，陈若英代表小资产阶级，而虞玉则代表资产阶级。在这三个女性的安排上，资产阶级的虞玉和小资产阶级的陈若英显然都成为无产阶级的周淑贞的陪衬和烘托，这从张榆最终认识到周淑贞的价值并渴望跟随在周淑贞身边的故事安排中体现出来。可以说，左翼电影彻底颠覆了之前才子佳人式的身份设定，将无产阶级作为故事的中心和出发点。影片《大路》（导演孙瑜）也鲜明体现出这种视点，它把代表工人阶级的金哥作为叙事的中心，把金哥安排成各种关系、矛盾聚集的焦点，使得金哥成为连接各种冲突的纽结，赋予金哥权威性的视角和主体性的画面位置，“使以

① 中国第二历史档案馆编：《中华民国史档案资料汇编》（第 5 辑第 1 编文化），江苏古籍出版社 1994 年版，第 361 页。

金哥为代表的工人在新的社会关系系统中的主导地位得以确定。”①这样，无产阶级就成为整个电影结构的核心和电影话语的关键词。

在对人物形象的塑造上，左翼影片将不同阶级因经济基础的差异而衍生的集体性特征进行抽象，再通过故事中的人物将之具体化。如此一来，影片中的主人公就既是有名有姓的“这一个”，又代表着暗示着他所属的整个阶级。同时，左翼影片采取了将人物的经济地位和经济属性道德化伦理化的表现手法，也就是说，经济上贫困的无产阶级同时是美善道德的化身，而有产阶级在道德上则卑鄙可耻。例如，《桃李劫》中的青年学生陶建平正直、刚毅、率直，毕业后，他在轮船公司谋生，因反对轮船超载和经理发生冲突被辞退。之后，他又在营造厂里找到一份工作，发现厂主偷工减料而不惜置顾客生命安全于不顾，他又对厂主提出抗议，结果他再次被辞退。但自始至终，陶建平初心不改，不因碰壁而变得圆滑，不因受挫而改变秉性。《大路》中的开山筑路工人金哥也是高尚道德的代表，他刚健有力、乐观向上、藐视困难，他和工人们一同抢筑一条军用公路，踏平荆棘、跨越危崖，“没有怯懦，只有热情，没有自私，只有团结”②，充满英雄气概。《马路天使》中的穷苦吹鼓手陈少平聪明伶俐、诙谐幽默，他承受着社会的重压，却始终阳光明朗。他们所代表的无产阶级劳动人民拥有美好的道德品格。

与之相反，资产阶级人物则道德败坏：如影片《母性之光》中的黄书麟，他的父亲在南洋有大片的矿产，是典型的资本家少爷，他见异思迁，抛妻弃子，私生活混乱，对于穷苦百姓毫无同情心，真正是“为富不仁”。《都会的早晨》中同样有个资本家少爷黄梦华，也是始乱终弃，将自己的私生子无情抛弃。而《新女性》中的校董王博士则更是戴着博士头衔的无耻流氓，他心思阴毒、两面三刀，正是在他的设计陷害下，作为尝试独立生活的“新女性”韦明才被逼

① 唐锡光：《浅谈30年代左翼电影的寓言化倾向》，《山东大学学报》（哲学社会科学版），2003年第3期。

② 广播电影电视部电影局党史资料征集工作领导小组，中国电影艺术研究中心编：《中国左翼电影运动》，中国电影出版社1993年版，第294页。

自杀。

左翼电影中有两部讲述同胞姐妹或兄弟的故事,一部是上文提到的蔡楚生的《都会的早晨》;另一部则是郑正秋的《姊妹花》。这两部电影皆表现了这样一个寓意:具有相同血脉的两个人,在不同的环境中成长,基于不同的阶级处境具有了完全不同的性格和道德。在《姊妹花》中,大宝和二宝是亲姊妹,后来被迫骨肉分离,大宝跟随母亲在贫困环境中长大,二宝则跟随父亲在富裕舒适的环境中长大。大宝为生活所迫到二宝家中做女佣,姐妹俩相见不相识。在这里,电影用大量篇幅表现了大宝的勤劳和善良,二宝则是骄奢淫逸、颐指气使,二宝对大宝极尽吝啬之能事。在《都会的早晨》中,哥哥寄龄被穷苦的车夫收养,弟弟惠龄则在资本家的奢华中成长。不同的生活环境造就了兄弟二人截然相反的人格,哥哥善良正直、独立坚强,有宽阔的胸怀和不屈的品格;弟弟则是不折不扣的纨绔子弟,无所事事之余欺霸人女,道德沦丧。影片的作者就是要强调环境对人格的巨大影响作用,强调资产阶级的经济剥削造成的他们人格上的冷酷、贪婪、自私、无情、势利,强调无产阶级在困苦磨难中炼就的坚强、刚毅、勇敢、善良与宽容。

左翼电影进行的这种阶级典型的演绎是一种概而言之的归纳,虽然未必所有的资产阶级都是道德败坏的,但由于他们的闲适生活普遍建立在对无产者的剥削上,这就使得他们在伦理道德上失去了立足的基石。因此,左翼电影大胆进行了伦理道德与人格品行的链接,虽然不能否认时有生硬的地方,然而这种链接却毫无疑义地点燃了观众对资产阶级的道德谴责和憎恨情绪,激起了他们对阶级差异的深刻警醒。而这正是中共动员群众的社会思想基础。

2. 关于阶级压迫的银幕再现

在剧中人物的关系上,左翼电影集中展现了资产阶级对无产阶级的政治的、经济的乃至肉体的剥削、压迫、掠夺和侵占,甚至包括性的剥削和压迫,将统治阶级与被统治阶级间不可调和的矛盾展现给观众。如此,左翼电影未曾言明的话语已经充分彰显出来:中国社会深层次问题的根源在于阶级矛盾,在于帝国主义对中国的侵略。国民党散布的所谓“劳资调和”“中国没有截然对立的阶级”等说辞不攻自破,中共指明的阶级斗争、社会革命等的主张才是代表历史前进的正确方向。

以郑正秋为例,作为电影界的元老级人物,在左翼风潮兴起之前拍摄的影片中几乎寻找不到关于阶级或阶级对立的蛛丝马迹,而明显左转后,他的电影就自觉从阶级视角尤其是阶级压迫的视角观照人物命运。正如《中国左翼戏剧家联盟最近行动纲领》中所指出的,中国电影要“发动中国电影界的‘普罗·机诺’运动(即无产阶级电影运动)与布尔乔亚及封建的倾向斗争”。① 郑正秋显然受到了影响。比如,他的同样表现姊妹两人命运的影片《血泪碑》和《姊妹花》。前者拍摄于1928年,讲述的是维新与守旧之间的故事,姐姐思想守旧,妹妹追求维新,最后妹妹被冤致死,姐姐受到良心谴责自杀身亡。这里面,作者的主要意图是批判旧思想、旧道德对女性的荼毒,哀叹女性在社会中的痛苦与不幸。而拍摄于“左翼电影年”即1933年的《姊妹花》着意揭露不同阶级间姊妹生活的悬殊和矛盾,揭露资产阶级对无产阶级的倾轧,意图在于强调不幸命运的罪魁祸首在于阶级对立与阶级压迫。

可以说,正是在中共和电影小组的带动下,左翼电影人将展现和凸显阶级压迫作为自己的创作方向。夏衍的《狂流》被誉为左翼电影的开山之作,原因就在于他首次在电影中直接大胆地暴露了地主阶级对农民阶级的剥削与压迫。故事以1931年长江流域的水患灾害为背景,将故事地点设定在离汉口不远的村庄傅庄。傅柏仁是村中的大地主,平常“鱼肉乡里,路人侧目”。② 水灾发生后,他携家眷逃到汉口躲避,打着募集灾款的幌子领到一笔巨款,中饱私囊。之后,他竟然和县长雇用一条小船去沿江观赏水情,将灾难作为自己消遣的对象,袖手旁观落水的难民在洪水中挣扎求生。风雨暴涨,眼见堤坝将溃,

① 广播电影电视部电影局党史资料征集工作领导小组,中国电影艺术研究中心编:《中国左翼电影运动》,中国电影出版社1993年版,第18页。

② 广播电影电视部电影局党史资料征集工作领导小组,中国电影艺术研究中心编:《中国左翼电影运动》,中国电影出版社1993年版,第231页。

村民生命危在旦夕，傅柏仁却拒绝将赈灾款交付使用，小学教员刘铁生情急之下拆掉了傅柏仁后花园中用赈灾款购买的木材，结果傅柏仁和县长沆瀣一气，将刘铁生污为盗寇，拘捕殴打。

中国首部荣获国际奖项的影片——蔡楚生的《渔光曲》同样是对地主阶级压迫农民阶级（渔民）的控诉。在故事开端，作者就交代了地主阶级的残酷剥削：东海之滨的渔民之家新添了一对龙凤胎，父亲徐福在一瞬间的高兴之余，更多的是为一家五口的生计发愁。他恳求大船户何仁斋能宽限船租日期，何仁斋不予宽限。因此，徐福不得不在不适宜出海的时候驾船去捕鱼，结果葬身大海。徐福的妻子只好抛开自己的儿女，到何仁斋家做奶妈，用自己的奶水喂养何家少爷。影片特意安排了这样一个情节：一天中午，正当徐妻在何家准备吃午饭的时候，有人告知她她的儿子因为没有奶吃身体很孱弱，病得厉害，希望她能回去看看孩子。徐妻听闻后再无心思吃饭，只一个劲流泪。这时，何太太走了过来，指着饭菜，像对待牲口似的对徐妻说“你为什么不吃啊？”“吃了就有好的奶给小少爷吃，好把小少爷喂得白白胖胖的。”[①]徐妻失神地点点头，表示一定吃，何太太这才心满意足地离开。而何太太终是不允徐妻回家，徐妻只好在夜雨中偷偷回家看望孩子。故事还有很多绵延的情节，处处显示着阶级压迫对穷人的催逼与勒索，而这种压迫也将剧中人的悲欢离合同时传递给观众。

影片《母性之光》则用镜头直接呈现了资产阶级对工人阶级的剥削与压迫。当小梅随着身为资本家少爷的丈夫一同参观家族矿场时，影片通过小梅的眼睛，向观众呈现了一幅真实又悲惨的场景：在那里，烈日炎炎，许多瘦弱的矿工赤膊袒胸拼命干活，稍有懈怠便会有监工的鞭子落在身上。突然，一个矿工体力不支倒下了，两个手持皮鞭的监工立即扑上去将其一顿毒打。此时，小梅的丈夫，资本家少爷飘出一句话“打死这些狗”。这就是那些工人在资本家心中的地位，像猪狗一般，猪狗尚且有生存的空间，这些工人却可以随便被打

① 《中国新文学大系》（1927—1937），电影集一，上海文艺出版社 1984 年版，第 382 页。

甚至被打死。这不是对阶级矛盾最有力的揭露吗？

左翼影片有相当多的篇幅关注女性，尤其是无产阶级女性，她们不仅像无产阶级男性一样承受有产阶级政治的、经济的压迫，还额外承受资产阶级的性剥削与压迫。比如，《天明》中的菱菱，《神女》中的她，《船家女》中的阿玲，《新女性》中的韦明，《马路天使》中的小云，《海棠红》中的海棠红，《香草美人》中王阿大的女儿。她们本如淳朴美丽的花朵，却被践踏在社会的泥泞中，成为被剥削者中最可怜的一群。通过对她们的关注，左翼电影在叩问观众的心灵，罪恶的渊薮在哪里？《母性之光》中的小梅给出了回答，在于不公平的社会体制，在于阶级压迫，在于那"吃人的大魔王"。

3. 对反抗与革命的光影诉说

既然阶级压迫已经深刻揭露，接下来的问题就是对"怎么办"的回答了。怎么才能让无产阶级摆脱厄运与苦难，左翼电影通过剧中人告诉观众：被压迫者联合起来，走反抗与革命的道路。例如，在《天明》中，菱菱最初选择个人抵抗，用自己的钱去帮助比她还要困难的劳苦穷人，但影片旋即告诉观众这种抵抗是微不足道的，真正奏效的是集体的抗争和暴力的革命，是用以暴制暴的方式去消灭那些社会的不公平。影片对这种革命意识的传达和培植是明确且巧妙的，它通过如下这些场景不断增强对观众的刺激：菱菱悲愤交加、振臂呐喊"天……尽管这样的黑暗……；压迫……尽管这样的增加……"但"这样才有革命！……这样才有天明……"菱菱决定为参加革命军的表哥作掩护时，字幕上闪现出三个大字"为大家……"菱菱的行动感化了一位同情革命的年轻军官后，军官为菱菱辩护，说"念着她是为大家的幸福……"最后，在对菱菱行刑前，年轻军官对着自己的队伍高呼"兄弟们……调转你们的枪口！……打倒压迫民众的虎豹豺狼！……"在这里，"为大家""靠大家""调转枪口"已经形成了连续的话语符号，强调集体抗争和暴力革命的紧迫与必然，而这也正是中共言说的结束黑暗迎接"天明"的必由之路。

《狂流》中则用镜头展现了农民阶级和地主阶级的激烈对抗，在影片的结尾部分，这种对抗达到高潮，刘铁生带领农民群众去傅家后园抢夺傅柏仁用赈灾款购买的水泥木料，傅柏仁招来保安队企图阻挠农民，刘铁生带领农民与保安队展开了搏斗。电影用隐喻的方式预示了斗争的结局：大堤决口了，漫天洪水呼啸而来。在一片漂流的水中，傅柏仁和保安队在拼命挣扎，眼看就要灭顶，而刘铁生却勇猛地从激流中浮出，在救起自己的爱人后，又奋力游向远方去拯救落水群众。而电影就在铁生矫健远游的背景中淡出结束。这种充满想象空间的结尾不正暗示了地主阶级的没落和农民阶级的胜利吗。《女性的呐喊》中，被迫背井离乡进入城市打工的农村女性叶莲，在经历了资本家经济的和肉体的双重剥削后，终于醒悟“个人奋斗是会失败的，健实起来再奋斗”①的道理，于是她踏上了革命之路。而就在这时，影片特意安排了一个镜头：早晨的第一声汽笛鸣响了，作者要借此告诉观众：汽笛警醒了叶莲，同时将唤醒千千万万受压迫的女性参加革命。《脂粉市场》中的翠芬也在重重打击和挫折之下认识到靠个人奋斗难以成功，于是她昂首阔步离开了都督室，头也不回地走向革命。

在中国近代史的历程中，阶级革命和民族革命交织进行，左翼电影在言说阶级斗争的同时，也自觉担负起言说反帝抗日和民族革命的话语，如《小玩意》讲述了一个民间手工艺人叶大嫂的故事，她拥有高超的手艺，制作的小玩意巧夺天工、精美绝伦，以此可以维持全家生计。但是在帝国主义商品的倾销下，这些手工艺品逐渐失去了市场，叶大嫂也失去了生存的依靠，不得不流落到城市中去寻找生机。这时，上海爆发了“一·二八”事变，叶大嫂积极支援抗战，她的女儿在抗日前线英勇牺牲。影片因是无声的，便用字幕显示“抗战！……奋斗！……牺牲！……为群众求自由、平等而战，是永远的光荣、伟大！”②《中国海的怒潮》则用渔民抗战的故事激励观众抗日。故事发生在一个小渔村，主角是一群穷苦的渔民，他们固然受着渔村富户的盘剥，但是当海

① 广播电影电视部电影局党史资料征集工作领导小组，中国电影艺术研究中心编：《中国左翼电影运动》，中国电影出版社 1993 年版，第 233 页。

② 《中国新文学大系》（1927—1937），电影集一，上海文艺出版社 1984 年版，第 321 页。

上冒起日本侵略船只的浓烟时，这群渔民却勇敢地驾驶着破旧的小船，操着落后的土枪坚决捍卫自己的家园。影片最后以焦大和阿德的牺牲和几百渔民的默哀收束，在这一片静默中，驱逐日寇出中国的强烈信念已经悄然散播进观众心中。

左翼电影在言说革命话语的过程中，注意对表达形式的探索，从而以更加艺术化的方式说出了想说的话。例如，对蒙太奇方法的探索运用。左翼电影人几乎以初学者的刻苦姿态如饥似渴地学习来自西方的蒙太奇理论（也就是将镜头妥善连接的方法），并将之运用到电影拍摄中。这其中苏联导演普多夫金的《电影导演论·电影脚本论》对左翼人启发颇大，他们积极运用该书中介绍的"对照""平行"及"近似"等剪辑方法。例如，夏衍的《上海二十四小时》是表现无产阶级和资产阶级之间巨大的生存差异和阶级对立的，为了凸显这种阶级矛盾，电影高频且巧妙地使用了对照的蒙太奇方法：一个镜头是成群的蝼蚁般的女工下工回家，接着一个镜头是买办太太慵懒地躺在床上；一个镜头是皮带盘底下的小童工受伤倒下血流满地，另一个镜头是买办太太把仆人送来的鸡汤泼在地上；一个镜头是童工家里为无钱医治而愁锁心头，另一个镜头则是买办太太为宠物治病一下就花掉 30 块大洋。此外，《狂流》在表现阶级对立时也采用了这种剪辑方法：一个镜头是铺沙挡水的农民，配有字幕"再下雨，今年的收成可又完了！"另一个镜头是傅柏仁抬头观天，配有字幕"再下雨，明天的喜事可就遭了！"①工农阶级和地主阶级的所思所想截然不同，一方在为粮食忧虑；另一方却在为喜事操心。正是在镜头的强烈对照之下，阶级之间的对立与矛盾被凸显得尖锐、刺眼。

除了对镜头衔接技巧的探索，左翼电影还注重发挥音乐的渲染作用。至 1933 年，左翼电影在探索有声电影上取得不小进步，虽然同期声还未成熟，但是电影配乐却有了极大发展。以《母性之光》为例，影片中插入歌曲 4 首，皆由左翼电影小组成员聂耳负责。其中的一首《开矿歌》点亮了影片主

① 《中国新文学大系》（1927—1937），电影集一，上海文艺出版社 1984 年版，第 108 页。

题:“开矿,开矿,开出来黄金黄。我们在流血汗,人家在兜风凉,我们在饿肚皮,人家在食膏浆,我们终年晒着猛烈的太阳,人家还嫌冰冻水不够凉爽。哐当,哐当!”此外,《桃李劫》中田汉作词的《毕业歌》,《渔光曲》中安娥作词的《渔光曲》,《马路天使》中田汉作词、贺绿汀谱曲的《四季歌》,《风云儿女》中田汉作词、聂耳谱曲的《义勇军进行曲》都已成为家喻户晓、妇孺皆知的名曲,不仅在当时广为传唱,其中不少优秀的歌曲穿越历史时空依然鲜活在今天人民的心中。左翼电影和左翼音乐的艺术感染力和话语传播力由此可见一斑。

总的来说,左翼电影通过对时代的观照和对社会的透视,利用电影镜头重新编码了中共的革命话语,将阶级斗争、反帝反封建的政治诉求以更加生动、具体、多元的方式展现出来,在话语宣传和话语权建构上发挥了别开生面的作用。正如一位署名椀的观众在《申报·电影专刊》上发表的观看左翼影片《城市之夜》后的感慨:“悲哀,享乐,穷人的苦泪,富人的狠心,有忏悔,有沉迷,有堕落,有兴奋,处处都紧紧地抓住了你的心弦,给你很深的印象和刺激。不但穷人看了要流泪,任你是铁石心肠的富人,看了这张片子,也都要起一种同情心。”①而这种同情心,正是赞同和支持无产阶级革命的情感基础,是拥护中共革命主张的思想前提。左翼电影通过对电影语言的诉说,承担了为中共争取群众发动群众的历史使命。

三、戏剧中的中共话语

戏剧,这里主要指其中的话剧,在20世纪初的中国有了新的发展。它采用舞台表演的形式营造某种“情景”,与观众面对面交流近距离接触,激起观众的情感共鸣。它不像文学作品,对读者的文化功底有一定要求;又不像电

① 椀:《〈城市之夜〉里泪太少》,《申报》1933年3月12日,“本埠增刊·电影专刊”,第5版。

影，需要相当资本的介入，它“比任何艺术和社会的关系更密切”①，其灵活精悍使得它最容易实现大众化，也最容易完成大众化的社会功能。在推动中国话剧艺术的发展历程中，田汉及其领导的南国社有首创之功，他们在扬弃十九世纪末文明戏的基础上探索开新，辩证地吸收借鉴中国传统戏曲和外国歌剧的因素，创作排演出《南归》《苏州夜话》《名优之死》《获虎之夜》等现代话剧剧目，开创了中国话剧的审美范式，为话剧赢得了社会生存空间，赢得了人民群众的热切关心，“差不多我们可以说，社会的前进分子对于戏剧运动都抱有特别的兴会。学生大众间更表现出热烈的情趣。”②鉴于话剧的社会影响力，国民党当局曾试图拉拢利用话剧的先锋南国社。1929 年，南国社第二次赴南京演出时，国民党高层官员戴季陶、叶楚伧等设宴款待南国社成员，然终因立场不合被田汉严正驳斥。诚如郑伯奇深刻指出的“戏剧也同其他艺术一样，不站在前进的阶级的立场上，绝对没有发展的可能。若是规避斗争，不敢站在时代的先端，那种艺术一定没落。”左翼风潮兴起后，田汉等话剧先锋实现左转，特别是随着左翼戏剧家联盟的建立和“领导无产阶级的演剧运动”纲领的确立，诸多积极追求进步的话剧界人士开始将目光转向无产阶级，自觉担负起为工农群众“指示出政治的出路③”的使命。话剧发展出现新的高潮，成为中共领导的革命运动的坚强一翼。剧作家和演员们深入工厂农村学校，创作和演出了大量表现劳苦群众、言说革命话语的话剧剧目，成为为中共发声说话的有力支持者。据不完全统计，左翼文化运动期间，左翼剧人创作、改编、演出的剧目达 80 多种，附录如下：

① 文化部党史资料征集工作委员会编：《中国左翼戏剧家联盟史料集》，中国戏剧出版社 1991 年版，第 317 页。

② 文化部党史资料征集工作委员会编：《中国左翼戏剧家联盟史料集》，中国戏剧出版社 1991 年版，第 307 页。

③ 文化部党史资料征集工作委员会编：《中国左翼戏剧家联盟史料集》，中国戏剧出版社 1991 年版，第 17 页。

表 10　左翼文化运动期间创作的部分左翼剧目

首演年份	剧名	作者	演出剧团	演出地点
1930 年	炭坑夫	[德]弥尔顿夫人	上海艺术剧社	上海宁波同乡会
	梁上君子	[美]辛克莱	上海艺术剧社	上海宁波同乡会
	爱与死的角逐	[法]罗曼·罗兰	上海艺术剧社	上海宁波同乡会
	悭吝人	[法]莫里哀	摩登社、上海艺术剧社	南通
	生之意志	田汉	摩登社、上海艺术剧社	南通
	父归	[日]菊池宽	摩登社、上海艺术剧社	南通
	到明天	左明	上海艺术剧社	沪东工厂区
	西线无战事	[日]村山知义(改编)	上海艺术剧社	上海演艺馆
	阿珍	冯乃超、龚冰庐合编	上海艺术剧社	上海演艺馆
	卡门	田汉(改编)	南国社	上海
	血衣	刘保罗	新民剧社、小小剧社	南通
	街头人	[英]苏德罗	大道剧社、大夏剧社	上海大夏大学
	洪水	田汉	大道剧社、大夏剧社	上海大夏大学
	马特迦	案娥(改编)	大道剧社	上海
	婴儿杀戮	[日]山本有三	暨南剧社、大夏剧社、光华剧社	上海暨南大学
	最先与最后	[英]高尔斯华绥	暨南剧社、大夏剧社、光华剧社	上海暨南大学
	最后五分钟	[英]米尔尼	暨南剧社、大夏剧社、光华剧社	上海暨南大学
	车夫之家	欧阳予倩	大道剧社	上海暨南大学
	阿莱城姑娘	[法]都德	大道剧社	上海暨南大学
	生与死	刘保罗、李尚贤	大道剧社	上海暨南大学
	放下你的鞭子	陈鲤庭	学校教师	青浦

续表

首演年份	剧名	作者	演出剧团	演出地点
1930年	乱钟	田汉	大道剧社	上海暨南大学
	S.O.S	楼适夷	曙星剧社	上海中心区
	工厂夜景	袁殊	蓝衣剧社	上海工厂区
	活路	楼适夷	蓝衣剧社	上海工厂区
	解放	集体创作	大道剧社、曙星剧社	苏州东吴大学
	暴风雨中的七个女性	田汉	大道剧社、暨南剧社、大夏剧社等	上海市商会
	反对不抵抗	刘保罗	大道剧社	沪西公社
1932年	打回老家去	易扬、[美]哥尔德	中大抗日剧社	广州
	战友	田汉	五月花剧社	杭州
	一致	田汉	五月花剧社	杭州
	梅雨	田汉	五月花剧社	杭州
	黄种人	杨骚	五月花剧社	杭州
	月光曲	田汉	苞莉芭剧社	北平
	瓦刀	于伶	苞莉芭剧社	北平
	姊姊	田汉	春秋剧社	上海郊区
	江村小景	田汉	春秋剧社	上海郊区
	月亮上升	[爱尔兰]格雷戈里夫人	美专剧团	上海暨南大学

续表

首演年份	剧名	作者	演出剧团	演出地点
1933 年	腊月廿四	于伶	三三剧社	上海工厂区
	谁是朋友	陈鲤庭(改编)	骆驼演剧队	上海工厂区
	转变	白音、葛一红、田鲁	暴风雨剧社、骆驼演剧队	嘉定
	嘉定三三	白音、葛一红、田鲁	暴风雨剧社、骆驼演剧队	嘉定
	丰收	于伶	三三剧社、骆驼演剧队	上海宁波同乡会
	名优之死	田汉	春秋剧社	上海宁波同乡会
	颤栗	田汉	光光剧社、三三剧社	苏州
	五奎桥	洪深	复旦剧社	上海
	我们不起货	集体创作	抗日剧社	广州
	残芽	章泯	新地剧社	上海
	怒吼吧，中国！	[苏]特利亚科夫	戏剧协社	上海
	二升米	王逸	磨风艺社	南京
	爆炸	金山	蓝衣剧社	淞沪铁路机厂

续表

首演年份	剧名	作者	演出剧团	演出地点
1934年	天外	[美]奥尼尔	拓声剧社	上海
	锁着的箱子	于伶(改编)		上海
	洗衣老板和诗人	[日]金子洋文	无名剧人协会	上海
	母亲	田汉(改编)	磨风艺社	南京金陵大学
	救命圈	章泯	蓝衣剧社	上海工厂区
	流浪者	金山(改编)	无名剧人协会	上海工厂区
	捕鲸	[美]奥尼尔	无名剧人协会	上海工厂区
	同住的三家人	欧阳予倩	无名剧人协会	上海工厂区
	到前线去	凌鹤	新地剧社	上海
	扬子江的暴风雨	田汉		上海青年会
	银包	于伶(改编)	大地剧社(院新地剧社)	南京大世界
	香稻米	洪深	大众剧社	南京民教馆
1935年	娜拉	[挪威]易卜生	磨风艺社	南京
	回春之曲	田汉	上海舞台协会	上海
	水银灯下	田汉	上海舞台协会	上海
	钦差大臣	[俄]果戈里	上海业余剧人协会	上海
1936年	走私	洪深	星期实验小剧场	上海新光戏院
	秋阳	张庚	星期实验小剧场	上海新光戏院
	都会的一角	夏衍	星期实验小剧场	上海新光戏院
	毒药	章泯	女工夜校	上海麦伦中学
	赛金花	夏衍	四十年代剧社	上海
	大雷雨	[俄]奥斯特罗夫斯基	上海业余剧人协会	上海
	欲魔	[俄]托尔斯泰	上海业余剧人协会	上海
	醉生梦死	[爱尔兰]奥克塞	上海业余剧人协会	上海

续表

首演年份	剧名	作者	演出剧团	演出地点
1937年	罗密欧与朱丽叶	[英]莎士比亚	上海业余实验剧团	上海卡尔登戏院
	武则天	宋之的	上海业余实验剧团	上海卡尔登戏院
	太平天国	陈白尘	上海业余实验剧团	上海卡尔登戏院
	原野	曹禺	上海业余实验剧团	上海卡尔登戏院
	保卫卢沟桥	集体创作	上海剧作者协会	上海蓬莱戏院

《中国左翼戏剧家联盟最近行动纲领》指出，左翼戏剧要向"都市无产阶级""革命的小资产阶级的学生群众与小市民""白色区域内的广大农村"进行革命思想的宣传，"指出在半殖民地中，中国无产阶级所负的伟大使命，指示他们彻底反帝国主义，反豪绅地主资产阶级的国民党，反黄色与右倾的欺骗，拥护苏联及中国苏维埃与红军。"①为了达到这一目的，左翼剧联特别强调剧目的编排要贴近群众生活，要与群众的生产经验直接发生联系，要采用俚词俗语让他们听懂看懂。在这种精神的指导下，左翼戏剧沉入劳苦大众，扣紧时代脉搏，生动诠释了中共的革命方针，传播了革命话语。

田汉的《乱钟》《回春之曲》是对反帝尤其是反抗日本帝国主义话语的戏剧化阐释。《乱钟》采取独幕剧的形式，将故事场景设定在沈阳一所大学的女学生宿舍里，剧中人物是许多个女大学生 ABCDE……学生们目睹了日本帝国主义的侵略给中国造成的民族危机和国民党政府的不抵抗政策，在一番"指点江山，激扬文字"后，决定联合起来去拯救民族家园。最后，他们敲响学校钟楼的大钟，号召同学们去和日本人战斗。剧目在"打倒一切帝国主义"的呼声中结束。《回春之曲》是三幕剧，讲述了南洋华侨高维汉在民族危急关头告别恋人梅娘回国参加抗战，在战斗中负伤。而梅娘也冲破了父亲的阻挠毅然

① 《中国左翼戏剧家联盟最近行动纲领》，文化部党史资料征集工作委员会编：《中国左翼戏剧家联盟史料集》，中国戏剧出版社1991年版，第17页。

回国参加抗战救护工作。剧目将青年男女对爱情的忠贞和对祖国的热爱紧密结合在一起，揭露了日本侵华给中国人民造成的灾难，歌颂了爱国青年的奉献精神。田汉的剧目擅长抒情氛围的营造，台词流畅优美，极富情感冲击力。

洪深的“农村三部曲”《五奎桥》《香稻米》和《青龙潭》是对农村阶级矛盾和农民反抗的生动再现。尤其是《五奎桥》直接表现了农民阶级与地主阶级的矛盾斗争，艺术构思精巧，戏剧冲突集中，颇能代表左翼戏剧的艺术风范。《五奎桥》以洪深熟悉的江南农村生活为背景：“五奎桥”是江南水乡的交通枢纽，是乡民们生产生活的必经关口，也是地主乡绅周老爷家的私产，是地主阶级权力和地位的象征。时值大旱之年，农民们急需从外地租借抽水船来挽救禾苗，而五奎桥则因年代久远桥孔低矮阻碍了抽水船的通行。为此，处于灾荒中的农民和周乡绅展开了拆桥与护桥的斗争。几番轮回下来，周乡绅绑走并鞭笞两个农民，而农民忍无可忍终于积怨爆发，拆掉了五奎桥。农民以自己的抗争赢得了生路，而周乡绅在愤怒的民众面前终也俯首听命。整出剧目人物众多，情态各异，情节跌宕，矛盾冲突集中而富有张力，成功塑造了地主乡绅和农民代表的人物形象，堪称中国现代话剧史上较早反映农民奋起反抗的作品。

夏衍在进行电影剧本创作的同时，也创作了不少戏剧剧本：历史剧《赛金花》讽刺了国民党在国家危亡面前的不抵抗政策；《秋瑾传》纪念和宣扬了革命英雄精神，《上海屋檐下》则观照和表现都市下层民众的悲惨生活，塑造了革命者的形象，给观众指明了希望，“指示出路”。当然，《上海屋檐下》对希望和出路的指示是委婉而巧妙的：正当各色人等在为自己的生计忧愁或忙碌时，匡复的出场意味着某种意义的自由、新生与解放。匡复是一位因参加革命而经历了八年牢狱之灾的革命者，如今重获自由。他迫不及待地去探寻妻女，却发现妻子为生活所迫早已与昔日好友林志成同居。得知匡复回来，林志成有意促成他们夫妻再续前缘，他辞去了工厂小管理员这个“被人欺负和欺负别人”的工作，打算离开。而匡复了解全部情况后主动选择退出，他留下祝福，悄悄离开，去完成昔日的革命梦想。可以说，匡复和林志成作为全剧中两个最关键的人物，共同完成了革命意旨的传达：革命者的复归和再出发，意味着阴郁过往的生活结束了,一切将重新开始。

此外,尚有许多短小精悍的街头话剧在革命意识的启迪和革命话语的传播中起到了非同小可的作用,如广为流传的短剧《放下你的鞭子》,几乎成为中共革命动员话语的经典性标识。该剧为独幕剧,最先由陈鲤庭创作于1931年,其后在演出过程中不断根据场景进行修改,以增强剧目的现实性和感染性。剧中人物有三个:卖艺汉、香姐、青年工人。故事发生的时间是下午五点,演出地点多在各种大小广场。故事是这样安排的:卖艺汉向大家介绍香姐的小曲唱得好,香姐开唱后却因突然咳嗽中断演唱。卖艺汉眼看演出搞砸,扬起手中皮鞭就打在香姐身上。这时,看客中的一名青年工人跳上舞台,对着卖艺汉呵斥“放下你的鞭子!”而后,香姐替卖艺汉求情,原来她与卖艺汉是亲生父女,相依为命。父女俩在九一八事变后流落关内,一路上以卖唱为生,忍饥挨饿。父女俩控诉日本侵略者对中国东北的蹂躏。不过,剧目的点睛之笔还在青年工人的振臂高呼“穷朋友,咱们‘不打不相识’。现在既然在这儿碰头了,咱们就得一伙儿去,向压迫我们、剥削我们的人算账去——这才有我们的生路!”①在青年工人的带动下,人群高呼打倒日本帝国主义。该剧剧情简洁,场景简单,却非常富有鼓动性和感染性,几乎瞬间就激发起观众同仇敌忾的抗日热情。该剧自问世后广受欢迎,不断演出,有时一天内连续演出七八场,是左翼戏剧的代表性作品之一。

总的来说,文学、电影、戏剧等皆成为左翼文化运动中的话语宣传阵地,通过一件件赏心悦目的艺术作品,左翼文化人晓之以理、动之以情,春风化雨般言说中共革命话语,传达中共政治主张,有力推动了中共话语权的建构。

---

① 《中国新文学大系》1927—1937,戏剧集二,上海文艺出版社1985年版,第339页。

第五章　左翼文化运动建构中共话语权的话题策略运用

话题是话语传播和话语权建构的重要抓手。一个有意思、有生长空间的话题可以吸引受众，并在话题的相关语言符号组构中扩大话语主体知名度和话语内容影响力。话题可以由己方设置、提出，也可以由他方制造而为我所用。大革命失败以后，中国社会形势的急剧变化催生了国人对中国前途命运的广泛关心，形成了一些热点性话题，而这些话题关乎革命道路的选择，关乎中共革命话语的合法性。中共及其领导下的左翼人士迅速行动起来，把握、利用和扩大了相关话题争论，引导社会舆论，激发民众共识，使之成为扩散和传播中共话语的契机。

第一节　在关于中国社会性质的辩驳中扩大话语权

对国家前进道路的选择首先依赖于对国家社会性质的正确认识。1928 年，中国共产党第六次全国代表大会在莫斯科召开，会议在总结国民革命经验教训的基础上，分析研判了中国社会的基本性质，并由此明确了中国革命的基本任务。中共指出，"现在的中国经济政治制度，的确应当规定为半封建制度"①，同

① 《建党以来重要文献选编》(1921—1949)第 5 册，中共中央文献研究室、中央档案馆编，中央文献出版社 2011 年版，第 409 页。

时，“帝国主义握有管理中国全体经济之权。农村的封建关系之余孽，还有帝国主义压迫半殖民地的制度维持着。”①也就是说，中共坚持了列宁对中国社会性质的科学判断：中国是一个半殖民地半封建社会。由此，中共提出中国革命的性质是资产阶级民主革命，中国革命的基本任务是反帝反封建。中共的这一科学判断，将斗争的矛头指向了帝国主义及其在中国的代理人国民党。被戳痛的国民党反动派立即进行了辩驳与反攻，他们先后围绕中国社会的基本性质、中国古代的社会性质以及中国农村的基本性质展开了所谓的“研究”，著书立说，攻击中共主张。国民党的激烈反映在社会上引起了舆论旋涡，混淆了民众认知，对此，中共及左翼知识分子运用学术与政治的双重武器展开理论争鸣，论证了中国社会的半殖民地半封建性质，捍卫了中共的革命话语权。

一、话题参战的反方成员及主要观点

企图与中共争夺对中国社会性质言说权的力量主要有以下几种：

一是以陶希圣为代表的“新生命派”，成员包括戴季陶、周佛海、潘公展、陈邦国、梅思平、朱伯康、梁园东等。他们的主要观点是中国的封建制度早在春秋战国时代便已崩坏，此后中国便进入了商业资本主义：秦代至清代，中国是不发达的“商业资本主义社会”，鸦片战争以后，中国是“帝国主义压迫下的商业资本主义社会”。他们的这一论断其实暗含着巨大的逻辑难题：既然中国早已进入资本主义，为何经历两千年之久依然没能走向发达？对这一问题，新生命派进行了理论杜撰：陶希圣辩称，中国的封建制度虽已不存在，但封建势力却还存续着，所谓封建势力，就是指“以政治力量执行土地所有权并保障其身份的信仰的士大夫阶级”。② 这一阶级产生于知识阶层，对平民怀有同情，但他们又与封建阶级截然不同。他们一方面超越了贵族门第的限制，另一

① 《建党以来重要文献选编》(1921—1949)第 5 册，中共中央文献研究室、中央档案馆编，中央文献出版社 2011 年版，第 411 页。

② 高军编：《中国社会性质问题论战资料选辑(上)》，人民出版社 1984 年版，第 41 页。

方面又对资本主义工商业的发展造成一定的阻碍。但总之,士大夫阶级彻底改变了中国社会的封建性质。按照这些言论,中国既然已经没有封建阶级,中共领导的资产阶级民主革命也就失去了历史合理性。

二是以汪精卫为代表的国民党改组派,主要包括陈公博、顾孟余、王乐平、王法勤等人。他们创办《革命评论》《前进》杂志,发表文章否认中国依然存在着封建的阶级和制度,认为当下的中国是"一个为封建思想所支配的初期资本主义"社会。① 他们强调中国没有大地主,没有土地可分,直接反对中国共产党的土地革命理论。

三是以胡适为代表的资产阶级改良派。1930 年 4 月,胡适发表文章《我们走哪条路》对中国社会进行分析。他将中国问题的症结总结为五种病因,即贫穷、疾病、愚昧、贪污和扰乱。胡适强调:"资本主义不在内,因为我们还没有资格谈资本主义。资产阶级也不在内,因为我们至多有几个小富人,哪有资产阶级?封建势力也不在内,因为封建制度早已在二千年前崩坏了。帝国主义也不在内,因为帝国主义不能侵害那五鬼不入之国。"②他认为,铲除这五大恶魔,不能用"暴力的革命",而是"在自觉的指导之下一点一滴地收不断的改革之全功"③,由此,他反对中共领导的反帝反封建的民主革命。

此外,托陈取消派也站在了中共的对立面。大革命失败后,陈独秀、彭述之等人接受了托洛茨基关于中国社会性质和中国革命问题的错误看法,形成了取消主义理论。该理论认为,1927 年"四·一二"反革命政变是资产阶级的胜利,这一胜利使资产阶级掌握了国家政权,在政治上形成了对其他各阶级的绝对优势地位;这一胜利也使得封建制度及其残余遭到了最后的打击,"城市经济绝对地支配了乡村,因此一切封建残余的政治势力都不得不力求资本主

---

① 戴季陶主编:《中国问题之回顾与展望》,新生命书局 1929 年版。

② 《胡适文存》(肆),华文出版社 2013 年版,第 325 页。

③ 《胡适文存》(肆),华文出版社 2013 年版,第 333 页。

义化以自存”①,资本主义的经济关系在中国占了绝对主导地位。陈独秀由此得出结论,中国从经济到政治都已是资本主义国家。社会性质变了,革命性质也随之改变。中国革命不再是资产阶级的民主革命,不再需要暴力斗争,无产阶级只有在资产阶级的领导下进行和平合法的运动,搞议会斗争,等待将来各方面条件和时机成熟,再去进行社会主义革命。这就是所谓取消主义理论,其最终结论是反对中共领导的武装革命斗争。

二、话题辩驳的几个回合

上述各种反对声音使得中国社会性质问题一时间成为焦点话题,引起社会舆论的广泛关注。中共及其左翼人士随即展开了对这一话题的参与和论战,将对中国社会性质的争论推向深入。

1929 年 10 月 15 日,中共发布《关于反对党内机会主义与托洛茨基主义反对派的决议》,驳斥陈独秀等人的错误主张,对托陈取消派进行了严厉批判,申明中共的立场。1930 年 3 月和 5 月,中共中央机关刊物《布尔塞维克》连续刊登中宣部部长李立三的文章《中国革命的根本问题》,分析了帝国主义对中国的劫掠,阐释了中国尤其是广大农村封建制度依然根深蒂固,指出在帝国主义和封建势力的联合摧残下,中国民族资本主义的发展没有前途,资产阶级改良主义没有出路,对托陈取消派进行了系统批判。同年 4 月,左翼社会科学工作者创办的刊物《新思潮》自第 5 期起开辟《中国经济研究专号》,对中国社会性质问题进行集中的正面发声。该刊相继发表了一批学理性极强的论战性文章,如潘东周的《中国经济的性质》、吴黎平的《中国土地问题》、向省吾的《帝国主义与中国经济》《中国的商业资本》、李一氓的《中国劳动问题》、王昂(王学文)的《中国资本主义在中国经济中的地位与其发展及其前途》等。他们以马克思主义政治经济学基本原理为指导,对中国的经济社会状况进行了多角度地分析与阐释,论证了帝国主义对中国经济的巨大负面影响、中国资本

① 高军编:《中国社会性质问题论战资料选辑》(上),人民出版社 1984 年版,第 89 页。

主义的缓慢进展程度和中国经济活动中依然存在的封建因素，指出“中国经济实在是帝国主义侵略下的半殖民地的封建的经济”①，“只有在根本上推翻帝国主义及肃清中国封建势力以后，只有这样才能使中国经济发展”。② 这些文章科学确定了中国社会半殖民地半封建的性质和中国革命的反帝反封建根本任务。由于左翼人士以《新思潮》杂志为主要阵地，所以由他们代表的思想流派也被称为“新思潮派”。

左翼阵营的集体发声使得话语权的天平明显左倾，但反动阵营也不甘沉默，随即开始反扑。1930 年 7 月，托派组织“无产者社”创办《动力》杂志，大量刊发论战文章，由此形成了所谓的“动力派”，严灵峰、任曙、刘镜元（刘仁静）是代表人物。严灵峰先在《动力》上相继发表《中国是资本主义的经济，还是封建制度的经济?》和《再论中国经济问题》两篇论文，后又在这两篇文章的基础上再加生发，出版《中国经济问题研究》一书。1932 年，他又推出《追击与反攻》一书，书名就充分暴露了他寻战的心态。“动力派”另一战将任曙在 1931 年 1 月出版了著作《中国经济研究绪论》，并在《读书杂志》上发表多篇文章阐释自己的观点。刘镜元（刘仁静）则分别于 1931 年和 1932 年在《读书杂志》发表文章《评两本论中国经济的著作》《中国经济的分析及其前途之预测》，大力鼓吹托洛茨基的论调，否认中国封建因素的存在，宣传中国已经进入资本主义社会。

动力派的话语挑战使得关于中国社会性质的论争话题进一步白热化，中共组织和带领左翼社会科学工作者进行又一轮话语论战，将对这一话题的争论推向高潮。左翼人士以《布尔塞维克》《新思潮》《读者》《中国经济》《读书杂志》等刊物为阵地，集中推出一批思辨性和批判性俱佳的力作，如《中国经济的性质是什么——评中国几位社会科学家的见解》（王学文）、《中国经济的现状及其前途》（赖田）、《中国经济的性质》（竺廷彰）、《中国经济之性质问题的研究——评任曙君的〈中国经济研究〉》（张闻天）、《中国的经济和阶级关

① 高军编:《中国社会性质问题论战资料选辑》（上），人民出版社 1984 年版，第 195 页。
② 高军编:《中国社会性质问题论战资料选辑》（上），人民出版社 1984 年版，第 211 页。

系——对于方亦如的批评》(瞿秋白)、《唯物辩证法与严灵峰》《中国资本主义经济的发展》(刘苏华)等。在一些大学里,左翼团体还组织进步师生通过讲坛、墙报等形式与托派分子进行坚决斗争。此轮话语激战之后,托派分子再无力组织反攻。

三、左翼阵营的批驳

左翼阵营关于中国社会性质问题对反动派的批驳集中围绕以下三个问题展开。

第一个问题是帝国主义对中国经济到底产生了何种影响。托派分子认为,帝国主义的侵略促进了中国民族资本主义的发展。严灵峰指出,"帝国主义在中国整个国民经济中对资本主义经济成分的影响","在整个方面是推动资本主义成分前进。"①任曙则认为,近代中国资本主义经济"在全部中国经济生活中取了决定的意义,不是由于中国整个资本主义内在的发展,而是因为帝国主义向中国输入商品的关系"②,"中国资本主义的发展不是内在的而是外铄的"。③ 针对这些言论,左翼社会科学家进行了驳斥。他们指出,帝国主义入侵虽然某种程度上推动了中国资本主义成分的发展,扩大了资本主义的生产关系,但这种作用十分微弱,而且绝不是帝国主义侵略者的主观愿望和本来目的。帝国主义入侵,就是让中国殖民地化,变成它们的原料及劳动力来源地、商品倾销市场和资本输出地。诚如刘梦云(张闻天)一针见血地指出的,"帝国主义在中国创造最小限度的资本主义的企业与资本主义的关系,并不是为了发展中国的资本主义使中国变成一个资本主义国家,而是为了要使中国变成它的殖民地,变成它的附庸。"④帝国主义给中国的资本主义经济设置了重重壁垒,中国资本主义无法获得正常的发展空间。事实也是证明了托派

① 高军编:《中国社会性质问题论战资料选辑》(上),人民出版社1984年版,第376页。
② 高军编:《中国社会性质问题论战资料选辑》(上),人民出版社1984年版,第442页。
③ 高军编:《中国社会性质问题论战资料选辑》(上),人民出版社1984年版,第442页。
④ 高军编:《中国社会性质问题论战资料选辑》(上),人民出版社1984年版,第531页。

的言论的极端错误。第一次世界大战及战后恢复期，大概不到十年时间，中国民族资本主义进入了黄金发展期，数量、质量各方面都得到不小的提升。但当帝国主义稍微恢复元气，便再次立即加紧了对中国等殖民地、半殖民地国家的经济侵略，“整个帝国主义，正在积极地努力于控制中国自身的工业的发展”①，中国的民族资本主义很快再次陷入寒冬。

此外，托派分子错误地认为，帝国主义的到来促进了中国封建制度的进一步瓦解。严灵峰指出，封建制度“它的经济基础是不断地受帝国主义破坏，不是受帝国主义的维持”②，帝国主义“不但不保持封建势力而且更加速殖民地资本主义生产方法的发展”。③ 对于这些言论，左翼阵营明确指出，帝国主义非但没有破坏中国的封建制度，反而维持着中国的封建残余。向省吾指出，帝国主义入侵以后，“它们是否尽了十二分的力量来破坏中国旧式半封建榨取制度呢？不！相反的，它们正极力地维持了中国的封建的遗物，而在这中间获得了它们榨取中国的工具”。④ 左翼社会科学工作者用大量笔墨阐明，帝国主义的商品输入中国农村，中国农产品作为原料输出外国，促进了农村商品经济的发展，并不是封建关系的削弱，反而加紧了地主、商人、高利贷者对农民的封建剥削，大量农民破产失业。一遇灾年则饿殍遍地，千里荒芜。与此同时，一些民族资本家无法发展，也到农村购买土地，对农民进行封建剥削。帝国主义支持利用封建军阀，维持他们封建式的苛捐杂税。而且帝国主义在中国抢夺瓜分势力范围，各自支持不同的军阀代理人展开混战，扩大封建剥削的土地范围，进一步破坏了中国的统一，给包括农民在内的全国民众造成了更为深重的苦难。这些都充分说明了帝国主义入侵带给中国经济和中国社会的灾难。

第二个问题是资本主义经济在中国经济中占有何种地位。由于托派分子认为中国的封建制度已经被帝国主义摧毁，因此他们得出结论：中国已经进入

① 高军编：《中国社会性质问题论战资料选辑》（上），人民出版社 1984 年版，第 224 页。
② 高军编：《中国社会性质问题论战资料选辑》（上），人民出版社 1984 年版，第 377 页。
③ 高军编：《中国社会性质问题论战资料选辑》（上），人民出版社 1984 年版，第 344 页。
④ 高军编：《中国社会性质问题论战资料选辑》（上），人民出版社 1984 年版，第 216 页。

资本主义时代。诚如严灵峰的宣言“中国毫无疑义的是资本主义关系占领导地位”。[①] 为了论证资本主义的主导性、支配性和普遍适用性，托派分子还提出不应将中国的资本主义与帝国主义划分成两种对立的成分，应该“中外一视同仁”。任曙说得最为直白：“我们研究中国资本主义时，绝对不应当在整个资本主义中给它划分一个界限，认为这是国货的资本主义，那是洋货的资本主义。”[②]严灵峰也宣称，中国境内的帝国主义的一切工厂、矿山、银行、铁道都是属于中国整个国民经济系统以内的，帝国主义企业和中国民族企业的关系，就和帝国主义在他们国内各企业的关系一样。

托派分子的这些言论无视帝国主义对中国的侵略，错误判断了中国经济的真实状况，损害了中国人民的根本利益。对此，左翼社会科学工作者采用城市、农村、各地区、各部门的大量事实、数据进行批驳。在充分占有资料的基础上，左翼人士分析了各种经济成分在社会经济中所占的比重，指出中国的资本主义“就地域的面积说来，不过少数大都市和少数地方，就发展的程度说来，所谓中国的资本主义经济，所谓中国的民族工业，还只限于资本主义的工业初期时代的轻工业”。[③] 他们指出了任曙引用对外贸易海关数据证明中国资本主义快速增长的错误，“这些表所能证明的，只是中国国内商品经济发展的速度，而不是资本主义发展的速度”[④]，中国民族资本主义的长期低迷不可避免。所以，就中国国内的经济成分而言，无论是畸形发展的民族资本主义经济，还是日渐没落的封建经济，都不能占主导地位，居于主导地位的只有帝国主义的经济。在此情况下，中国经济明显处于附庸和隶属的地位，是各帝国主义经济的附属。

针对托派分子不分敌我提出的“中外一视同仁”的谬论，左翼学者明确指出，在华帝国主义和中国民族资本主义在性质和地位上存在根本的区别。帝

---

① 高军编：《中国社会性质问题论战资料选辑》（上），人民出版社 1984 年版，第 415 页。
② 高军编：《中国社会性质问题论战资料选辑》（上），人民出版社 1984 年版，第 470 页。
③ 高军编：《中国社会性质问题论战资料选辑》（上），人民出版社 1984 年版，第 191 页。
④ 高军编：《中国社会性质问题论战资料选辑》（上），人民出版社 1984 年版，第 532 页。

国主义在中国建设新式工厂和开办资本主义企业，是“因为要剥夺中国的廉价劳动与利用天然的原料”①，并不是为了促进中国经济的发展。“他们从中国剥削得来的超额利润，并不是留在当地作为扩充企业的使用，而是大部分运到宗主国去了”②，帝国主义在华企业的经济社会意义和在其本国完全不同。对中国这样的半殖民地国家来说，没有国家层面的政治和经济自主性，帝国主义处于“统治着中国全部经济”的地位，民族资本主义毫无发展壮大的可能。加之受近百年来签订的一系列不平等条约的影响，帝国主义在华企业享有种种特权，民族资本主义企业无法与之平等竞争。学理分析之余，针对托派分子污蔑那些科学分析帝国主义如何统治中国的进步分子为“资产阶级的应声虫”的说法，左翼社会科学工作者毫不留情地回应道，那些将华洋资本混为一家的托派分子，“显然是充当了帝国主义的辩护士”。③

第三个问题是封建经济在农村经济中占有何种地位。托派分子认为，中国农村不是封建剥削占统治地位，中国农村经济已经资本主义化，因为帝国主义的入侵客观上促进了商品经济的发展，破坏了家庭手工业、农村自然经济，使农业生产走上了商品化之路。任曙引用山西、江苏等地农民家庭在市场上购买物品的情况数据，宣称“中国农村经济完全不是自然的封建经济，而是处于商品经济支配之下”。④ 按照他们将商品经济等同于资本主义的逻辑，也就得出了结论——“中国农村经济生活已发达到资本主义经济支配下很高的程度”。⑤ 他们还认为，中国的地主阶级也已经资本主义化了。严灵峰在《再论中国经济问题》中说，因为帝国主义商品侵入农村，中国的旧式地主如领主、贵族、官僚等传统的统治阶层也退出了历史舞台，代之而起的是新的资本主义化的地主，他们集民族资本家、高利贷者或商人、买办于一体，不再通过实物地租而是通过货币地租压榨农民，与城市资本家压榨工人同出一辙。

---

① 高军编：《中国社会性质问题论战资料选辑》（上），人民出版社1984年版，第204页。

② 《何干之文集》，中国人民大学出版社1989年版，第51页。

③ 高军编：《中国社会性质问题论战资料选辑》（上），人民出版社1984年版，第524页。

④ 高军编：《中国社会性质问题论战资料选辑》（上），人民出版社1984年版，第473页。

⑤ 高军编：《中国社会性质问题论战资料选辑》（上），人民出版社1984年版，第475页。

托派分子的言论中有着某些客观的成分，但是严重歪曲了事实。左翼社会科学工作者针锋相对地指出，中国农村中虽然存在着一定的资本主义因素，地主对农民的剥削也具有一定的资本主义性质，但是“和农村的封建式的剥削关系相较，只操着一种极小的作用。农村生产力的普遍的衰落，使资本主义关系绝不能有较大的发展”。① 左翼人士客观陈述了中国农村的凋敝状况和中国农民的贫困落后，拆解了中国农村资本主义高度发展的荒谬论调。此外，左翼人士指出，现在中国农村普遍盛行的租佃制度，仍然是封建式的剥削关系。地主、商人、高利贷者等所谓的新式地主，是封建的还是资本主义的？他们按照马克思主义的基本原理，旗帜鲜明地指出了科学的方法论——“研究中国的地主阶级，不是在研究他们的出身，而是研究他们怎样剥削中国的农民，只有明白了这一点，我们才能判断中国的地主是资本主义化的，还是封建的”。“中国的商人、资本家、高利贷者、军阀、官僚，所以要购买或掠夺土地的目的，并不是为了要实行资本主义的生产，而正是为了实行封建式的剥削。”②土地所有权集中在地主手里，但他们并没有采用新式生产技术、雇用工资劳动者进行经营，而是将土地使用权租佃给千千万万的农民，这同封建社会没有区别。地主向农民收取的地租（无论是实物形式还是货币形式），达到了田地总产出的百分之五十到百分之七十，地主还可以利用武力对交纳不上的农民进行催收。这是一种既占有剩余劳动又占有必要劳动的超经济剥削，和以工资为掩护的资本主义剥削完全不同。甚至农民的身体，在法律上或者实际上也会失去自由。所以，“土地问题不经彻底解决，中国农村经济生产力，没有发展的可能，农民状况，也没有坚决改善的希望。土地问题，于是就成为中国数万万农民群众的生死的问题，也就成为中国革命在现阶段上的最主要的急待解决的问题。”③基于这种状况，左翼工作者呼吁，进步的革命者要坚决领导农民对于土地的斗争。

① 高军编：《中国社会性质问题论战资料选辑》（上），人民出版社1984年版，第252页。
② 高军编：《中国社会性质问题论战资料选辑》（上），人民出版社1984年版，第552页。
③ 高军编：《中国社会性质问题论战资料选辑》（上），人民出版社1984年版，第229页。

在这场关于中国社会性质的较量中，左翼社会科学工作者从实际情况出发，论证严密、有理有据，有力驳斥了反动派的错误言论，宣传和维护了中共关于社会性质界说的领导权和阐释权。

第二节　在关于中国社会史的论战中提升话语权

中国社会性质问题不仅是一个时代性问题，也是一个历史性问题，对它的考量既需要分析当下影响中国社会的各种构成因素（如帝国主义、中国封建主义和民族资本主义之间的关系等），也需要回溯历史上决定中国社会发展路径的基因图谱。正如郭沫若先生所言："对于未来社会的期望逼迫着我们不能不生出清算过往社会的要求。……认清楚过往的来程也正好决定我们未来的去向。"①因此，关于中国社会性质的论战合乎逻辑地发展到关于中国社会史的论战。

此外，这一论战的产生，也与大革命失败后出现的"马列主义不适合中国国情"的错误言论有密切关系。这种论调往往借助中国古代社会的发展情况来论证中国的"特殊性"，以此证明马克思主义的历史观不适合中国社会，马克思主义关于人类历史发展的一般规律不适合中国情况。

为了驳斥这些错误观点，左翼社会科学工作者与反马克思主义者、伪马克思主义者展开了学理较量，就古代社会的生产方式、奴隶社会等问题发言发声，从纵向进一步探讨中国社会性质，在历史研究领域扩大了中共的话语权，在社会上扩大了"中国是半殖民地半封建社会"这一科学论断的影响力。

一、论战推进的过程

如果要为此次话题论战寻找一个起点的话，那么陶希圣于1928年年底推

① 郭沫若：《中国古代社会研究》，现代书局1932年版，第1页。

出的一系列文章可作为发端。1928年8月至12月,陶希圣在《新生命》杂志上发表《中国社会到底是什么社会》等一系列文章,在复旦大学与劳动大学发表演说,后将这些论文编辑成《中国社会之史的分析》一书,于1929年1月由新生命书局出版。他在书中围绕"中国是什么社会",考察了阶级、官僚制度、民族意识、宗法关系等问题,将中国历史分为宗法社会、封建社会和商业资本主义社会,还对历史研究的方法进行了探讨。该书最终翻印八版,影响很大,不少学者就是通过评论书中的观点而加入社会史论战的。随后,陶希圣还陆续出版《中国社会与中国革命》《中国封建社会史》《中国问题之回顾与展望》等著作。虽然陶希圣经常出尔反尔、观点前后矛盾,但他关于中国社会史问题的研究探索,还是引起人们的较大的关注,成为中国社会史论战中反方的代表性人物。

几乎与此同时,左翼社会科学工作者也开始了对中国古代史的研究。郭沫若避居日本期间,先后撰写了《周易时代的社会生活》《诗书时代的社会变革与思想上之反映》《卜辞中的古代社会》等重要论文,1929年11月辑成《中国古代社会研究》一书,1930年3月由上海联合书店出版。他在该书《自序》中自信地宣称"本书的性质可以说就是恩格斯的《家庭、私有制和国家的起源》的续篇"。郭沫若以马克思主义关于历史发展规律的学说为指导,通过对大量古代典籍、甲骨文、金文的艰苦研究,揭示出中国历史的具体过程,将帝国主义入侵前的历史分为原始社会、奴隶社会、封建社会三个阶段。他指出"中国的历史是在商代才开幕的,……商代和商代以前都是原始公社社会"①;周初到古公亶父之前仍是氏族社会,西周之初一直到周厉王是奴隶制社会;"周室东迁以后,中国的社会才由奴隶制逐渐转入了真正的封建制"②;春秋以后一直到帝国主义入侵之前,中国都是封建社会。虽然书中的某些观点不尽正

① 钟离蒙、杨凤麟主编:《中国现代哲学史资料汇编》(第二集第四册),辽宁大学,1982年版,第63—68页。

② 钟离蒙、杨凤麟主编:《中国现代哲学史资料汇编》(第二集第四册),辽宁大学,1982年版,第63—68页。

确，但它仍是一部用马克思主义观点系统阐述中国历史分期的开山之作。同时，郭沫若在书中还说："只要是一个人体，他的发展无论是红、黄、黑、白，大抵相同"；"由人所组成的社会也正是一样"，"中国人不是神，也不是猴子，中国人所组成的社会不应该有甚么不同"①，反对"我们的国情不同"的说法，对"马克思主义不符合中国国情"的叫嚣进行了有力批驳，论证了马克思主义关于人类发展真理的普遍适用性。《中国古代社会研究》一经问世，立即遭到了新生命派、托陈取消派和其他反动学者的攻击，围绕中国社会史的论战就此拉开了序幕。一般认为参加人员主要有四方面的力量：马克思主义理论工作者郭沫若、李达、翦伯赞、何干之、吕振羽、王亚南等；"新生命派"的陶希圣、梅思平等；"动力派"的严灵峰、李季、王宜昌、任曙、杜畏之等；还有与社会民主党有关的中间派王礼锡、胡秋原等。

《读书杂志》的专辑将论战推向高潮。《读书杂志》是一份倾向进步的杂志，1931 年 4 月 1 日由神州国光社主办创刊，1933 年 9 月 1 日出版第 3 卷第 7 期后停刊，共出版 3 卷 17 期。杂志主编为王礼锡、陆晶清夫妇，最后 3 期改由胡秋原主编。《读书杂志》虽然宣称"编者并不偏袒斗争的那一方面以定取舍"，但在《新思潮》被封禁的背景下，实际上是为革命进步的社会科学工作者提供了阵地。论战发起后，《读书杂志》收录编辑了相关文章辑成《中国社会史论战》专刊，于 1931 年 10 月至 1933 年 3 月间先后结集出版 4 期。1933 年，神州国光社又把两年多来论战的文章集在一起，编辑发行了论文集四册。这些文章的结集出版，使论战进入高潮，同时趋向尾声。

二、论战的主要内容及左翼阵营的批驳

关于中国社会史的论战主要围绕三个焦点问题展开：

一是关于亚细亚生产方式。这是马克思提出的一个基本概念，他曾经指出"大体说来，亚细亚的、古代的、封建的和现代资产阶级的生产方式可以看

① 郭沫若：《中国古代社会研究》，现代书局 1932 年版，第 1 页。

作是社会经济形态演进的几个时代”。① 也就是说,马克思认为在人类社会发展的初期,有一个亚细亚生产方式的阶段。在另一处文章中,马克思又用“东方社会”来表述基本相同的意思。在不同语境中,马克思会把亚细亚社会与东方社会交替使用,可见,亚细亚社会与东方社会具有所指上的一致性。但到底什么是“亚细亚生产方式”,马克思并没有给出明确的定义或具体的阐释。这就为读者留下了巨大的思考空间,也引起了读者对亚细亚生产方式内涵的争论。这个争论涉及考古学,因而具有明显的学术色彩;但同时又涉及无产阶级革命的历史逻辑,因而具有浓郁的政治色彩。对于中国而言,该争论目的还是在于明确中国近代社会的性质,进而确定中国革命的性质,因而政治属性尤为突出。

实际上,争论首先和集中发生在苏联及日本,中国思想界也正是从那里受到了影响。俄国的普列汉诺夫首先在《马克思主义的基本问题》中进行了阐释,指出:受不同地理环境的影响,东西方社会走出不同的发展道路,亚细亚生产方式在东西方的含义是不同的。到苏联时期,李耶扎诺夫、拉狄克、瓦尔加、马扎亚尔等认为,亚细亚生产方式的社会,就是中国自氏族社会解体至帝国主义入侵前的社会形态,它与奴隶社会、封建社会都截然不同。马扎亚尔等人的观点在苏联遭到了激烈反对,杜博洛夫斯基、约尔克、哥德斯等认为“马扎亚尔派”的观点实际上说明了中国有不同于西欧社会的独特发展历程,这无疑是反马克思主义历史观的。两派观点在苏联内部争论不休,最终哥德斯等人占据上风,“到1931年,哥德斯的见解支配了苏联史学界”②——亚细亚生产方式是东方各国在特殊环境下的具有某些特点的封建主义。日本正式讨论亚细亚生产方式始于1928年。最初提出问题的几位学者都主张中国、日本有亚细亚社会的存在。后来,论战进一步走向深入,主要观点分成了四派。森谷克己、伊藤藏平、佐野利一认为亚细亚生产方式是阶级社会以前的原始社会,是

① 《马克思恩格斯文集》第2卷,人民出版社2009年版,第592页。

② 《何干之文集》,中国人民大学出版社1989年版,第181页。

原始共产制；羽仁五郎和伊豆公夫认为亚细亚生产方式是奴隶制度和农奴制度的混合体；平野义太郎和相川春喜认为亚细亚生产方式是历史上的第一个阶级社会；早川二郎和秋泽修二则认为亚细亚生产方式是“进贡制”，并非单独的社会形态。

国际上的争论影响了中国。1928 年 7 月 9 日，中国共产党在莫斯科召开的六大曾就这一问题进行讨论。在大会通过的《土地问题决议案》中，中共指出了“亚洲式生产方法”的三个特点，进而说明近代中国社会不是亚细亚生产方式。虽然中共的决议案并没有对亚细亚生产方式进行具体阐释，但是明确表示了对普列汉诺夫和马扎亚尔等人的亚细亚社会论的批判态度。

李季、胡秋原、杜畏之等则抛出了与中共截然相反的意见，试图争夺对马克思主义的阐释权。李季，中共早期党员，1927 年大革命失败后加入托派，1934 年后退出托派。他在《对中国社会性质论战的贡献和批评》一文中批评共产党人不顾实际情形，对马克思的公式进行削足适履式的套用，根本“不懂得亚细亚生产方法是什么而妄相揣测”。① 李季承认中国有亚细亚社会的存在，承认“自盘庚至殷末为亚细亚的生产方法时代”。② 但李季信奉普列汉诺夫的观点——亚细亚生产方式是原始社会瓦解后与古代的生产方式并行的一种经济形态，因为地理环境不同，东方是亚细亚，西方是奴隶制。这就站到了与中共相对立的话语立场上。到了 1932 年 12 月的《中国社会史论战批判》中，李季又把亚细亚生产方式的上限由商代提前到了夏代，“我划分中国经济发展的时期是以生产方法为标准，唐虞以前的氏族社会为原始共产主义的生产方法，是不成问题的，但夏殷怎样呢？我的答案仍是亚细亚的生产方法。”③

胡秋原，虽然自称“是一个马克思主义的学徒”，但并非实事求是的学徒，

① 钟离蒙、杨凤麟主编：《中国现代哲学史资料汇编续集》第十三册，辽宁大学哲学系，1984 年版，第 145 页，。

② 钟离蒙、杨凤麟主编：《中国现代哲学史资料汇编续集》第十三册，辽宁大学哲学系，1984 年版，第 145 页。

③ 钟离蒙、杨凤麟主编：《中国现代哲学史资料汇编续集》第十三册，辽宁大学哲学系，1984 年版，第 249 页。

在中国社会史论战中他站在了托派一边。1932年9月，他撰写《亚细亚生产方式与专制主义》，否定亚细亚生产方式的特殊性，认为它不是一种独立的社会形态："在历史阶段上东方社会实际上也没有经过一个与奴隶制、封建农奴制本质不同的亚洲生产方法的时期。"①他批判说，"特殊亚细亚生产方法论者将亚洲社会看作一种与奴隶制、封建农奴制、前资本制本质不同的社会，是毫无根据的，反马克思主义的"。如果说前面这一观点还是值得肯定的，那么胡秋原接着将亚细亚生产方式定义为"专制主义"——"如果有亚细亚生产方式，那么，它就是专制主义的农奴制""如果要应用亚细亚生产方式这名词，那么……就是指亚洲的专制主义。"②——就是既荒谬又别有用心了。因为他说，"在封建主义与资本主义之间，有专制主义（Absolutism）时期的存在"③，凭空杜撰了一种独立经济形态，与"前资本主义""先资本主义"等名词互换互用，模糊了中国社会历史的分期，尤其模糊了帝国主义入侵前中国社会的性质。何干之曾经专门批判道："仔细考察这些笼统名词的内涵，它主导的关系是封建主义"。④

杜畏之则在《古代中国研究批判引论》中对马克思主义者进行了批评，并指出中国历史上并不曾有亚细亚生产方式或奴隶制社会这些独立存在的历史阶段，氏族社会之后的历史时期不过是从封建制度到资本主义制度的过渡时期，里面混杂了奴隶制关系、封建制关系、资本主义关系等。

上述声音试图用马克思主义的理论进行反马克思主义的话语构建，进而颠覆中共的话语权。对此左翼历史学家进行了针锋相对的回击，坚决捍卫马克思主义的真理以及中共对真理的阐释权。其中，郭沫若、王大力等发声颇

① 钟离蒙、杨凤麟主编：《中国现代哲学史资料汇编》（第二集第五册），辽宁大学哲学系，1982年版，第86页。

② 钟离蒙、杨凤麟主编：《中国现代哲学史资料汇编》（第二集第五册），辽宁大学哲学系，1982年版，第90页，92页。

③ 胡秋原：《亚细亚生产方式与专制主义》，钟离蒙、杨凤麟主编：《中国现代哲学史资料汇编》（第二集第五册），辽宁大学哲学系，1982年版，第88页。

④ 何干之：《中国社会史问题论战》，《何干之文集》，中国人民大学出版社1989年版，第207页。

洪，而郭沫若尤甚。早在1928年10月，郭沫若便撰写了《诗书时代的社会变革与其思想上之反映》一文，对马克思所说的人类历史四个发展阶段进行具体解释。郭沫若指出："这儿所说的'亚细亚的'，是指古代的原始公社社会。"①1936年，郭沫若在通览各方面资料的基础上对亚细亚生产方式进行了更为深入的阐发，在《社会发展阶段之再认识——关于论究所谓"亚细亚生产方式"》一文中，他指出"马克思所说的'亚细亚生产方式'，或'东洋的社会'，实等于'家长制'或'氏族财产'形态"，"作为社会发展之一阶段的所谓'亚细亚生产方式'，是奴隶制以前的一个阶段的命名"。② 也就是说，郭沫若认为亚细亚生产方式是人类幼年时期普遍存在过的生产方式，由这种生产方式构成的社会是人类社会的必经环节，它先于奴隶社会而存在，是酝酿后续社会制度的基础和向导。由此，郭沫若将马克思所讲的人类社会的四个阶段进行了完整阐释，也论证了这个发展规律在中国社会的真实演变，为中共的革命理论建构夯实了历史学基础。

二是关于中国历史上是否存在奴隶社会。中国的奴隶社会问题也是国际性的话题，仍是在苏联、日本两国讨论最为热烈。在苏联，持否定观点的学者占多数。马扎亚尔认为帝国主义入侵之前的中国是亚细亚社会，没有奴隶社会和封建社会阶段。沙发洛夫认为中国的封建制度从周朝开始，周以前是原始社会，没有提到奴隶社会。哥德斯在亚细亚生产方式问题上虽然对马扎亚尔派进行了尖锐批驳，但他也否认中国社会奴隶制的存在，认为中国封建制是从氏族制度废墟上直接发展起来的。科瓦列夫则认为奴隶社会是普遍的、不是希腊罗马所独有的，东方的奴隶制虽然有特殊性，但仍然是奴隶社会的存在。科瓦列夫的《关于奴隶社会的几个根本问题》译文传入日本以后，引起了很大的反响。在日本，对中国奴隶制问题的观点则主要经历了从否定到肯定，最终"中国存在奴隶社会"成为学界共识的过程。其

---

① 郭沫若：《中国古代社会研究》，人民出版社1954年版，第133页。

② 郭沫若：《社会发展阶段之再认识》，蔡尚思主编，《中国现代思想史资料简编》（第三卷），浙江人民出版社1982年版，第130—131页。

中，森谷克己在1934年认为“中国是缺了奴隶制度”，到1936年则说“到了殷代社会，开始了社会的分化和奴隶的发生”，“成立了最初的不自由社会”，大概可以算作承认了殷商奴隶制度说。早川二郎则在1936年改变了原先否定的态度，转而承认东方社会奴隶制的必然性，开始支持西周奴隶制度说。秋泽修二在1934年年底强调日本历史上所谓的“国家封建主义”，事实上否定了奴隶社会的必然性，到了1936年年初则扬弃了国家封建主义的说法，肯定了奴隶制的存在，到1939年认定从春秋战国到秦汉时期是中国的奴隶社会。

东方国家有无奴隶社会问题实质上也是关系到是否承认和遵从马克思提出的人类社会发展阶段的科学论断，关系到是否拥护马克思主义的问题。否定奴隶制的人认为，马克思、恩格斯所说的奴隶制社会，单是指古代西方的希腊罗马而言的，并不是人类社会发展的一个必经阶段。这显然是违反马克思、恩格斯本义的。

“新生命派”的陶希圣在对待奴隶制问题上观点前后不一致：1929年的《中国社会之史的分析》中他极力否认奴隶制的存在，可是到了1944年的《中国社会史》中他则承认秦汉时期为中国的奴隶社会时期。同属“新生命派”的梅思平，把春秋以前的历史分为氏族斗争时期、原始封建时期、原始帝国时期、新封建时期，没有奴隶社会的“位置”。陈邦国在《中国历史发展的道路》中认为，奴隶经济是由氏族社会到封建社会的一个过渡，在殷末已经完成，奴隶制在中国没有成为独立的社会经济形态。他批评左翼历史学家的主要错误就是没有懂得这种过渡，“误认”封建社会直接从奴隶社会发展而来。王礼锡则认为，奴隶社会并非人类社会的必经时期，非但中国不存在，一些欧洲国家也未曾存在过。

胡秋原也是否定奴隶制存在的代表人物，他一直坚称奴隶社会并不是一个社会之必经阶段，还提出了“历史不是一个直线”的论调，刻意曲解马克思主义关于社会发展的一般规律。

最活跃的“奴隶制反对者”当属李季。他在《对中国社会性质论战的贡献和批评》中，对中国历史做出分期，并给出精确的上下限时间：自商以前至商末为原始共产主义的生产方法时代（至公元前1402年）；自盘庚迁殷至殷末为亚细亚的生产方法时代（公元前1401年至1135年）；自周至周末为封建的生产方法时代（公元前1134年至247年）；自秦代至鸦片战争为前资本主义的生产方法时代（公元前246年至公元1839年）；自鸦片战争至现在为资本主义的生产方法时代（1840年起）。由这种分期方式可见，李季否认中国历史上存在奴隶制时期。他还认为，原始共产主义社会，可以经过奴隶社会到达封建社会，也可以经过亚细亚生产方式到达封建社会，否定奴隶社会必然存在的一般规律。

对于这些反对的声音，郭沫若、吕振羽等左翼历史学家进行了辩驳。郭沫若是肯定中国历史上存在奴隶制时代的第一人，他指出随着生产工具的改进，周室的农业生产力更加发达，周灭商以后，“完成了一个新的社会”，把殷民用作奴隶使用，形成了奴隶制的生产关系，表明中国进入了奴隶制社会。郭沫若通过对青铜器铭文的深入研究和一系列文章的发表，进一步阐释了“西周奴隶社会说”的观点。肯定奴隶社会的存在，是郭沫若对中国马克思主义史学的一个重大贡献，也为进步史学家们树立马克思主义史学观树立了标杆。吕振羽先生则指出，马恩所说的奴隶社会不仅限定为希腊和罗马，奴隶制度是社会发展过程中一个必经的阶段。1932年，吕振羽撰写《中国革命问题研究》等文章，肯定反帝反封建的中国革命性质。此后，他发表了《中国经济之史的发展阶段》一文，给出了对中国社会历史阶段的划分：殷代以前是原始氏族社会，殷代为奴隶社会，周代为“领主制”的初期封建社会，战国以后由秦代至鸦片战争前为“地主制”的封建社会（变种的封建社会）。吕振羽在奴隶社会的时间划分上与郭沫若意见不同，“西周的社会，虽然还有使用奴隶的事实的存在；然在生产领域里，奴隶经济已退出支配的地位，而让渡给了农奴经济；原来的奴隶主，也已如实的让位给了封建领主。”①也就是说，吕振羽认为殷商为奴

① 钟离蒙、杨凤麟主编：《中国现代哲学史资料汇编》（第二集第四册），辽宁大学哲学系，1982年版，第96页。

隶制时期，而西周为封建时期。虽然具体观点有分歧，但吕振羽充分肯定郭沫若在利用历史唯物论系统研究中国历史上的开创性功绩。后期，随着研究的不断深入，郭沫若也接受了殷商奴隶制的观点。论战中，翦伯赞发表《殷周奴隶制度研究之批判》《关于历史发展中之“奴隶所有者社会”的问题》，邓拓发表《论中国社会经济史上的奴隶制度问题》，论证支持中国存在奴隶制的观点。

三是关于鸦片战争以前中国社会的性质。这是社会史论战中的第三个核心问题。对鸦片战争以前中国社会的性质的判断，直接影响到鸦片战争以后中国社会性质问题，在当时的现实意义和政治意义尤为重大。参加论战的学者普遍注意到，中国社会的性质在春秋战国时期发生过重大变化，秦汉以后到鸦片战争前本质上则变化不大，几乎陷入停滞。所以，论战主要围绕中国封建社会的特点、形式、时间段，产生、发展与消亡的过程等展开，有的学者也把论战的第三个核心问题称为“中国的封建社会问题”。

陶希圣在这个问题上仍然是一马当先，尽管他的观点经常前后矛盾。他发表时间较为靠后的一个观点认为，鸦片战争以前的中国社会是先资本主义时期。李季与他的论调大同小异，认为彼时的中国社会是前资本主义社会。李季强调，中国的前资本主义社会，历经二十多个朝代更替、历时两千零八十六年，始终没有变化，至多不过是领域的逐渐推广。李季认为前资本主义是一种过渡时代的生产方法，杂糅了之前各种社会制度的残余，并为它总结出七个基本特点。但可惜的是，这些所谓的特点，非但不能否定秦代以来中国社会处于封建制度的事实，有些特点更是对封建特质的总结。由此看来，李季的前资本主义社会立论实在站不住脚。与他们观点相似的，还有杜畏之的“拉长了的过渡阶段”和王礼锡的“谜的时代”。杜畏之认为中国在氏族社会的废墟上产生了封建社会，封建社会分解以后，则有一个“被历史拉长了的过渡阶段”——从封建社会到资本主义社会的过渡。他认为，在这个过渡阶段里，生产关系异常驳杂，封建关系、奴隶劳动、资本主义关系都存在，而且在不同历史时期的相对比重都在变化当中。“直到最近二十年，资本主义的生产方法才取得了决定的优势,中国社会才变成了资产阶级社会。"[①]王礼锡则坚称,"自秦代至鸦片战争以前这一段历史是中国社会形态发展史中的一段谜的时代"。[②] 他认为其他各路学者描述这段历史的亚细亚生产方法论(马扎亚尔)、封建制度论(郭沫若)、商业资本主义社会论(梅思平、李麦麦)、前资本主义社会论(陶希圣、李季)、时代细分论(王宜昌、陶希圣),都不足以解释这一"谜的时代"。只有苏联历史学家泼可老夫斯基(今译:波克罗夫斯基)的"专制主义""非常适合地用来解释中国这一段谜的历史的"。[③] 王礼锡解释专制主义,是商业资本与封建经济的结合产物,专制主义政权也是为满足商业资本的要求而产生的。可是他又说商业资本不是一种生产方法,什么也不生产,所以什么社会也不从它直接表现。这些前后矛盾、不能自圆其说的说法,实在令人感到疑惑。

可以说,陶希圣、李季、王礼锡等人其实都受着"商业资本主义"观点的控制。对这些违背真理、歪曲历史的观点,左翼的史学家们一方面阐明自己的主张;另一方面进行了有针对性地严正批判。

郭沫若在《中国古代社会研究·导论》中就曾指出:"周室东迁以后,中国的社会才由奴隶制逐渐转入了真正的封建制"[④];从此以后到最近百年帝国主义入侵之前,中国都处在封建社会的历史阶段。

吕振羽在《中国经济之史的发展阶段》中指出,中国的封建社会始于西周,到了秦代,社会虽然发生了较大的变动,但封建经济的性质没有改变。他鲜明地提出了判断社会性质的科学方法和根本原则——"要了解入秦以后到鸦片战争前这一阶段的经济性,只有从其阶级的剥削关系的内容上去考察,才

---

① 钟离蒙、杨凤麟主编:《中国现代哲学史资料汇编续集》(第十四册),辽宁大学哲学系,1984 年版,第 128 页。

② 钟离蒙、杨凤麟主编:《中国现代哲学史资料汇编续集》(第十三册),辽宁大学哲学系,1984 年版,第 7 页。

③ 钟离蒙、杨凤麟主编:《中国现代哲学史资料汇编续集》(第十三册),辽宁大学哲学系,1984 年版,第 14 页。

④ 钟离蒙、杨凤麟主编:《中国现代哲学史资料汇编》(第二集第四册),辽宁大学哲学系,1982 年版,第 66、68 页。

是问题的核心，才能说明经济的性质。如果阶级的剥削关系的内容是封建主义的内容，那么，社会也便是封建主义的社会。"①这就一举拨开了大一统专制政权、商业资本发展等在封建社会性质判断中散播的迷雾。按照列宁关于封建主义标准，秦代到鸦片战争之前，中国社会经济没有半点资本主义的特征，封建主义的特征却完全具备。所以，秦代到鸦片战争以前的中国社会本质上仍然是封建社会。吕振羽在文中也回应了陶希圣等一干人对"商业资本主义社会"的迷信：商业资本在最远古的时代就存在，既不能独自代表，也不能独自创造任何生产力，所以商业资本主义不能构成并支配某个独立的社会阶段。即使在封建主义向资本主义的过渡期，已经相当发达的商业资本没有对封建社会的生产关系产生重大改变，封建社会和资本主义社会之间不存在所谓第三种生产方式。

翦伯赞在《"商业资本主义社会问题"之清算》中，直截了当地批判"商业资本主义""中国历史循环论"等反动观点是含有毒性的理论，必须与其开展无情斗争，将其连根铲除。翦伯赞说，"商业资本不能成为一个'主义'，尤其不能成为历史上一个'特定的阶段'。"②他在方法论上进行了深入分析：划分历史阶段，应以生产力与生产关系辩证统一的"生产方法"为准则——即生产方式决定着社会的性质。如果要将"商业资本主义社会"定性为一个独立的社会历史发展阶段，就必须找出它倚为基础的独特社会生产方式。然而，这种独特生产方式是不存在的，"商业资本主义社会"也只能是臆想的。翦伯赞以《资本论》为指导，深刻分析了商业资本的实质——货币与商品的一种交换关系，存在于货币产生后的历史全过程——"所以他只能作用于各时代的既存的生产方法之基础上，而自身不能为独立之发展，更不能创立一种独立的生产方法，因而也不能形成一个独立的社会。"③

① 钟离蒙、杨凤麟主编：《中国现代哲学史资料汇编》（第二集第四册），辽宁大学哲学系，1982年版，第97页。

② 钟离蒙、杨凤麟主编：《中国现代哲学史资料汇编》（第二集第四册），辽宁大学哲学系，1982年版，第172页。

③ 钟离蒙、杨凤麟主编：《中国现代哲学史资料汇编》（第二集第四册），辽宁大学哲学系，1982年版，第177页。

通过论战，马克思主义的真理性得到了进一步证明。论战中，无论正方反方，都号称自己是以马克思主义为指导、以历史唯物主义为指导。即使批评对手时，也不敢说马克思错了，顶多说是不适合中国国情，或者说削足适履，拿着中国的实际硬套马克思的公式错了，理论本身、公式本身是没问题的。这充分证明，随着话语权的掌握，马克思主义的真理性已经占据了社会科学界，任是什么派别的反对者，都不敢公开批判马克思不对。然而靠歪曲真理过活，又怎么能战胜以真理为指导的工作呢？话语权争夺的胜利天平，显然已经向左翼社会科学工作者及中共的方向倾斜了。

第三节　在关于中国农村社会性质的论战中加强话语权

如果说关于中国社会性质和中国社会史的论战更多是从理论层面展开的，那么从理论走向实践是这场大论战的必然走向。从当时中国现实看，帝国主义入侵、军阀割据导致社会动荡不堪，封建压迫愈加严酷，水旱灾害频仍，农业经济陷入崩溃，占据中国人口绝大多数的农民流离失所、生活难以为继，以上种种越来越成为各种社会变革的推动强力。这种状况不能不引起各方的关注，而中共及左翼人士也围绕着中国农村社会性质与一些错误言论进行了交锋和论战。

一、论战的主要参与者及论战过程

左翼阵营的主要论战成员是以陈翰笙领衔的“中国农村派”。陈翰笙（1897—2004），江苏无锡人，中国马克思主义农村经济学的先驱，被誉为现代中国农村经济调查的创始人。1926 年经李大钊介绍加入共产国际，1927 年在共产国际刚刚成立的农民运动研究所任研究员，对中国农村问题和农民问题进行过深入研究，并曾就中国农村社会的性质，与马季亚尔等国外专家发生过激烈争论。陈翰笙深感用调查事实来进一步说明中国农村问题的必要性。1929 年,应蔡元培邀请,担任中央研究院社会研究所副所长并主持工作,开始组织王寅生、钱俊瑞、张锡昌、张稼夫、瞿明宙、石凯福、孙冶方、刘瑞生、姜君辰、薛暮桥、秦柳方等一批青年社会学者,对中国农村展开广泛调查。1929 年 7 月至 9 月,在江苏无锡组织 45 人的农村经济调查团,调查了 22 个自然村 1204 户,随后又调查了 55 个自然村的概况和 8 个市镇的工商业。1930 年 5 月至 8 月,组织了 68 人的调查团,赴河北保定清苑调查了 10 个自然村、1578 个农户。与此同时,他还组织考察了流亡到东北的难民情况。1933 年 11 月至 1934 年 5 月,在宋庆龄等人的支持下,陈翰笙又组织了较大规模的广东农村调查。1933 年至 1935 年,陈翰笙还带队对安徽凤阳、河南襄城、山东潍县三个烟叶产区的 127 个村进行了调查,研究帝国主义垄断资本影响下的中国烟农生活。陈翰笙还参与或组织过对珠江、长江、黄河三江流域和杭州、嘉兴、湖州三县内近百村的调查。通过一系列调查研究,先后形成或发表了《亩的差异》(1929)、《黑龙江流域的农民与地主》(1929)、《中国农村经济研究之发轫》(1930)、《难民的东北流亡》(1930)、《封建社会的农村生产关系》(1930)、《中国的田地问题》(1930)、《现代中国的土地问题》(1934)等研究报告、论文和专著。在调查和报告中,陈翰笙和青年进步学者们,从研究生产关系入手分析农村社会问题,采用阶级分析的方法,将农户分为地主、富农、中农、贫农、雇农,详细描述了 20 世纪 30 年代中国农村和农民的悲惨状况,揭露了帝国主义和封建势力对农民的残酷剥削和奴役,用事实论证了半殖民地半封建的中国社会中农村社会的性质,明确了废除封建土地制度的这一中国农村革命的任务和方向。

陈翰笙的工作遭到国民党反动派的敌视和阻碍,于 1933 年 7 月被迫辞去了中央研究院研究员的职务,一批青年学者也相继离开。为延续党领导下的农村经济研究事业,1933 年 6 月,陈翰笙在上海发起成立"中国农村经济研究会"(简称"农研会"),在中国左翼文化界总同盟(简称"文总")的领导下,继续开展农村调研工作。1934 年农研会创办了会刊《中国农村》作为发文发声的主阵地，以便"彻底地明了农村生产关系和这些生产关系在殖民地化过程中的种种变化。……找寻那些压迫中国农民的主要因子"①，同各种曲解中国农村经济真实面貌的观点、流派进行斗争。

论战的反方成员则是"中国经济派"。该派的主要成员有王宜昌、王毓铨、张志澄、王景波等人，他们以"中国经济研究会"为组织机构，以月刊《中国经济》为阵地，发表关于中国农村已经进入资本主义的观点。

双方的论战基本发生在1935年。1月，"中国经济派"发表文章点名批评"中国农村派"的研究成果，并要求对方公开回应，由此挑起了关于中国农村性质的论战。接到"挑战书"后，薛暮桥、钱俊瑞等左翼阵营的学者立即发文回应，大家彼此呼应、相互支援，将论战的热度和规模提高扩大，引起社会各界关注。1935年5月至12月间，《中国农村》不仅大量刊发左翼队伍的文章，同时转载王宜昌、王毓铨等人的文章供读者研究批判，将论战引向高潮，并在高潮中引领话语方向。而这一时期的《中国经济》只发表了王宜昌、王毓铨、张志澄参与论战的多篇文章，却从未肯或未敢转载或发表"中国农村派"的文章，两者的胸襟、气度和理论自信可见一斑。到1935年年底，日寇入侵导致民族危机日益加深，研究者和社会大众关注的热点发生转移，《中国农村》及进步学者更加侧重研究"中华民族对敌抗战的物质和社会的基础"，"中国经济派"方面也拿不出新的观点或文章，王宜昌就表示"一时难再有文与读者见面"②，论战趋于结束。

二、论战的主要内容及左翼阵营的批驳

此次论战主要围绕两个问题展开：一是中国农村经济的研究对象问题；二是中国农村社会性质问题。

在第一个问题即中国农村经济研究对象问题上，反对派坚持认为中国农村经济的主要研究对象是生产力。他们机械搬用了马克思主义生产力决定生

① 薛暮桥、冯和法编：《中国农村论文选》（上），人民出版社1983年版，第32页。

② 王宜昌：《中国农村经济研究答客问》，《中国经济》第三卷第十二期。

产关系的原理，认定生产力水平是决定农村性质的绝对因素。他们将生产力理解为人对自然的技术关系，进而引申为生产技术；他们将生产力与生产关系之间的矛盾理解为生产技术和人际关系之间的矛盾。因此，他们的结论是中国农村经济研究方法应当以生产力为主，也就是以农业生产经营中的技术条件为主。

"中国农村派"则认为生产关系是农村经济研究的主要对象。他们强调必须把农业经济学与农业科学区分开来，"农业经济学是理论政治经济学的一章，而绝不是自然科学中的一个独立科目"①；"农业经济的研究绝不是农业科学（如土壤学、肥料学、病虫害学等）的延长，而是理论经济学的分支。"②薛暮桥在《研究中国农村经济的方法》中批评王宜昌说，农村性质的决定性指标是人与人之间的关系，而不是生产工具或技术水平。他在《怎样研究中国农村经济》中，批判了把自然条件、生产技术、单纯的封建剥削或农村商品生产作为农村经济研究对象的几类错误观点，指出研究中国农村经济要"观察中国农村中的各种生产关系，从事这种特殊结构的分析和研究"。③ 钱俊瑞的《现阶段中国农村经济研究的任务》、孙冶方的《农村经济学的对象》也对"研究对象生产关系说"的论点展开论证，他们强调不能机械地看待生产力对生产关系的决定作用，而应辩证地看待两者关系，反对"把生产力摈绝于人和人的社会关系之外"④的形而上学观点。应该说，"中国农村派"并不否认生产力对生产关系的最终决定作用，如钱俊瑞就在文章中反复强调生产力是"主导的"；他们强调的是不能单纯地将生产力提取出来作为衡量社会性质的独一标准，"对于生产力的研究只有在特定的生产关系制约之下，才有阐明的希望。"⑤

对于第二个问题即中国农村社会性质问题，"中国经济派"从对所谓生产

① 薛暮桥、冯和法编：《中国农村论文选》（上），人民出版社 1983 年版，第 43 页。
② 薛暮桥、冯和法编：《中国农村论文选》（上），人民出版社 1983 年版，第 98 页。
③ 薛暮桥、冯和法编：《中国农村论文选》（上），人民出版社 1983 年版，第 42 页。
④ 薛暮桥、冯和法编：《中国农村论文选》（上），人民出版社 1983 年版，第 76 页。
⑤ 薛暮桥、冯和法编：《中国农村论文选》（上），人民出版社 1983 年版，第 121 页。

力的研究出发，美化帝国主义侵略对农村的影响，得出中国农村社会性质已经是资本主义社会的结论。王宜昌在《关于中国农村生产力与生产关系》中表示，大革命改变了中国农村的土地所有制，农村经济中资本主义因素占据了主导地位，中国农村已经是资本主义社会了。王景波则在《关于中国农村问题研究之试述》中指出，研究农村性质需要注意帝国主义对中国农村的支配和中国农村商品经济的发展，他自问自答道："中国的经济一般的是不是资本主义的？完全是的。从什么地方证明？因为中国的一般的经济关系，无论在城市或乡村，都是资本主义的"；又进一步说："中国是不是一个资本主义社会呢？完全是的。"①当然，王景波的观点与王宜昌也略有不同，他认为中国是一个殖民地，不是独立的资本主义国家。

"中国经济派"同意托派分子任曙在《中国经济研究》里"就帆船轮船土丝厂丝等做过封建主义与资本主义的比较"的研究方法，提出在判断社会性质时，"技术或生产力，是可以而且必须比较的"。② 王宜昌认为，依靠人力和畜力是封建农业的标志，而农业机械和化肥的使用则表示资本主义的生产方式。他们同意托派分子们关于"华洋资本一视同仁"的谬论，将商品经济与资本主义等同起来，认为帝国主义的入侵打击了农村的封建势力，扩大了农村的资本主义成分，促进了中国农村性质的资本主义化。王宜昌说："在分析中国农村资本主义时，不应把帝国主义者看成资本主义以外的东西而应把帝国主义和民族资本主义同样看成资本主义。"③

当然，"中国经济派"也不是一点儿都不研究生产关系。他们为证明中国农村社会的资本主义性质，对农村的生产关系，特别是土地关系、租佃关系和雇佣劳动问题进行了分析，但是他们的结论却是不符合事实的。例如，王宜昌就认为土地所有制和土地分配问题已经被大革命在"某一阶段上解决了"，土地问题只是在为了充分说明农业资本主义的发展时才有研究的意义。他认为

① 中国农村经济研究会编：《中国农村社会性质论战》，1935 年版，第 149—150 页。
② 中国农村经济研究会编：《中国农村社会性质论战》，1935 年版，第 116 页。
③ 王宜昌：《中国农村经济研究答客问》，《中国经济》第三卷第十二期。

在已经是“资本制”的农村生产中，土地的所有面积并不是重要的东西，土地的经营面积才是重要的东西；土地所有的分配并不是重要的东西，土地使用的分配才是重要的东西。由此，他断然否定了在当时农村进行土地革命的必要性。王景波将土地问题从农村生产关系改造中强制剥离出来，将其似是而非地定义为“民族的彻底改造在农村中的核心问题”①，以反对帝国主义来模糊反对封建主义的革命任务，以图混淆视听，从根子上也是否定土地革命。

王宜昌在《从土地来看中国农村经济》中，从租佃契约的形式、租佃的期限、租佃的形式、地租的形式等方面来论证中国农村社会的资本主义性质。他认为，在封建制中，租佃契约往往采取口头约定的形式，文书契约的出现，则标志着农民从对地主隶属关系中独立出来，所以文书契约代表着资本制，他断定中国农村的租佃契约已经主要是文书形式了。他还认为，永佃制度向短期租佃的转化，地主供给土地和资本、佃农只出劳力向地主只供土地、佃农出资本和劳力的转化，都是农村封建制向资本制转化的标志。地租方面，王宜昌认为“中国现在已经由实物地租经过货币地租而到达资本制地租了”②，资本制地租在全社会经济中有压倒优势。王毓铨、张志澄等人在土地问题与王宜昌的看法基本一致。在农村雇佣劳动问题上，王宜昌认为，雇佣劳动者和新式的生产技术是农业资本主义的前提，是资本主义成长的特征。他根据几种统计数据，认为中国农民中雇农比例在8%以上，又引用卜凯的数据，确定中国的农业劳动有五分之一依赖雇佣劳动，特别强调要注意农村与都市的不同，“农村普罗列塔利亚特因为家族劳动多，故不得不少，因而其少量便足表示特殊重要”③，所以雇佣劳动的这些比例已经足以表明资本制佃农的兴起和农村资本主义的深入发展。在农户分类也就是农村阶级划分上，王宜昌批评钱俊瑞、薛暮桥“地主、富农、中农、贫农、雇农”的划分法是“将封建的关系与资本的关系相混淆”而“一团糟”，他认为当资本主义已占优势时，应当以“资本的生产力”

① 中国农村经济研究会编：《中国农村社会性质论战》，新知书店1935年版，第173页。
② 薛暮桥、冯和法编：《中国农村论文选》(上)，人民出版社1983年版，第193页。
③ 中国农村经济研究会编：《中国农村社会性质论战》，新知书店1935年版，第115页。

来划分阶级："地主和农民，是一种对立。此对立是基于土地所有之上的封建农村经济关系。农民之中，又分成两大阶级及其中间阶级，此对立是基于土地所有之外的资本所有上的资本主义农村经济关系"①，而封建关系向资本主义关系的转化是农村经济发展的趋势。封建地主转化成资本制地主；自耕农、佃农都成为农民企业家，再分成富农、中农、贫农等阶级。他进而将富农划入农民作为生产者与寄生者地主对立，自耕农和佃农作为企业家与雇用劳动者对立。张志澄也在《关于"中国农村经济研究方法"》中指出："农村社诸君对于中国农户分类意见之荒谬"，同意划分成"乡村资产阶级和乡村无产者两大营垒"。在"中国经济派"的分类下，封建阶级、封建剥削都烟消云散，由此他们得出结论：中国农村的各种阶级成分都已经实现了资本主义转换。

"中国农村派"从研究生产关系的现实状况出发，认为封建经济和资本主义经济同时存在于中国农村，但封建性占主要方面，从而得出中国农村社会的性质是半封建的正确结论。钱俊瑞明确表示："中国的农村还逗留在半封建阶段，因此今日中国农村最重要的问题还是一个铲除封建秩序的土地问题"。② 薛暮桥在《中国农业生产关系底检讨》中认为，资本主义生产方式和封建生产方式并存于中国农村，但资本主义因素是非常弱小的，封建的各种因素还占有相当势力。王承志也对王宜昌的农村资本主义观点进行了批判，指出中国经济没有走向资本主义前途的可能。

"中国农村派"正确地分析了帝国主义入侵给中国农村造成的影响：一方面它摧毁了中国农村的自然经济体系，客观上改变了中国农村的经济形态；另一方面它依靠和扶持买办资本、农村封建势力和封建生产关系攫取自身利益，进一步加强了中国农村社会的半封建半殖民地性质。"中国农村派"批判了所谓"帝国主义与民族资本共存共荣"的谬论，批驳了企图依靠帝国主义的裹挟同步发展中国农村资本主义的妄想。

---

① 中国农村经济研究会编：《中国农村社会性质论战》，1935 年版，第 107 页。

② 薛暮桥、冯和法编：《中国农村论文选》（上），人民出版社 1983 年版，第 118、146 页。

“中国农村派”明确指出，土地问题是中国农村问题的核心。正如钱俊瑞的进一步说明，土地问题主要是指土地的分配问题，而对于土地问题的研究，就是要揭露土地背后承载的人与人之间的关系。租佃关系、地租形式、雇佣劳动等生产关系方面的具体问题，都是以土地所有关系为基础的。“中国农村派”认为在租佃关系方面，不能只看契约的外在形式是“口头”还是“书面”的，而是要看它的实质内容。虽然，目前的中国农村在租佃关系上存在货币地租等资本主义因素，但是还比较弱小，况且大量土地集中在一起并非为了进行资本主义的规模化生产，而是租给农民增加地租收入。这种情形下的租佃关系，不可能是资本主义性质的，只能是封建性质的。

在雇佣劳动问题上，“中国农村派”认可“雇佣劳动是资本主义农业最主要的指标”①，他们承认中国农村少量雇佣劳动的关系存在是资本主义因素萌发的体现。但他们强调，由于中国农村雇佣劳动数量极少且本身成分复杂，并不能证明农村实现了资本主义的性质。钱俊瑞指出，地主和富农同时利用“半封建和资本制的剥削方式”来“收夺下层农民的剩余生产物”，但“在数量上无疑是半封建方式占到优势”。②

在农村阶级划分和农户分类问题上，“中国农村派”坚持了正确的分类标准。孙冶方批判“仅从生产力底某个因素底数量之多寡来划分农户”的方法，认为中国农村经济的客观条件极为复杂，“不容易找到一个绝对能够充当这种任务的物质因素”③，王宜昌仅仅采用土地、耕畜、农具、肥料等物质指标来划分农户，都是靠不住的。孙冶方提出农村的社会关系尤其是雇佣关系最适宜作为农民层级划分的标准。以此为标尺，“中国农村派”坚持中共对农民的划分办法，将其分成雇农、贫农、中农、富农和地主五种类别。这实际上是对中国民主革命的任务、对象、动力和依靠力量的探讨，具有很强的现实意义。“中国农村派”进而对每个阶级类别具体情况做了分析：(1)地主虽然占有全

① 薛暮桥、冯和法编：《中国农村论文选》(上)，人民出版社 1983 年版，第 92 页。
② 薛暮桥、冯和法编：《中国农村论文选》(上)，人民出版社 1983 年版，第 126 页。
③ 薛暮桥、冯和法编：《中国农村论文选》(上)，人民出版社 1983 年版，第 54、56、57 页。

国耕地的半数，但把绝大部分土地租给了零细佃农，中国地主“大多仍是剥削零细佃农的半封建的收租地主”①，没有转化成资本制地主。（2）富农，本来是资本制经营的代表，但中国富农经济很难发展，只占农村经济总量的10%。中国大量存在的是出租小块土地并收取地租的富农。（3）中农，是不雇佣他人也不受雇于别人的农民。（4）贫农，是有少量土地和农具，一般需租地耕种同时出卖一部分劳动力的农民，是农村的半无产阶级。（5）雇农，是农村的无产阶级，约占农民总数的百分之十，数量看似不少，不但与家族工人相比不占优势，且成分比较复杂，“很多雇农仍还带有若干强制性质”②，所以资本主义性质雇农比例很小。由以上分析可见，中国农村资本主义的因素滋长，但封建主义的因素仍占主导。

中国农村社会性质论战是中国社会性质问题论战的继续和深化，以“中国农村派”为代表的左翼马克思主义社会学者取得了最终的胜利。正如薛暮桥在1942年3月总结说到的：“《中国农村》第一年（一九三五年年底为止），是研究中国农村经济理论，发表若干整理过的调查材料；特别是与托派进行了半年以上的中国农村社会性质论战，而且获得了完全的胜利。”③这场论战不仅仅是从理论层面确认了农村研究的方向路径，更是从事实层面呈现了中国农村的社会关系和发展水平，论证了中国农村社会半殖民地半封建的性质，在实践中进一步确立了反帝反封建的民主革命任务。

总的来说，关于中国社会性质的话题之争以左翼阵营的全胜而结束，尤其是抗日战争爆发后，左翼人士所大力张呼的中国半殖民地半封建社会的性质已经成为国人耳熟能详的日常话语。这次话题之争对中共革命话语的宣传及话语权的建构有着深远的历史意义。

第一，进一步驳斥了马克思主义不适合中国国情的论调，夯实了中共话语的理论基础。大革命的失败使得马克思主义不适合中国的论调有了传播

① 薛暮桥、冯和法编：《中国农村论文选》（上），人民出版社1983年版，第183页。

② 薛暮桥、冯和法编：《中国农村论文选》（上），人民出版社1983年版，第184页。

③ 薛暮桥、冯和法编：《中国农村论文选》（上），人民出版社1983年版，第26页。

的契机，为了驳斥这种言论，证明马克思主义的真理性、科学性和普遍性，左翼社会科学工作者下大力气研读马克思主义，在多个领域论证了中国社会的发展需要以马克思主义为指导，论证了中共指导思想和话语体系的先进性：在历史方面，左翼人士通过对中国古代史的研究论证了马克思主义关于人类社会发展规律的科学性；在当下阶段，左翼人士通过对中国社会尤其是中国农村社会性质的分析判断，论证了马克思主义关于社会分析方法和阶级分析方法的真理性。正如薛暮桥同志回忆的，当时许多的年轻知识分子对马克思主义尚不甚了解，但是论战倒逼他们去钻研和掌握马克思主义，也正是在论战中，更多的知识分子明白了只有马克思主义才能救中国的道理。论战促进了马克思主义的传播和深入，同时夯实了中共话语的理论基础。

第二，进一步驳斥了中国已经走上资本主义社会的谬论，纠正了民众对国民党反动派的错误认识，明晰了中共话语的实践基础。在近代中国历史的演进中，一些人将以蒋介石为首的国民党看作民族资产阶级的代表，认为南京国民政府的建立标志着民族资产阶级的当权，标志着中国资本主义社会的建立。通过论战，左翼人士揭露了国民党统治的本质和中国社会的真实面貌，通过真实的样本、丰富的数据证明了中国不论城市还是农村依然处于帝国主义和封建主义的压迫之下，中国从根本性质上讲是半殖民地半封建的国家。左翼人士从生产力、生产关系等方面论证了中国根本不可能走上资本主义道路，警醒了广大的中国人民，使大家认识到坚持中共主张的斗争方向的历史必然性。这就从实践层面深化了民众对中共话语的认同。

第三，论证了中国革命的性质问题，为此后中共革命话语的生长和传播奠定了坚实的基础。在充分论证中国社会性质的基础上，中国革命的性质也有了判断依据。既然帝国主义势力和封建势力联合压迫着中国人民，反帝反封建就成为当下中国革命的主要任务。这当然属于资产阶级民主革命的范畴。不过，中国的民主革命却不是一般意义上的民主革命。在论战中，左翼社会科学工作者何干之根据中国革命主体的变化，提出了一个重要概念“新的民主革命”。1936年何干之出版《中国的过去现在和未来》一书，在该书中他指出，中国的民主革命被新的时代赋予了新的内涵，与欧洲国家的民主革命有着很大不同。欧洲国家的革命是由资产阶级和市民阶层领导完成的，但是在中国尚未形成市民阶层，资产阶级也无力承担领导者的重任，这一革命任务的完成只能依靠“千千万万的工人农民”。① 因而，何干之肯定地说，中国革命的性质绝不是一般的民主主义革命，也不是社会主义革命，“而是转到未来社会的过渡形式”②，“即是过渡到社会主义的新的民主革命。”③这一概念的提出对中共此后形成新民主主义革命的话语体系具有重要的开创性作用。

① 《何干之文集》第一卷，北京出版社1993年版，第120页。
② 《何干之文集》第一卷，北京出版社1993年版，第166页。
③ 《何干之文集》第一卷，北京出版社1993年版，第165页。

第六章　左翼文化运动话语权建构的历史启示

左翼文化运动在中国近代思想文化发展史上书写了浓墨重彩的一笔，它在极其困难的条件下，以并不算多的人数汇聚起磅礴之力，粉碎了国民党的文化围剿，将中共先进的话语系统和正确的政治判断传播到国统区从城市到乡村的广大民众中，为中共争取群众和夺取话语权作出了重大贡献。

第一节　左翼文化运动建构话语权的成效

对于左翼文化运动的历史成效，毛泽东同志给予了高度评价。他在《新民主主义论》中指出："这一时期，是一方面反革命的'围剿'，又一方面革命深入的时期。这时有两种反革命的'围剿'：军事'围剿'和文化'围剿'。也有两种革命深入：农村革命深入和文化革命深入。""作为军事'围剿'的结果的东西，是红军的北上抗日；作为文化'围剿'的结果的东西，是一九三五年'一二·九'青年革命运动的爆发。而作为这两种'围剿'之共同结果的东西，则是全国人民的觉悟。"[①]毛泽东的评价一语中的，道出了左翼文化运动在打破国民党文化禁锢和话语霸权中的先锋作用。事实确实如此，在中共的领导和

① 《毛泽东选集》第二卷，人民出版社 1991 年版，第 702 页。

文总的统筹下，这一时期，从文学、电影、戏剧到哲学、史学、经济学、社会学的整个文化战线都激情迸发，左翼人士创作了丰富多样的作品，倾诉人民心声，拥护中共主张，体现了中共的影响力和威望。

左翼人士及其代表的进步声音已经成为20世纪30年代中国思想舆论界的高强音。尽管各个方面的表现难以尽数列举，我们还是可以从一些具体事例中领略当时左翼文化的盛况：茅盾的长篇小说《子夜》推出时，第一版印刷3000册旋即售罄，随即增印4次，每次印刷5000册均很快售罄，这种销量在当时的出版界是很少见的。那么这些广大的读者是谁？对于小说出版情况颇为了解的陈望道曾说，《子夜》的读者包括爱好新文学的青年、普通市民，还包括“向来不看新文学作品的资本家的少奶奶、大小姐”，[①]甚至社会底层的舞女都争相阅读《子夜》。这是左翼文学的魅力使然，更是左翼话语对中国社会透视的深刻与精辟使然。此外，同为左翼小说的丁玲的作品《母亲》，首次印刷4000册很快售罄，后连续再版多次，始终无法满足读者需求。而鲁迅的杂文集《呐喊》到1936年年底已经反复再版印刷20余次。左翼文化广受欢迎，使得一些中间的乃至右翼的出版商也开始做左翼的生意。例如，由陶希圣和周佛海创办的新生命书局就迫于生存压力经常出版鲁迅、楼适夷等左翼人士写作或翻译的书籍。而《申报·自由谈》自发表左翼文章始，销量一路猛增，最后干脆变成披着中右翼外衣的左翼话语阵地。这些均说明了左翼文学、左翼话语及其代表的中共话语在文化界占有的分量。

对于当时的情况，1933年3月3日的上海《社会新闻》曾刊发《左翼文化运动的抬头》文章，说“许多以前团结在灰色作家周围的所谓作家，现在渐渐的转了方向……都到左翼文化总同盟的影响之下来了”。“所以在现在，文化的一般情形，还是左翼稍占优胜。”如果说“稍占优胜”的评价还有故作镇静姿态的话，那么同年9月国民党上海市党部的机关刊物《汗血月刊》就表露了无法掩饰的恐慌：“中国的文坛，目前已为不通的歪曲的，牛克斯马克思主义者

① 茅盾：《子夜写作的前前后后》，《新文学史料》，1981年第4期。

所霸住,不是开口列宁,便是闭口司太林,一般盲目的读者,便随声附和道,‘破锣!’‘破锣!’”①此文极尽谩骂之能事,但也证明了左翼话语的一泻千里。

正因如此,国民党方面才连续不断地上报和下发围剿左翼话语的各种密报、密令,企图将左翼话语压制下去。1933 年 10 月 16 日,蒋介石专门发出压制左翼运动的指令,为此,南京的行政院专门起草了行动纲领,要求“训令各学校监视学生的思想以及其课外读物并加紧反对普罗文学的运动。”②国民党的阻挠和破坏不可谓不严厉,其查禁与压制不可谓不迅猛,然而终究无法阻挡左翼话语的发展势头。左翼话语可谓越压越猛,越挫越强,在种种压制之下,始终引领着国统区思想文化的话语风向。

对于这一点,国民党方面在事后多年终于承认。1980 年,国民党人陈敬之出版了《三十年代左翼文坛与左翼作家联盟》一书,回顾总结了 20 世纪 30 年代的文化历史。他在书中说“‘左联’在当时的上海,实已成共党‘文总’管辖下的一支主力军;同时也成为共产党整个叛乱运动中的一环。它在各种情势之下,不断地成长和壮大,也在各种文艺活动上,不断地配合共产党的叛乱意图做最大的努力和贡献,它不仅使原有左倾思想的许多文艺作家如蚁赴腥、如蝇逐臭一般地向它集中,由它使役;同时,还使得一些有为的作家也逐渐由中立而左转,终至投向它。由是而使‘左联’这一个集团不仅为中共的地下工作人员尽了相当的掩护责任,同时也为中共文化战线造成了大乱天下的基础。”③半个世纪过去了,国民党人在总结历史教训的时候,清楚地分析了当时左翼文化运动发挥的巨大作用,只是他们依然无法对失败的结局释怀,依然在文中对中共使用着惯用的污蔑词汇。

如果说国共两党人自有其政治立场的话,那么站在这场论战之外的历史后来人似乎更能窥见现象的本质。夏志清的评价是,左翼阵营紧密团结、相互

① 《汗血月刊》第 1 卷第 6 期,1933 年 9 月 15 日。

② 陈瘦竹主编:《左翼文艺运动史料》,南京大学学报编辑部 1980 年版,第 307 页。

③ 陈敬之:《三十年代左翼文坛与左翼作家联盟》,台北:成文出版社有限公司印行,中华民国六十九年版,第 25 页。

支援、善于利用和抓住时机，从而形成“压倒性的势力”①给对方沉重地打击。刘再复则指出，20 世纪 30 年代的左翼声音及中共话语“作为一种意识形态在思想文化方面的主导地位已经开始确立，它对中国社会现实和中国历史的重新阐释和重新建构已形成压倒性优势”。② 这是对左翼文化运动构建中共话语权的公允论断。

第二节　左翼文化运动建构话语权的历史经验与历史局限

左翼文化运动之所以能够如此有效地传播中共话语并建构起中共的话语权，是因为左翼文化运动把握了话语传播的科学规律，并在各个关键环节上都做足了工作，从而取得事半功倍的成效。其中的经验做法颇值得后人借鉴。

第一，言说者的多元化。当一种话语由单一主体言说的时候，它的影响力是有限的；而当由不同身份、不同职业、不同层次、不同背景的主体从多个角度共同言说、一齐发声的时候，这些音频汇聚成的多声部重奏无疑会大大增强该话语的震撼力、影响力。左翼文化运动就是实现了言说者的多元化，虽然就总的参与人数来讲，左翼阵营的规模也许实在算不上大。

在左翼文化运动中，说话的言说者实际上至少有三个层面：一个层面是代表中共的各类组织，如中央宣传部、文委、各种党团组织、基层党支部等，它们以集体的名义发出各种通告、决议、决定、宣言等，是中共话语最先的也是最直接言说者。例如，1930 年，由左联党团领导左联执委发布的《无产阶级文学运动新的情势及我们的任务》，就用一半多的篇幅分析当时国际国内的政治经

① 夏志清：《中国现代小说史》，复旦大学出版社 2005 年版，第 88 页。
② 唐小兵编：《再解读大众文艺与意识形态》，北京大学出版社 2007 年版，第 36 页。

济文化形势，号召左联盟员们“为苏维埃政权而斗争”①，“为苏维埃文学开辟一条大路”。② 这类话语基本上是导向性的，规定了左翼文化运动对中共话语诉说的方向和任务。

第二层面是作为个体的中共党员，他们一方面是党的声音的传播者和具体阐释者，另一方面是桥梁和纽带，团结带领了更多人说中共的话，为中共说话。例如，瞿秋白、郭沫若、矛盾、阳翰笙、夏衍、田汉、叶紫、阿英、郑伯奇、蒋光慈、薛暮桥、孙冶方等，他们周围聚集了一大批左倾的文化工作者。以田汉为例，他于1932年入党，是党员中的知名文化人士，更是社会名流中的中共党员。他不仅带动了南国社一批进步的话剧青年如陈白尘、郑君里、赵铭彝等投身革命，培养了音乐界的第一批左翼人士，如张曙等，更是影响了电影界许多中间人士，如史东山、金焰、郑正秋、王人美等的左转。他们是中共党员中的文化精英、话语干将，每一个人都蕴含着巨大的鼓动力量。

第三个层面是左倾的文化工作者、追求进步的知识分子，他们不是中共党员，但是他们求真求实、探寻真理，认同中共的政治理念和革命主张，积极向中共靠拢，自觉接受中共指导，主动地言说中共话语，如邹韬奋、田间、萧军、萧红、翦伯赞（后来入党）等。如果说第一个层面是中共话语的主导者，决定着话语言说的纲领和策略，那么第二和第三个层面则是中共话语的言说主体，构成了话语建构、话语再造的中坚力量。正是这些不同层次、不同身份的主体共同承担了对中共话语的传承、创造、阐释与宣教。

第二，言说方式的多样性。在左翼文化运动中，左翼人士几乎拓展了当时所有能够传播革命话语的方法、媒介和渠道。从现场集会到标语册子，从报刊、杂志、书籍等的纸质传媒到戏曲、电影、音乐等的声光电组合，左翼文化所使用和占据的介体丰富而多样，几乎覆盖了当时国统区从知识分子、小市民、青年学生到工人、农民等所有的受众。对于文化程度高一些的人，有左翼文

① 陈瘦竹主编：《左翼文艺运动史料》，南京大学学报编辑部1980年版，第58页。

② 陈瘦竹主编：《左翼文艺运动史料》，南京大学学报编辑部1980年版，第63页。

学；对于文化程度不高的人，则有街头话剧；对于有消遣能力的小市民，有左翼电影；对于没有消费能力的贫困工农，则有免费的露天电影和工人们自己出演的左翼戏剧。而在知识精英阶层，则有马克思主义的社会学、经济学、哲学、史学的鸿篇巨制。从俗到雅，由雅入俗，耳听目见之处，皆有左翼的身影和声音。

在对话语言说方式和传播渠道的把握上，左翼人士有着异常敏锐的感知力和胆识。他们不甘于固守陈规，勇于创造新的可能和机会，从而使中共话语的呈现方式如此异彩纷呈。就如对于电影媒介的利用来说，当时的中国电影几乎都被把控在外国资本和国内大资本家手中，进入这块阵地的难度非常之大。然而，正是凭借着共产党人的准确预判力、勇气和智慧，硬是从弱小的"三人电影小组"发展成一支浩浩荡荡的电影生力军，硬是从对蒙太奇艺术毫无经验到通过一帧画一个镜头的学习成为电影制作的行家里手，最后夺取电影阵地为我所用。这里面有共产党和左翼人士不惧困难的攻坚精神。

尤其重要的是，左翼文化运动通过各种介体把中共话语传播到青年知识分子中，当时，"在上海的各大学当中，如复旦大学、大夏大学、光华大学、南洋大学，都在学生中不同形式的建立了读书会、讨论会、研究会，使得他们初步的学习了马克思主义的基本知识。"①而正是这批青年学生在日后奔赴延安，为革命输入了人才和宝贵力量。

第三，话语内容的大众化、生动性。言说方式的多样性必然带来话语内容的生动性，这其中，大众化是尤其值得关注的环节。1930 年，左联以《大众文艺》为依托，发起关于文艺大众化的讨论，号召左翼人士创作面向大众的文艺作品，将大众化这一新的命题推到文化运动的前台。此后不久，左联等左翼组织成立了"大众文艺委员会"，专门负责大众化工作。而 1931 年左联通过的由瞿秋白参与了意见的《中国无产阶级革命文学的新任务》的发布，

---

① 徐素华编：《中国社会科学家联盟史》，中国卓越出版公司 1990 年版，第 3 页。

则将大众化置于左翼文化运动的核心。在这篇新的行动纲领中，专门提出了“大众化问题的意义”，并就题材、方法及形式等创作的具体手段进行了指导部署。该纲领正确地指出了文艺大众化与争取群众和赢得革命胜利之间的逻辑递进关系，强调“文字组织必须简明易解，必须用工人农民所听得懂及他们接近的语言文字。”①在这一号召下，文学、电影、戏剧、哲学社会科学各个领域的作品创作都不同程度地体现了大众化取向，使得中共话语与广大民众有效对接。

当然，左翼文化运动在蕴含着成功经验的同时，也不容否认存在一些具体的历史的局限性，最显著的表现就在于“左”倾错误的影响。左翼文化运动的前期，正值王明“左”倾思想在中共中央占统治地位的时期，这种错误思想也渗透到左翼文化战线，一定程度上影响了左翼文化运动影响力的发挥，这表现在三个方面：一是一味地要求文化工作者参与飞行集会，参与工人阶级的罢工斗争，以实际的革命斗争作为衡量文化人是否进步的唯一标准。二是打击和孤立一些中间人士，没有很好地开展文化领域的统战工作。三是不鼓励文化人潜心于文化研究与创作，提倡进行简单地标语口号式创作。当时，社联就曾经有人反对理论研究，认为理论研究就是学院主义，要求大家都上街张贴标语。结果使得一些原本倾向左翼的理论工作者脱离了社联。薛暮桥就曾经回忆道，参加社联之初，“社联的同志问我们参加的目的是什么？我告诉他们，托派的理论非常有影响，我们还没有写出有分量的文章去驳倒他们。我们做了许多农村调查，我们收集的资料完全证明中国是个半殖民地半封建的国家。但我们的理论水平不高，所以想参加社联提高自己的理论水平。那时，社联受王明“左”倾冒险主义思想影响，说我们的想法是学院主义。他们要我们到马路上去写标语。”②如此一来，许多致力于理论研究的工作者不得不离开社联，削弱了社联的凝聚力。这些都不同程度地影响了左翼文化战线的扩大，

① 陈瘦竹主编：《左翼文艺运动史料》，南京大学学报编辑部1980年版，第164页。

② 中共上海市委党史资料征集委员会主编：《三十年代中国社会性质论战》，知识出版社1987年版，第121页。

虽然未从整体上损害左翼文化运动功效的发挥，但也成为其不容回避的瑕疵和遗憾。

第三节　左翼文化运动建构话语权的当代启示

左翼文化运动期间，正值中共在军事上、组织上处于劣势的时期，1933年，中共中央被迫撤离上海转移到江西苏区，中共在国统区的工作面临极其严峻的考验。然而就是在这样艰难的环境中，文化战线的战士们却开出了一条斗争的新路。正如毛泽东所言，那时“共产党在国民党统治区域内的一切文化机关中处于毫无抵抗力的地位”，结果却以势不可当的姿态传播了中共话语和政治理念，毛泽东说“这还不可以深长思之吗？”①如果说毛泽东的这番感慨发生在左翼文化运动之后不久，战火频仍的环境还未来得及给那时的人们留出足够多空间静下心来思考的话，那么进入新时代的我们则有更充裕的环境、条件、资源去分析和总结其中蕴含的启示。尤其是在国际话语权争夺日趋激烈的今天，在中国急需改变西强我弱话语局面从而提升国际话语地位的情况下，一方面虚心学习西方国家话语经验，另一方面总结汲取自己历史中的经验就显得格外重要。而在自己走过的路中，左翼文化运动这一中共早期领导的话语建构实践里蕴含的成功做法就尤其值得我们深思和总结。虽然具体的历史环境变了，中共从革命党变为执政党，但是国际层面上话语建设所面临的态势却与1930年代有着某种相似性。穿越历史的时空，左翼文化运动彰显给后来人如下启示：

第一，话语权作为一种软实力，并不随硬实力的增长自然同步地提升，需要话语主体的积极主动建构。话语权以话语为媒介和依托，悬浮于经济基础之上，从根本上受到经济基础的制约，但又有其相对独立性，有自身的发展规

① 《毛泽东选集》第二卷，人民出版社1991年版，第702页。

律。对话语主体而言，经济、军事实力的强大并不意味着话语地位的当然优先，经济和军事实力的弱小也并不等同于话语地位的当然落后。话语权的获得需要通过主体主动的建构行为才能获取。建构行为基于对语言符码的编辑、传播与互动，基于对语言的“创造性”和“不平衡性”①运用。运用的效果则依赖话语内容的逻辑性、科学性、真理性、新颖性，依赖话语色彩的意识形态性和价值倾向性，依赖积极正确的话语传播策略，依赖受众的心理认同。因此，力量弱小的一方只要能够掌握先进的话语体系，它就有可能摆脱种种制约在思想舆论的领域里大显身手，实现在权力争取中的第一重突破。力量弱小者尚且如此，待其硬实力增长强大之后，若能始终持有主动作为的态度，无疑会在话语权争夺中调动更丰富资源而占有更多优势。

第二，话语权的建构需要话语主体高度的文化自信。自信是一种积极可贵的情感和精神品质，有自信才会有坚持不懈的言说，才会有理直气壮的表达，才能有振臂而呼的勇气，才能有金声玉振的气势。左翼文化运动中的中国共产党人和左翼文化工作者就是这样充满了文化自信，他们对马克思主义理论充满信心，对社会主义革命充满信心，对中国社会的分析和前景预测充满信心，对取得人民群众的理解和支持充满信心。因此他们大声疾呼、著书立说，舌战群敌而不惧，口诛笔伐而无畏。在左翼文化运动中，这种自信对文艺家而言就是将赞美的笔墨毫不吝啬地给无产阶级和觉醒的革命者；对思想理论家而言就是敢于摆出正反双方的观点，逐条驳斥对方并理直气壮地论述自己的观点；对整个左翼阵营而言，就是不畏强权和压迫，不畏攻击和牺牲，坚持真理，寻找每一条缝隙顽强发出自己的声音。正是怀有对中共引领的思想文化和话语体系的高度自信，左翼人从一篇文章、一部小说、一场戏剧、一部电影、一场论战、一个工厂做起，宣传中国共产党的话语、观念、思想，进而将这些核心话语和关键范畴转化为社会通用话语，成为中国社会新话语的创造者和引领者。

---

① 米歇尔·福柯：《知识考古学》，谢强、马月译，生活·读书·新知三联书店 1998 年版，第 256 页。

第三，话语权的建构需要科学先进的话语体系和高质量的话语内容。左翼文化运动中的话语主体数量并不算多，却开拓了话语传播的大局面，这归因于中国共产党的话语内容、话语体系及其话语背后的价值取向是进步的、富有活力和朝气的。它是能够回应时代诉求，回应民族关切，蕴含着拯救民族危亡和人民苦难的真理。它对中国社会性质的判断，对中国前进道路的设想，它所提炼的反帝反封建的话语语题，直击中国社会的痛点。话语本身的洞见性、真理性、科学性能够让人数甚微、力量尚弱的共产党人及左翼人士在嘈杂且暗沉的中国社会激起思想的风雷、行动的风暴。正如研究中国近现代文学的著名学者夏志清所言，中共话语及其领衔的左翼文化在价值取向上是进步和高尚的，它代表的是一种悲天悯人的情怀，是对底层群众命运的共情，是一种道德承担，左翼人士的这种道德承担，使其成就尤其卓越。夏志清也指出，国民党之所以最终在这场话语权的较量中打了败仗，就在于"它（国民党）没有一个睿慧的思想纲领去战胜共产主义……许多知识分子和作家，他们自1927年国民党迫害共产党之后是不满国民党的，在这十年间仍然不满国民党。这批人后来营造有利于共产主义的舆论，间接帮助其发展"。① 可以说，正是共产主义这一"睿慧"的思想和话语体系，使得左翼文化运动具备了深沉的话语力量。

第四，话语权的建构需要根据时代特点采取正确的话语策略。左翼文化运动善于分析利用话语传播的社会语境，变不利为有利，把握话语传播的契机。在20世纪30年代的中国社会语境中，中共的系列革命话语不能合法言说，左翼人士采取曲折迂回的方式含蓄地诉说这些话语，开辟各种不被国民党注意和阻断的传播渠道，将相对单调的政治语言变换成生动通俗的艺术语言、生活语言和逻辑明晰的学术语言。左翼话语的呈现方式是立体和多层次的。左翼文化运动也不失时机地把握利用了思想文化界的几次论战，扩大话题热度，在此过程中充分阐释中共话语，将诘难变为宣传教育。左翼文化运动期

① 夏志清：《中国现代小说史》，浙江人民出版社2016年版，第128页。

间，也是民族危机不断加深的时期，在九一八事变和一·二八事变后，左翼文化运动将阶级话语和民族话语联合起来言说，获得了社会各界的高度认同。这都体现了左翼文化运动根据时代特点对话语传播策略的灵活运用。

参考文献

著作类：

《马克思恩格斯文集》，人民出版社 2009 年版。

《列宁全集》（第二版增订版），人民出版社 2017 年版。

《列宁选集》（第三版），人民出版社 1995 年版。

《毛泽东选集》，人民出版社 1991 年版。

《毛泽东早期文稿》，湖南人民出版社 2008 年版。

《中共中央文件选集》，中央党校出版社 1989 年版。

《建党以来重要文献选编》（1921—1949），中央文献出版社 2011 年版。

《中国共产党宣传工作文献选编》，学习出版社 1996 年版。

《"一大"前后——中国共产党第一次代表大会前后资料选编》，人民出版社 1980 年版。

台北"中华民国"开国五十年文献编撰委员会编：《"中华民国"开国五十年文献》，中正书局 1963 年版。

中国第二历史档案馆编：《中华民国史档案资料汇编》（第 5 辑第 1 编文化），江苏古籍出版社 1994 年版。

史全生主编：《中华民国文化史》，吉林文史出版社 1990 年版。

林之达主编：《中国共产党宣传史》，四川人民出版社 1990 年版。

《红藏：进步期刊总汇（1915—1949）》，湘潭大学出版社 2014 年版。

《红色记忆:江苏省档案馆馆藏革命历史报刊资料选编(1918—1949)》,东南大学出版社 2014 年版。

张宝明主编:《中共早期期刊历史系谱》,人民出版社 2018 年版。

《中国共产党早期刊物汇编》,全国图书馆文献缩微复制中心 2005 年版。

黄埔中央军事特别党部、黄埔政治学校特别党部编:《蒋胡最近言论集》,黄埔中央军事特别党部、黄埔政治学校特别党部 1927 年出版。

蒋永敬:《胡汉民先生年谱》,台北:国民党中央党史会 1978 年版。

《广东青年运动历史资料》,广东省档案馆 1986 年版。

《陈独秀文章选编》,生活·读书·新知三联书店 1984 年版。

《陈独秀文集》,人民出版社 2013 年版。

《李大钊全集》,人民出版社 2013 年版。

《恽代英文集》,人民出版社 1984 年版。

《周扬文集》,人民文学出版社 1984 年版。

《瞿秋白文集》,人民文学出版社 1953 年版。

《邓中夏文集》,人民出版社 1983 年版。

《鲁迅全集》,人民文学出版社 2005 年版。

《郭沫若全集》,人民文学出版社 1982 年版。

《蒋光慈文集》,上海文艺出版社 1985 年版。

《何干之文集》,中国人民大学出版社 1989 年版。

《叶紫文集》,线装书局 2009 年版。

《茅盾经典作品》,当代世界出版社 2011 年版。

《孙中山全集》,中华书局 1981 年版。

《梁启超论文集》,燕山出版社 1997 年版。

张其昀主编:《先总统蒋公全集》,中国文化大学出版部 1984 年版。

《胡适文存》,华文出版社 2013 年版。

[瑞士]费尔迪南·德·索绪尔:《普通语言学教程》,高名凯译,商务印书馆 1980 年版。

[法]米歇尔·福柯:《知识考古学》,谢强、马月译,三联书店1998年版。

[法]米歇尔·福柯:《规训与惩罚》,刘北成、杨远婴译,生活·读书·新知三联书店1999年版。

[美]费正清、费惟恺编:《剑桥中华民国史》,刘敬坤等译,中国社会科学出版社1994年版。

夏志清:《中国现代小说史》,浙江人民出版社2016年版。

Tsi-an Hsia, The Gate of Darkness, University of Washington, 1968.

[英]诺曼·费尔克拉夫:《话语与社会变迁》,殷晓蓉译,华夏出版社2003年版。

[俄]巴赫金:《文本对话与人文》,白春仁译,河北教育出版社1998年版。

[美]克拉克、霍奎斯特:《米哈伊尔·巴赫金》,语冰译,中国人民大学出版社1992年版。

[美]哈罗德·拉斯韦尔:《社会传播的结构与功能》中文·英文(双语版),何道宽译,中国传媒大学出版社2017年版。

[英]托马斯·霍布斯:《利维坦》,黎思复、黎廷弼译,商务印书馆1985年版。

吴贤军:《中国国际话语权构建　理论、现状和路径》,复旦大学出版社2017年版。

饶良伦:《土地革命战争时期的左翼文化运动》,黑龙江人民出版社1986年版。

郑师渠主编:《中国共产党文化思想史研究》,中共中央党校出版社2007年版。

张士海:《中国共产党文化领导权建设研究》,中国社会科学出版社2014年版。

陶柏康、谭力:《中国共产党与左翼文化运动》,上海人民出版社2011年版。

崔凤梅、毛自鹏:《左翼文化运动与马克思主义中国化研究》,人民出版社

2015 年版。

杨胜刚:《中国共产党的政治实践与左翼文学》,当代中国出版社 2016 年版。

刘永明:《左翼文艺运动与中国马克思主义文艺理论的早期建设》,中国文联出版社 2007 年版。

傅修海:《瞿秋白与左翼文学的中国化进程》,人民出版社 2015 年版。

曹清华:《中国左翼文学史稿(1921—1936)》,中国社会科学出版社 2008 年版。

艾晓明:《中国左翼文学思潮探源》,湖南文艺出版社 1991 年版。

王锡荣:《"左联"与左翼文学运动》,上海人民出版社 2016 年版。

孔海珠:《"文总"与左翼文化运动》,上海人民出版社 2016 年版。

陈平原:《触摸历史与进入五四》,北京大学出版社 2005 年版。

钱理群:《与鲁迅相遇》,生活·读书·新知三联书店 2003 年版。

周淑芳:《瞿秋白在马克思主义中国化中的理论贡献》,武汉大学出版社 2016 年版。

吴海勇:《"电影小组"与左翼电影运动》,上海人民出版社 2014 年版。

曹树钧:《"剧联"与左翼戏剧运动》,上海人民出版社 2014 年版。

钱基博:《现代中国文学史》,龙门书店 1965 年版。

王刚:《马克思主义中国化的起源语境研究》,人民出版社 2011 年版。

王奇生:《革命与反革命——社会文化视野下的民国政治》,社会科学文献出版社 2010 年版。

左文:《非常传媒——左联期刊研究》,北京出版集团公司、北京出版社 2010 年版。

朱联保编:《近现代上海出版业印象记》,学林出版社 1993 年版。

蔡尚思主编:《中国现代思想史资料简编》,浙江人民出版社 1982 年版。

方庆秋主编、中国第二历史档案馆编:《中国青年党》,档案出版社 1988 年版。

李义彬编:《中国青年党》,中国社会科学出版社 1982 年版。

牟泽雄:《民族主义与国家文艺体制的形成国民党南京政府时期 1927—1937 的文艺政策研究》,云南人民出版社 2013 年版。

中共上海市委党史资料征集委员会、中共上海市委党史研究室等编:《上海革命文化大事记 1937. 7—1949. 5》,上海翻译出版公司 1991 年版。

《左联回忆录》,中国社会科学出版社 1982 年版。

姚辛编著:《左联词典》,光明日报出版社 1994 年版。

中国左翼作家联盟成立大会会址纪念馆编:《左联论文集》,百家出版社 1991 年版。

陈瘦竹主编:《左翼文艺运动史料》,南京大学学报编辑部 1980 年版。

史先民编:《中国社会科学家联盟资料选编》,中国展望出版社 1986 年版。

文化部党史资料征集工作委员会编:《中国左翼戏剧家联盟史料集》,中国戏剧出版社 1991 年版。

乔丽华:《"美联"与左翼美术运动》,上海人民出版社 2016 年版。

徐素华编:《中国社会科学家联盟史》,中国卓越出版公司 1990 年版。

宋原放主编:《中国出版史料》(现代部分),山东教育出版社、湖北教育出版社 2001 年版。

赵遐秋:《中国现代报告文学史》,中国人民大学出版社 1987 年版。

中国电影艺术研究中心、广播电影电视部电影局党史资料征集工作领导小组编:《中国左翼电影运动》,中国电影出版社 1993 年版。

李少白编:《中国电影史》,高等教育出版社 2006 年版。

张静庐辑注:《中国现代出版史料》,上海书店出版社 2011 年版。

贾振勇编:《左翼十年——中国左翼文学文献史料辑》,人民出版社 2015 年版。

张大明:《中国左翼文学编年史》,社会科学文献出版社 2013 年版。

华岗:《中国大革命史》,文史资料出版社 1982 年版。

吴汉全:《中国马克思主义学术史概论》,吉林人民出版社 2010 年版。

《中国新文学大系》1927—1937,上海文艺出版社 1985 年版。

茅盾:《子夜》,人民文学出版社 1952 年版。

葛飞:《戏剧、革命与都市漩涡:1930 年代左翼剧运、剧人在上海》,北京大学出版社 2008 年版。

高军编:《中国社会性质问题论战资料选辑》,人民出版社 1984 年版。

戴季陶编:《中国问题之回顾与展望》,新生命书局 1929 年版。

郭沫若:《中国古代社会研究》,现代书局 1932 年版。

钟离蒙、杨凤麟主编:《中国现代哲学史资料汇编》,辽宁大学,1982 年版。

中共上海市委党史资料征集委员会主编:《三十年代中国社会性质论战》,知识出版社 1987 年版。

薛暮桥、冯和法编:《中国农村论文选》,人民出版社 1983 年版。

中国农村经济研究会编:《中国农村社会性质论战》,新知书店 1935 年版。

吴原编:《民族文艺论文集》,杭州正中书局 1934 年版。

吉明学、孙露茜编:《三十年代"文艺自由论辩"资料》,上海文艺出版社 1990 年版。

苏汶编:《文艺自由论辩集》,现代书局 1933 年版。

陈敬之:《三十年代左翼文坛与左翼作家联盟》,台北:成文出版社有限公司印行,中华民国六十九年版。

唐小兵编:《再解读大众文艺与意识形态》,北京大学出版社 2007 年版。

蔡铭泽:《中国国民党党报历史研究(1927—1949)》,团结出版社 1998 年版。

刘继忠:《国民党新闻事业研究(1927—1937)》,光明日报出版社 2019 年版。

谭好哲:《文艺与意识形态》,山东大学出版社 1997 年版。

李泽厚:《中国现代思想史论》,生活·读书·新知三联书店 2008 年版。

论文类：

阮建平：《话语权与国际秩序的建构》，《现代国际关系》2003 年第 5 期。

冯广义：《论话语权》，《福建师范大学学报》（哲学社会科学版）2008 年第 4 期。

陈汝东：《论国家话语能力》，《北京大学学报》（哲学社会科学版）2011 年第 5 期。

张国祚：《关于“话语权”的几点思考》，《求是》2009 年第 9 期。

侯惠勤：《意识形态的变革与话语权——再论马克思主义在当代的话语权》，《马克思主义研究》2006 年第 1 期。

侯惠勤：《意识形态话语权初探》，《马克思主义研究》2014 年第 12 期。

韩庆祥：《全球化背景下“中国话语体系”建设与“中国话语权”》，《中央党校学报》2014 年第 5 期。

梁凯音：《论国际话语权与中国拓展国际话语权的新思路》，《当代世界与社会主义》2009 年第 3 期。

张志洲：《话语质量：提升国际话语权的关键》，《红旗文稿》2010 年第 14 期。

王奇生：《从“泛阶级化”到“去阶级化”：阶级话语在中国的兴衰》，《历史研究》2017 年第 4 期。

李永进：《国共三民主义之争与新民主主义革命话语的建构（1938—1940）》，《中共中央党校学报》2016 年第 4 期。

赵淑梅：《中共党内话语权的博弈：1927—1937——以“左”、右倾含义变化为中心的考察》，《长白学刊》2009 年第 6 期。

陈金龙：《十月革命与中国共产党早期革命话语的建构》，《历史研究》2018 年第 4 期。

蒋积伟：《抗战时期新民主主义话语的建构》，《党的文献》2015 年第 4 期。

张太原:《从“反对一切”到“联合一切”:二十世纪三十年代左翼知识分子文化态度的变化》,《中共党史研究》2013年第1期。

张太原:《二十世纪三十年代的马克思主义思潮》,《中共党史研究》2011年第7期。

谢荫明、刘亚军:《左翼文化运动的深入和一二九运动的爆发》,《中共党史研究》1988年第2期。

朱寿桐:《论作为文学社团的中国左翼作家联盟》,《南京大学学报》(哲学·人文科学·社会科学版)2001年第2期。

杨成敏:《瞿秋白与上海左翼文化运动》,《党史文苑》2004年第1期。

屠友祥:《索绪尔话语理论诠解》,《文学评论》2014年第4期。

夏勇:《权利哲学的基本问题》,《法学研究》2004年第3期。

傅彦长:《以民族意识为中心的文艺运动》,《前锋月刊》1930年10月11日。

傅彦长:《民族主义文艺运动宣言》,《前锋周报》1930年6月29日。

胡建中:《黄钟发刊词》,《黄钟》1932年10月3日。

茅盾:《“民族主义文艺”的现形》,《文学导报》1931年第4期。

瞿秋白:《屠夫文学》,《文学导报》1931年第3期。

瞿秋白:《青年的九月》,《文学导报》1931年第4期。

鲁迅:《“民族主义文学”的任务和运命》,《文学导报》1931年第6、7期。

茅盾:《子夜写作的前前后后》,《新文学史料》1981年第4期。

吕惠东:《1930年代左翼社会科学家群体的多维考察》,《南通大学学报(社会科学版)》2015年第3期。

张广海:《中国共产党早期文化组织实践考述》,《文学评论》2017年第5期。

张广海:《“左联”文艺大众化实践考论》,《中国文学批评》2020年第4期。

松丹龄:《从〈申报·电影专刊〉看观众对“左翼电影”的反应》,《党史研究与教学》2020 年第 6 期。

唐锡光:《浅谈 30 年代左翼电影的寓言化倾向》,《山东大学学报》(哲学社会科学版)2003 年第 3 期。

郑超麟:《回忆党的早期报刊》,《中共党史资料》2009 年第 3 期。

刘永明:《1932 年:中国左翼文艺运动历史分期的时间逻辑》,《中国文学研究》2020 年第 2 期。

吕惠东:《1930 年代左翼社会科学家群体的多维考察》,《南通大学学报》(社会科学版)2015 年第 3 期。

蔡铭泽:《论三十年代初期中国的舆论环境》1994 年第 3 期。

艾晓明:《三十年代苏联"拉普"的演变与中国"左联"》,《中国现代文学研究丛刊》1991 年第 1 期。

程季华:《党领导了中国左翼电影运动》,《电影艺术》2002 年第 5 期。

曹清华:《发表左翼作品的四类刊物》,《新文学史料》2005 年第 4 期。

刘方政:《对左翼话剧运动和话剧创作的历史考察》,《文艺争鸣》2008 年第 3 期。

胡春阳:《传播的话语分析理论》,复旦大学博士论文,2005 年。

漆调兰:《延安时期中国共产党马克思主义话语权建构研究》,陕西师范大学博士论文,2018 年。

刘红:《新民主主义革命时期中国共产党文化领导权思想与实践研究》,陕西师范大学博士论文,2018 年。

葛传根:《中共早期宣传工作研究(1921—1927)》,中共中央党校博士论文,2012 年。

陈长松:《陈独秀前期报刊实践与传播思想研究(1897—1921)》,暨南大学博士学位论文,2012 年。

徐信华:《中国共产党早期报刊研究——以马克思主义大众化为视角》,武汉大学博士学位论文,2010 年。

杨菊:《中国左翼电影研究》,苏州大学博士论文,2010 年。

向芬:《国民党新闻传播制度研究》,中国社会科学院研究生院博士学位论文,2009年。

贤骥清:《民国时期上海剧场研究(1912—1949)》,上海戏剧学院博士学位论文,2014年。

高小健:《重论1930年代的中国电影》,中国艺术研究院博士学位论文,2006年。

张大伟:《"左联"文学的组织与传播(1930—1936)》,复旦大学博士学位论文,2005年。

后　　记

上一次写后记，是2013年，博士论文即将完成的时候，我怀着满腔激动与感慨的心情，记录下攻读博士学位的艰辛与喜悦。一晃八年过去了，今天又写后记，激动与感慨的心情一如往日，所不同的，是逝去了诸多青春年华，增添了更多岁月的印痕，和对人生与学术的感悟。这何尝不是一份宝贵的人生财富。如果把人的一生比作一座高山的话，那么现在的我已经站到了半山腰，在学术钻研的磨炼下，在日复一日的阅读中，我得以看到更多更远的东西。这是一种心灵的敞亮。

博士期间，我师从谭好哲先生学习研究马克思主义文艺理论，之后我便到山东省委党校从事教学科研工作。虽说马克思主义文艺理论的专业背景与党校工作本应非常契合，但在实际工作中，我却有相当长一段时间找不到契合的感觉。直到给研究生开设马克思主义文艺理论和中共党史研究的专题课，我才逐渐体悟到专业背景与工作需求的结合之道。在这个悟"道"的过程中，20世纪30年代的左翼文化运动引起了我浓厚的兴趣，因为它能够容纳与我的专业和工作都相关的几个点：首先这一时期是马克思主义文艺理论在中国传播发展的重要时期，左联等文艺团体既是马克思主义文艺理论的传播者同时也是左翼文艺或者左翼文化的积极实践者；其次，左翼文化运动是中国共产党领导下的红色文化运动，是党的思想文化发展史上的一个重要事件，是党史研究的题中应有之义。因此，我关注了许多有关左翼文化运动的材料，把它作为自己的学术研究对象。

研究范围确定,我便一头扎进了对左翼文化运动的研究中。研究过程有苦有乐,有精神的焦灼,有本领不足的恐慌,更有攻克难关的喜悦,有不足为外人道的幸福与成就。书稿撰写之初,正是新冠疫情暴发之时,在疫情最为吃紧的那段时间,教学暂停封闭在家,我便全身心地沉浸到书稿的撰写中,心无旁骛地思考琢磨,吃饭睡觉都飘着左翼文化运动的身影,连和家人说话都是“三心二意”:一边回答家人的询问;一边还在琢磨文章的论证结构。这真是一场高强度的思想风暴,它是对精力、脑力、体力的巨大消耗,有时候我感觉是在拿生命膏血浸润着它。然而,功夫终究不负苦心人,随着一节节、一章章的相继完成,随着一篇篇阶段性成果的发表,终于走到了书稿完成即将付梓的环节。此时,国内的新冠疫情已经得到很好的控制,生活秩序恢复了。秋阳暖暖,天高云淡。

书稿的完成,离不开我的同学刘文文博士的支持,她为书稿第一章第一节搜集了材料,我在这些材料的基础上形成了现在的论述。书稿的完成更离不开家人的支持。为了让我有更充裕的时间写作,年近七旬的父母风雨无阻地坚持为我送午饭。爱人也在工作之余挑灯夜战帮我查阅和整理资料,成为我的学术助理,尤其对第五章的材料整理贡献颇多。年幼的女儿希望我多陪她玩,然而只要看见我坐在电脑前敲击键盘,她就知道此时的妈妈不能被打扰。书稿开始时,女儿还在上幼儿园,此时她已经成为一名光荣的小学生。感谢他们的支持与陪伴。

张　朋

2021 年 10 月于济南

责任编辑：李怡然
封面设计：汪　莹

图书在版编目(CIP)数据

20世纪30年代的中共话语权建构研究 ：以左翼文化运动为例 / 张朋著. 北京 ：人民出版社，2025. 6. -- ISBN 978－7－01－027217－7

Ⅰ. D25

中国国家版本馆CIP数据核字第2025364BK3号

20世纪30年代的中共话语权建构研究

20 SHIJI 30 NIANDAI DE ZHONGGONG HUAYUQUAN JIANGOU YANJIU

——以左翼文化运动为例

张　朋　著

人民出版社 出版发行
（100706　北京市东城区隆福寺街99号）

北京建宏印刷有限公司印刷　新华书店经销

2025年6月第1版　2025年6月北京第1次印刷
开本:710毫米×1000毫米　1/16　印张:14
字数:200千字

ISBN 978－7－01－027217－7　定价:68.00元

邮购地址　100706　北京市东城区隆福寺街99号
人民东方图书销售中心　电话（010）65250042　65289539